가림 경영학 총서 12

적은 돈으로 큰 돈 벌 수 있는

부동산 재테크

이원재 지음

가림출판사

책머리에

부동산 재테크를 다루는 두 번째 책이다.

사실 첫 번째 책에서는 다분히 내 개인적인 경험을 많이 다루었다. 그 이유는 '어떻게 하면 짧은 기간 동안에 부동산 재테크에 성공할 수 있는가' 하는, 독자들의 궁금증을 채워주는 데 초점을 맞춘 까닭이었다. 어떻게 보면, 첫 번째 책은 세상에 흔하고 흔한 성공담을 책으로 엮은 것이었다. 그래서인지 예상외로 많은 사람들이 관심을 보여주었다. 그에 따라 관심과 질책도 뒤따랐다. 그럴 수밖에 없었을 것이라고 생각한다. 성공담을 다룬 책은 수없이 많지만 누구나 성공을 거두는 것은 아니며, 더욱이 내 경험이 누구에게나 성공을 보장하는 것은 아니지 않는가?

이번에 출간하는 책에서는 가능하면 내 경험담은 아예 젖혀두다시피 했다. 이유는 첫 번째 책의 한계를 극복하자는 뜻도 있지만 그것보다는 보편적인 내용을 통해 독자들에게 하나의 '가이드'를 제공하고 싶기 때문이다. 이를테면 첫 번째 책이 초보 입문서와 같은 성격을 가지고 있다면 이 책에서는 보다 심화된, 그렇지만 부동산 재테크를 계획하고 있는 사람이라면 반드시 알아두어야 할 내용들을 담았다. 물론 이 책에서도 책에 실릴 내용을 선정하고 핵심적인 사항을 풀어나가는 방법에서는 나의 경험담이 많이 담겨 있음을 부인할 수는 없다. 어쨌든 이 책에서는 보다 심화되고, 보편적이면서도 결코 간과할 수 없는 내용을 중점적으로 기술했다.

부동산 시장에 열풍이 불고 있다. 경기가 조금씩 회복 기미를 보이고 상대적으로 낮은 금리, 여기에 마땅한 투자 대상을 찾지 못한 투자 자금의 유입과 실수요자의 가세로 부동산 시장은 과열되고 있으며, 이를 우려하는 목소리가 높다. 이에 정부에서는 뒤늦게 과열된 부동산 시장의 열풍을 잠재우겠다며 규제의 칼을 빼들었지만 효과는 미지수이다. 왜냐하면 지금의 부동산 시장 열기는 투자 자금의 유입에도 그 원인이 있지만 1997년 환란 이후 주택시장이 얼어붙으면서 공급이 줄어든 것이 가장 큰 원인이라고 보기 때문이다.

그러나 정말 명심해야 할 것이 있다. 그것은 과거 주식 투자의 바람 속에서도 실제 투자에 성공한 사람은 극소수였던 것처럼 지금의 부동산 열기가 모든 사람들에게 성공을 안겨주는 것은 아니라는 사실이다. 특히 마땅한 투자 대상을 찾지 못하고 남들이 하니 나도 따라 한다는 '묻지마 투자'는 결코 성공할 수 없다는 사실이다. 이제는 다른 사람들이 하니까 따라 한다는 식의 투자 방식으로는 절대 성공할 수 없다. 오직 철저하게 준비하고, 확실한 계획을 가진 사람만이 투자에 성공할 수 있다. 이 책은 그런 의도에서 기획되었고 쓰여졌다. 부동산 재테크를 염두에 두고 있는 사람이라면 자기 점검은 물론 확실한 투자 계획을 세울 수 있도록 도움을 주는 그런 책으로 말이다.

이 책의 첫 장을 넘기는 모든 사람들이 행복해지기를 바라는 마음이다. 돈 그리고 재테크의 성공이 행복을 보장해주는 것은 아니지만 행복해지는 데 돈은 무시할 수 없는 존재가 아니던가. 이것은 내가 이 책을 내는 중요한 이유 중의 하나일 것이다.

이 책이 세상에 나오기까지 도움을 주신 많은 분들께 새삼 다시 한 번 고개 숙여 감사드린다.

2002년 3월

이원재

Contents

제3장　떠오르는 부동산 재테크 기술, 경매

○모르면 혹 붙이기 쉬운 경매

제4장　리노베이션을 통한 부동산 재테크

○헌 집 주고 새집 얻고 돈도 벌기

제5장   적어도 이것만은 알아두어야 한다

○ 모르면 기껏 한 수고가 물처럼 새어나간다

1

부동산 재테크 8계명

부동산 투자로 돈을 벌기 위해

준비해야 할 여덟 가지

1. 당신은 투자자인가?
아니면 투기꾼인가?

— 먼저 인식부터 바꿔야 한다

부동산을 말할 때 가장 먼저 머릿속에 떠오르는 단어는 바로 '투기'이다.

투기라는 단어를 국어사전에서 찾아보면, 확신도 없이 요행만 바라고 큰 이익을 얻으려 하는 행위라고 서술되어 있다. 대부분 많은 사람들이 부동산을 건전한 투자의 대상이 아니라 마치 '돈 놓고 돈 먹기'나 '일확천금'의 대상으로 여기고 있다. 그래서 사람들은 부동산 투자를 자본주의 사회에서 반드시 필요한 투자의 한 부분이 아니라 오히려 건전한 투자 질서를 어지럽히는 '주범'으로 인식하고 있다. 이것은 엄연한 현실이다.

 사실 돌이켜 생각해보면, 많은 사람들이 부동산에 대하여 부정적인 시각을 갖게 된 것은 다 그럴 만한 까닭이 있다. 1970년대, 개발시대 이후 부동산은 가장 쉽게 그리고 가장 많은 이득을 남길 수 있는 투자 대상이었다. 실제로 우리 주변에서 부동산을 통해 엄청난 부를 축적한 사람을 찾는 것은 어려운 일이 아니다.

 여기에는 정부의 개발정책에 따라 하루아침에 부를 축적한 사람들에 대한 부러움과 시기심도 작용했다. 또한 '특혜'라는 말에서 알 수 있듯이 부동산과 관련된 개발은 언제나 행정관료나 정치인과의 구설수를 낳았다. 부동산이라면 하나같이 색안경을 끼고 바라볼 만한 충분한 조건을 갖춘 셈이다.

 그렇다면 우리는 여기에서 다음과 같은 질문을 던질 수밖에 없다.

 "당신은 부동산을 소유하고 싶지 않으십니까? 당신은 부동산을 통해 돈을 벌고 싶지는 않으십니까?"

 만약 여러분들이 이 질문을 받는다면 어떤 대답을 할까? 사실 그 대답은 궁금하지 않다. 이미 대답을 알고 있기 때문이다.

 상황에 따라 대답의 뉘앙스는 조금 달라질 수 있겠지만, 내심 부동산을 소유하고 싶지 않은 사람은 이 세상에 단 한 명도 없다고 장담할 수 있다. 마찬가지로 부동산을 통해 돈을 벌고 싶지 않은 사람이 어디에 있겠는가? 우리의 조상들처럼 욕심을 버리고 초야에 묻혀 살았던 '선비의 삶'을 답습하지 않을 작정이라면 누구나 보다 많은 부를 소유할 수 있게 되기를 소망할 것이다. 적어도 자본주의 사회에서 그것은 정당한 욕구이다.

누구나 부동산을 소유하기를 희망한다. 또한 소유한 부동산을 통해 보다 많은 부를 손에 넣기를 갈구한다. 그것이 정당한 욕구이고 또한 간절한 소망이라면 각 개인은 반드시 부동산에 대한 인식을 바꾸어야만 한다. 특히 부동산이라고 하면 무조건 더러운 물건쯤으로 여기는 생각을 바꾸어야만 한다. 내가 하면 정당한 것이고 다른 사람이 하면 부도덕한 것으로 여기는 생각과 자세를 바꾸지 않는 한 여러분들은 부동산 투자를 할 자격이 없다. 그 생각을 버리지 않는 이상 여러분들은 스스로 투기꾼으로 전락해 버리고 만다.

생각해 보라. 어떻게 '투자'라는 중요한 일을 하면서 생각 따로, 행동 따로 될 수 있을 것인가? 생각과 행동 사이의 엄청난 차이를 느끼면서 어떻게 투자를 할 수 있을 것인가?

투자란, 모든 지식과 정보 그리고 발빠른 움직임이 있어야만 성공할 수 있다. 이렇게 많은 에너지를 필요로 하는 일에서 생각과 행동이 일치하지 않으면 분명 투자에서 실패할 수밖에 없다. 부동산을 건전하고 정당한 투자로 바라보아야만 하는 이유가 여기에 있다. 바로 성공하기 위해서이다.

앞에서 밝힌 것처럼 투기는 정당한 노력을 하지 않고, 확신도 없이 일확천금을 노리는 행위이다. 그렇기에 '투기꾼'은 돈이 될 만한 정보를 얻기 위해 불나방처럼 쫓아다니게 된다. 또는 법의 허점을 이용하거나 법을 어기는 일도 서슴지 않고 저지른다.

하지만 투자는 다르다. 투자는 개인이 알고 있는 지식과 정보를 총동원하여 투자 대상을 판단하고 결정한다. 물론 정당한 노력이다. 그리고 투자에 대한 책임도 본인 스스로 질 수밖에 없다. 이것이 바로 투기와 투자의 차이이다.

정당한 방법으로 이득을 취하는 것은 적극적으로 장려되어야 할 덕목이지 범죄 취급을 당할 일이 아니다. 만약 부동산 투자를 통해 많은 매매차익을 남겼거나 구입한 부동산 가격이 상승한다면 그것은 투자자로서 박수를 받을 일이다. 투자란 보다 많은 이득을 남기기 위한 행동이다.

분명 부동산은 매력적인 투자 대상이다. 부동산 투자가 가지고 있는 여러 가지 약점에도 불구하고 부동산은 가장 큰 수익을 남길 수 있는 투자 대상이다. 무엇보다도 다른 투자 대상과는 달리 부동산은 일단 취득하고 나면 여간해서는 손해를 보지 않는다는 점도 부동산 투자의 장점이다.

그렇다면 우리가 내릴 결론은 분명하다. 매력적인 투자 대상인 부동산을 포기할 것인가? 포기할 수 없다면 어떤 마음가짐으로 부동산 투자에 임해야 할 것인가? 부동산 투자에 앞서 가장 먼저 '투자자의 자세'가 요구되는 것은 바로 이런 이유 때문이다.

2. 겁쟁이라면
부동산 투자에 뛰어들지 마라

─ 투자의 책임은 본인의 몫이다

얼마 전에 우리나라에서는 주식 시세가 급격하게 폭락한 적이 있었다. 주식 가격이 폭락하면서 일부 투자자들은 증권회사 객장을 점거하고 농성을 벌이기도 했다. 급격한 주식 가격 폭락은 정치·사회적으로도 큰 문제를 일으켰다. 언론에서는 매일같이 정부에 주식시장을 되살릴 수 있는 정책을 내놓으라고 재촉했다. 또한 흔히 '개미군단'이라고 일컬어지는 소액 투자자들을 보호하기 위한 대책을 내놓을 것도 주문했다. 언론과 사회적인 압력에 몰린 정부에서는 하루가 멀다하고 주식시장 활성화 대책을 내놓았지만 별다른 효과가 없었다. 결국 소액 투자자들은 큰 손해를 감수해야만 했다. 그 중에는 명예퇴직을 하고 받은 퇴직금으로 투자를 한, 가슴아픈 사연도 있었다. 심지어는 충격을 이기지 못하고 가정 불화를 겪는 가정도 생겨났으며 극단적으로 목숨을 끊는 사람도 있었다.

부동산을 이야기하면서 주식을 언급하는 까닭이 있다.

사실 우리나라에서 투자가 본격적으로 자리잡기 시작한 것은 근래의 일이다. 그전까지만 해도 투자란, 아주 돈이 많은 사람들이 대규모 플랜트 등을 짓는 것을 투자라고 생각하는 정도였다. 개인 투자가 활성화되기 시작한 역사가 짧다보니 도저히 이해할 수 없는 현상이 벌어지기도 한다. 그 대표적인 사례가 바로 주식 가격이 급격히 폭락하자 정부에 소액 투자자를 보호하기 위한 대책을 내놓으라고 아우성을 친 것이다.

만약 미국이나 유럽 등 자본주의가 발달한 나라에서 이런 일이 벌어졌다면 급격한 주식 가격 하락이 커다란 뉴스거리가 되었을 것이다. 하지만 증권회사 매장을 점령하고 농성을 벌이는 일은 절대 일어나지 않았을 것이다. 왜냐하면 투자의 책임은 본인이 져야 한다는 사회적인 합의가 이루어져 있기 때문이다.

조금만 진지하게 생각하면 알 수 있는 일이다. 투자를 할 때 목적은 무엇인가? 보다 많은 이득이다. 많은 이득을 보았다고 해서 그것을 나누어 갖자고 할 사람은 없다. 투자를 통해 이득을 보았으면 보다 많은 세금을 내면 된다. 만약 투자에 실패했다면? 그것은 이득을 보았을 때와 마찬가지로 철저하게 개인의 책임이다.

어떤 사람들은 이렇게 말한다. 정부의 잘못된 정책 때문에, 증권회사나 애널리스트의 잘못된 판단을 믿고 투자했기에 당연히 정부나 증권회사에서 책임을 져야만 한다고. 그러나 그 말 역시 이치에 합당하지 않다. 정부가 어떤 정책을 내놓으면 과연 그 정책을 수행할 능력은 있는지, 정부 발표대로 그 정책이 현실성 있고 효과가 있을 것인지를 판단하는 것은 투자자의 책임이다. 마찬가지로 애널리스트의 예측을 믿었다고 하더라도 그 책임은 투자자에게 있다. 애널리스트의 예측을 판단하고 투자의 최종 결정을 내리는 것은 어디까지나 투자자의 책임이기 때문이다. 이것이 투자의 가장 기본적인 원칙이다.

부동산 투자에서도 마찬가지이다. 투자의 최종 책임은 투자자에게 있다. 많은 수익을 내더라도 세금을 납부하는 것만으로 의무를 다하는 것처럼 만약 투자에서 실패를 하더라도 책임은 투자자 본인이 져야 한다. 투자에 실패하였다고 해서 보상을 해주는 사람은 없다. 아니, 보상을 바라는 것조차 투자자로서의 자격이 없다는 것을 증명하는 셈이 되고 만다.

부동산 투자에는 대부분 후회가 따른다. 특히 매매 물건의 결정이나 매매 시점을 놓고 항상 후회가 따르기 마련이다. 증권이나 다른 투자 대상과는 달리 부동산은 본래부터 자체 가격이 높게 책정되어 있기 때문에 매매가 쉽지 않다. 매매가 쉽지 않기 때문에 한 번 내린 결정은 바꾸기 힘들다. 그것은 부동산을 사는 사람이나 파는 사람에게 공통된 반응이다.

아마추어가 되고 싶은가? 아니면 프로로서 인정받기를 원하는가? 만약 프로가 되고 싶다면, 부동산 투자를 하고 난 뒤에 지켜야 할 몇 가지 원칙이 있다.

첫째, 절대 후회하지 말아야 한다. 후회는 아무리 빨리 해도 때가 늦은 법이다.

둘째, 후회가 아닌, 반성을 해야 한다. 투자에 대한 후회는 대부분 확신 없이 주변의 말만 듣고 마치 '묻지마 투자' 처럼 투자를 하였을 때 가장 심하다. 이런 투자 방식은 거의 '투기꾼' 의 행태에 가깝다고 할 수 있다. 다음에 다시 투자를 할 생각이라면 정확한 판단과 정보를 바탕으로 확신 있는 투자를 하겠다는 마음가짐이 필요하다. 보통 후회는 수익의 많고 적음보다는 투자를 결정할 때 확신이 있었느냐 없었느냐에 따라 생겨난다.

셋째, 다음 투자에 대비해야 한다. 투자 수익을 철저하게 분석하면서 부동산과 관련하여 보다 많은 지식을 쌓고 다음 투자 계획을 세워야 한다.

넷째, 부동산 투자는 순전한 자기 책임이며, 수익 역시 내
자신에게 돌아온다는 사실을 다시 한 번 가슴속에 새겨 넣
어야 한다.

3. 부동산 투자에 앞서
자신의 능력부터 점검하라

— 부동산 투자의 최대 약점은 환금성(換金性)이다

환금성이란 물건 등을 팔아서 돈으로 바꾸는 것이 얼마나 용이한가 하는 문제이다. 다시 말해서 빨리 그리고 쉽게 매매를 성사시킬 수 있는가의 정도를 나타내는 것이 바로 환금성이다.

투자 대상이 얼마나 환금성이 좋은가 하는 것은 투자를 결정하는 중요한 기준이다. 살아가다 보면 급하게 현찰이 필요한 경우가 생길 수도 있고 또 보다 많이 투자 수익을 올릴 수 있는 투자 대상으로 투자 금액을 옮겨가야 할 경우가 생길 수도 있다.

환금성이 투자 대상을 결정할 때 중요한 판단 기준이라는 점을 감안하면, 적어도 부동산은 투자 대상으로는 적합하지

않다. 왜냐하면 부동산만큼 환금성이 좋지 않은 투자 대상
도 드물기 때문이다.

　주변에서 우스개 소리로 '땅거지'라는 말을 많이 한다. 이
것은 소유하고 있는 재산 특히 부동산은 많지만 생활을 하
는 데 필요한 현금을 가지고 있지 못해서 생활에 어려움을
겪는 사람들을 가리키는 말이다. 실제로 우리 주변에서 이
와 같은 '땅거지'를 만나는 것은 어려운 일이 아니다. 재산
총액만을 놓고 보면 분명 중산층 이상의 재력을 소유하고
있음에도 불구하고 생활하는 데에도 급급한 사람들이 어디
한둘인가? 이 같은 현상은 다른 투자 대상에 비해서 부동산
의 환금성이 얼마나 떨어지는지를 잘 드러내준다.

　부동산이 환금성이 좋지 않다는 사실은 투자를 생각하고
있는 사람이라면 누구나 알고 있다. 부동산은 다른 투자 대
상과는 달리 아무리 적어도 몇천만 원에서부터 많게는 몇
억, 몇십억 원이라는 거액을 투자해야만 취득할 수 있다.

　부동산은 취득만이 어려운 것이 아니다. 부동산은 매매시
에도 곧잘 어려움을 겪게 된다. 주변을 둘러보면 알 수 있
다. 아무리 재력가라고 할지라도 몇천만 원에서 몇억 원에
이르는 돈을 한꺼번에 마련하는 것은 쉬운 일이 아니다.

　이래저래 부동산은 살 때도 어렵고 팔 때도 힘이 든다.

　그래서 부동산 투자를 할 때는 반드시 철저하게 환금성을

고려해야만 한다.

IMF 환란이 있기 전까지만 해도 부동산에는 절대로 깨질 수 없는 신화가 있었다. 그것은 한 번 매입한 부동산은 절대로 가치가 떨어지지 않는다는 것이었다. 실제로 그 동안 한국 사회에서 부동산의 가치가 하락한 적은 한 번도 없었다.

또한 다른 투자 대상과는 달리 부동산은 감가상각이 되지 않았다. 정말이지 부동산은 '묵묵히' 소유하고만 있으면 시간이 지난다고 해서 가치가 떨어지는 일도 없을 뿐만 아니라 언젠가는 처음 매입할 때의 투자 금액과 그 동안의 은행권을 통해 얻을 수 있는 금융 이익을 합한 것보다 훨씬 큰 수익을 안겨줄 수 있는, 가장 안전하고 확실한 투자 대상이었다.

하지만 IMF 환란을 지나오면서 부동산이 가지고 있던 신화는 깨지고 말았다. 그것은 땅에 집착하는 우리나라 사람들에게는 기절초풍할 만한 일이었다. 부동산도 가치가 떨어질 수 있다는 것을 경험한 것이다.

그뿐인가? 반드시 투자 금액 이상의 수익을 올릴 것이라던 믿음도 깨지고 말았다. 심지어는 은행권의 금리도 감당할 수 없어서 엄청난 손해를 보면서 부동산을 팔기 위해 내놓는 일도 생겼다.

이제 부동산에는 깨지지 않는 신화가 존재하지 않는다. 특히 은행권 대출을 계산에 넣고 부동산 투자를 할 때는 신중에 신중을 기해야만 한다. 부동산은 안전하다는 공식은 이미 존재하지 않는다. 언제 다시 고금리 시대가 올지 알 수 없기 때문이다. 만약 그런 일이 또다시 생긴다면 그 동안 지불한 금융비용도 건지지 못하고 투자했던 부동산을 팔기 위해 내놓아야만 한다.

그럼에도 불구하고 부동산은 다른 투자 대상과 비교하면 여전히 안전성이 높고 고수익을 보장하는 투자 대상이다. 물론 몇 년 전과 비교하면 수익률은 눈에 띄게 떨어졌지만 비교적 안전하다는 측면을 고려하면 가장 매력적인 투자 대상인 것만은 분명하다.

만약 여러분이 부동산 투자를 계획하고 있다면, 투자 금액이 철저하게 여유 돈이라면 별 문제가 없을 것이다. 그러나 부족한 금액을 은행권 대출을 통해 해결할 계획이거나 실수요자(사실 대부분의 실수요자들은 언젠가는 부동산 가격 상승에 따른 차익을 기대하기 때문에 투자의 개념으로 보는 것이 타당할 것이다)라면 사정은 달라진다. 부동산에 한 번 묶인 돈은 쉽게 빠져 나오지 못한다. 그렇기 때문에 부동산에 묶인 돈 없이도 얼마나 오랫동안 자력으로 버틸 수 있는가를 따져보아야 한다. 다시 말해서 환금성을 계산에 넣을 때 본인이 부동산에 투자할 수 있는 능력을 갖추고 있는가가 부동산 투자

를 결정하기에 앞서 반드시 짚어보아야 할 '자기 능력 점검'
사항이다.

 특히 부동산 시장은 하루가 다르게 투자 여건이나 환경이
변화하고 있다. 달라지는 부동산 시장에서 환금성을 염두에
두고 철저한 수익성을 계산하지 않는다면 그 투자는 실패할
것이다. 낮은 환금성을 극복하기 위해서는 장기적인 자금
운용 계획을 수립해야 하며, 섣불리 대출을 받아 투자를 하
는 것은 모험이라고 할 수 있다. 더군다나 수익률이 높은 반
면 '긴 호흡'을 필요로 하는 토지에 투자를 할 때는 더욱 그
렇다.

4. 부동산을 이해하라

— 반드시 알아두어야 하는 부동산의 성격 여섯 가지

1. 태어나서 죽을 때까지 인간은 부동산에서 살아간다

태어난 곳이 병원이든 아니면 집이든지 간에, 인간은 부동산에서 태어난다. 하다 못해 마구간이나 길을 가다가 태어났다고 하더라도 인간이 태어난 곳은 부동산이다.

성장할 때 또한 조금 더 자라서 학교에 다니더라도 부동산을 떠날 수는 없다. 집도 부동산이고 학교도 부동산 중의 하나이다. 그뿐인가? 오고가는 거리도 부동산이며 살아가면서 이용하는 편의시설, 휴식을 취하는 곳 모두가 부동산이다. 심지어는 죽어 묻히는 한 평 남짓한 땅도 엄연히 등기부등본에 올라 있는 부동산의 하나이다.

　이처럼 부동산이란 우리나라 국토를 이루고 있는 모든 토지와 그 토지 위에 건설된 모든 구조물과 정착물을 가리킨다. 인간은 태어나서 죽을 때까지 땅을 디디면서, 땅 위에 지어진 '집'이라는 구조물이나 정착물 안에서 살아가기에 부동산을 떠나서는 살 수 없다.

　우리나라와 같이 인구는 많은데 국토가 좁을 때에는 부동산의 가치는 상승할 수밖에 없다. 부동산이 재산이 되고 투자 대상이 될 수 있는 이유는 모든 사람들에게 필요하지만 공급에는 한계가 있기 때문이다.

2. 부동산은 영원하다

　시간이 지난다고 땅이 없어지는가? 제 아무리 시간이 지난다고 해도 땅의 위치가 변하는가?

　그렇지는 않다. 이것이 바로 부동산의 '영속성'이다. 인간은 기껏해야 80년 안팎을 살다가 세상을 등지지만 부동산은 지구가 없어지는 그 순간까지 영원하다.

　부동산의 이런 성격이 사람들에게 부동산 투자는 안전하다는 믿음을 주고 있는 것도 사실이다. 부동산이 투자 대상으로서 수익성과 높은 안전성을 갖춘 반면 환금성이 낮은 까닭은 모두 부동산의 '영속성'이라는 특징에서 발생한다.

3. 부동산과 법은 한 몸이다

모든 부동산에는 권리가 있다. 그리고 그 권리는 법에 의해서 보호를 받는다. 역설적으로 법의 보호를 받을 수 없는 부동산은 자신이 소유한 부동산이 아니다.

돈을 벌고 부동산을 사고 파는 것은 언뜻 보면 상행위이다. 그러나 다른 상행위와는 달리 부동산은 구비 서류를 준비하여 법적 절차를 밟았을 때 비로소 완전히 하나의 상행위가 이루어진 것으로 간주된다. 매매 당사자나 임대인과 임차인 사이의 계약과 돈이 오고간 것만으로는 상행위가 권리를 인정받을 수 없다는 뜻이다.

부동산을 구입한다는 것은 돈을 주고 법적 절차를 밟아 법으로부터 소유권을 인정받았다는 뜻이다. 임차권도 마찬가지 개념이다. 아무리 자기 돈을 주고 임대인과 임대차 계약을 맺었다고 하더라도 법이 정한 요건을 갖추지 못하면 하루 아침에 살던 집에서, 생계 터전에서 쫓겨나는 일이 벌어지는 것도 그 때문이다.

모든 부동산에 대한 정당한 권리는 법적으로 보장받을 수 있다. 반대로 법적 요건을 갖추지 못하면 아무리 본인이 주장한다고 해도, 설령 정당한 주장이라도 법으로부터 보호를 받을 수 없다. 이것이 바로 부동산과 법이 한 몸이라고 하는 이유이다.

4. 부동산 소유권과 부동산 이용권은 별개이다

"내 집 갖고 내 마음대로 하는데 웬 난리야?"

"내 땅 갖고 내 마음대로 하겠다는데 웬 난리야?"

하긴 얼마 전까지만 해도 이렇게 주장하는 사람들을 쉽게 만날 수 있었다. 그러나 이제는 이렇게 말하는 사람은 없지 않을까?

부동산은 분명 사적 소유가 인정되는 개인의 재산이다. 그러나 다른 재산과는 달리 부동산의 이용은 법에 의해 엄격한 규제를 받고 있다. 다른 재화와는 달리 부동산은 공공성이 강하다는 것이 규제의 이유이다. 인구 밀도가 높고 국토가 좁은 나라일수록 법으로 토지 이용을 엄격하게 제한하고 있다. 최근에는 국토가 넓은 나라에서도 환경 파괴 등을 막기 위해 토지 이용을 제한하고 있는 실정이다.

우리나라에서는 국토이용계획을 수립하여 전 국토에 '국토이용법' 상 용도지역으로 설정하여 계획적인 개발과 이용이 이루어지도록 유도하고 있다. 또한 난개발이 예상되는 지역 특히 도시지역은 '도시계획법'을 통해 미리 정해 놓은 용도에 맞게 개발을 유도하는 '도시계획법상 용도지역'을 실행하고 있으며 특별히 보호가 필요한 지역은 '용도지구'로 지정해 놓고 있다.

정부에서는 전국에 모든 토지의 이용 용도를 정하고 그 용도를 알리기 위해서 '토지이용계획확인원' 제도를 시행중에 있다. 자신이 살고 있는 부동산이나 매입하려는 부동산의 용도를 알려면 각급 행정관청에서 발급하는 '토지이용계획 확인원'을 발급받으면 확인할 수 있다.

5. 부동산 이용권을 제한하는 것은 법만이 아니다

부동산은 주변 부동산의 용도에 따라 가치도 달라지고 용도도 달라지게 된다. 때문에 부동산의 이용은 법적으로 규제를 받을 뿐만 아니라 주변환경으로부터도 제한을 받는다. 설령 내 소유의 부동산을 내 마음대로 이용한다고 하더라도 내 부동산을 둘러싸고 있는 다른 부동산은 내 마음대로 할 수 없다. 내 소유의 부동산에 대하여 다른 사람이 권리를 행사할 수 없는 것처럼 다른 사람의 부동산에 대해서도 어떤 권리도 행사할 수 없다.

이것이 바로 부동산에 대한 이른바 배타적 권리이다. 이런 이유 때문에 부동산은 주변 부동산의 환경에 맞춰 이용될 수밖에 없다. 주택가에 주택이, 공장 밀집지역에 공장이 들어서는 것은 이런 이유 때문이다. 그래서 부동산을 구입할 때, 소유한 부동산을 이용할 때는 가장 먼저 주변 부동산의 이용 방법이나 환경 여건 등을 면밀하게 검토해야 한다.

그러나 지금의 환경이 언제까지 계속되는 것은 아니다. 토지 이용 용도가 변하면서 벼락부자가 된 사람을 주변에서 종종 본다. 이처럼 영원할 것 같았던 부동산의 용도도 언제나 끊임없이 변한다. 특히 국가나 지방자치단체에서 시행하는 기간 공사 등으로 부동산의 성격도 변하고 이용 방법도 달라진다. 이것이 부동산을 사거나 팔 때 주변의 개발 가능성을 면밀하게 검토해야 하는 이유이다.

6. 발 아래 땅속과 머리 위까지 부동산 소유권은 연장된다

한 나라의 국토는 영토와 영해 그리고 영공으로 구성된다. 부동산의 소유권도 이것과 비슷하다고 보면 된다. 부동산 소유권은 등기부등본에 나와 있는 가로, 세로의 넓이뿐만 아니라 보다 범위를 확장하여 발 아래 땅속 및 머리 위 허공까지 포함한 권리이다. 부동산은 이미 면적의 개념을 벗어났다. 가로, 세로 넓이에 높이까지 더한 3차원 공간을 부동산으로 인정하는 추세이다. 이에 따라 토지 위의 허공까지 부동산 소유권으로 인정하고 있다. 부동산 투자 시장에서 각광받는 아파트가 바로 이 공간 개념을 부동산 소유권으로 인정한 대표적인 예라고 할 수 있다. 그래서 부동산 투자를 할 때 눈에 보이는 '넓이'만을 보면 시야가 좁아질 수밖에 없다. 앞으로의 부동산에서는 공간 개념이 더욱 강조될 것이 분명하기 때문이다.

5. 시대의 변화에 뒤처지지 마라

— 모든 것이 그런 것처럼 부동산의 개념도 바뀐다

 세상이 변하면 사람들의 인식도 변하는 것은 당연하다.

하루가 다르게 변화하면서 우리들의 라이프 스타일도 예전과는 비교할 수 없을 만큼 빠른 속도로, 큰 폭으로 변하고 있다. 변화는 좀처럼 변할 것 같지 않던 주거 문화에서도 일어나고 있다.

얼마 전까지만 해도 '내 집' 마련은 이 땅에서 살아가는 모든 평범한 사람들의 공통된, 간절한 소원이었다. 오죽하면 '평생 소원'이라는 말까지 나돌았을까? 그러나 언제부터인가 이런 인식이 변하고 있다. '내 집' 하나를 소유하기 위해 평생을 바치기보다는 차라리 그 시간에 개인의 능력을 개발하고 여가를 즐기는 것으로 변화하고 있는 것이다.

사람들의 라이프 스타일의 변화는 주거 문화에도 큰 변화를 가져왔다. 내 집 장만을 위해 허리띠를 졸라매기보다는 차라리 내 집 갖기를 포기하고 전세나 월세에서 살지언정 자신의 인생을 즐기겠다는 풍조가 생겨난 것이다.

실수요자들의 주거 문화가 바뀌면서 부동산 투자 수익을 노리는 패턴도 바뀌었다. 저금리가 계속되면서 은행 금리를 기대할 수 없게 되자 전세보다는 월세를 선호하는 임대인들이 늘어난 것도 변화의 한 흐름이다. 아파트나 주택을 매입하였다가 되팔 때에도 대형 아파트보다는 실수요자가 많은 중소형 아파트가 각광을 받기 시작한 것도 주거 문화의 변화와 무관하지 않다. 근래 들어 전원주택용 택지나 전원 생활을 만끽하면서도 서울로 출퇴근할 수 있는 거리에 있는 택지들이 새로운 투자 대상으로 떠오른 것도 이런 이유이다.

좀처럼 변할 것 같지 않던 부동산 시장이 빠르게 변하고 있다. 사람들의 인식이 변하면서 새로운 주거 문화가 속속 자리를 잡고 있고 그에 따라 투자의 패턴도 달라지고 있다. 대표적인 것이 임대주택 사업과 부동산 투자 사업인 '리츠(RITs)의 등장이다. 바야흐로 서구식 부동산 투자 기법까지 등장하고 있는 것이다.

여러분이 만약 부동산 투자를 계획하고 있다면 항상 세상 돌아가는 추세를 놓치지 말아야 한다. 세상의 모든 흐름을 감지할 수 있는 성능 좋은 안테나를 쉴 새 없이 가동시켜야만 투자에 성공할 수 있다. 무작정 '사두면 돈이 되겠지, 남들이 하니까 따라하면 돈을 벌겠지.' 같은 '묻지마 투자' 방법으로는 절대 투자에 성공할 수 없다. 이것은 필요에 의해서 부동산을 매입하려는 실수요자에게도 마찬가지로 적용되는 원칙이다.

6. 봄바람보다 변덕스러운
부동산 가격을 분석하라

— 부동산 투자의 첫걸음은 '제 값'을 아는 것에서 출발한다

공산품이나 농산물에는 일정한 가격이 매겨져 있다. 그리고 특별한 경우가 아닌 이상 그 가격은 사회적인 합의에 의하여 유지된다. 공산품이나 농산물은 매장마다 약간의 할인 폭의 차이는 존재하지만 '정찰제'가 시행되는 것이다. 그러나 부동산의 경우에는 사정이 다르다.

부동산은 파는 사람에 따라서 그리고 사는 사람에 따라서 가격이 천차만별이다. 같은 단지의 똑같은 평형의 아파트라고 할지라도 매매 가격이 적게는 몇백만 원에서 많게는 몇천만 원까지 차이가 나는 경우가 많다. 비교적 비교 평가가 쉬운 아파트가 이 정도이니 토지나 단독주택 같은 경우에는 그야말로 매매 당사자들의 말 한마디에 몇천만 원에 이르는

돈을 손해볼 수도 있고, 이득을 취할 수도 있는 것이 부동산 매매이다.

그렇다면 왜 유독 부동산 매매에서만 이런 일이 벌어지는 것일까?

가장 먼저 꼽을 수 있는 이유는 부동산은 정찰제가 불가능하다는 점을 꼽을 수 있다. 대개 아파트나 주택, 토지 등은 입지 조건과 평형에 따라 보편적인 가격이 정해져 있다. 하지만 그 가격 그대로 거래가 성사되지는 않는다. 부동산을 매입하려는 입장에서는 으레 매수자가 팔려는 가격에 웃돈을 덧붙인 것으로 생각하고 가격을 깎으려 든다. 반대로 매수자는 매입자와의 가격 흥정에 대비해 웃돈을 붙여 놓는 것이 부동산 매매에서는 기본처럼 되어 있다.

여기에 부동산은 그 특성상 많은 금액이 오고가야 하기에 정말로 매입 희망을 가진 실수요자를 만나기도 어렵다. 그래서 가격을 깎아서라도 거래를 성사시키려고 든다. 여기에 매수자가 급한 사정이 있으면 주변 부동산에 비해 터무니없이 싼값으로도 매입할 수 있는 것이 바로 부동산이다.

부동산은 상품이나 증권 등과 같이 상설화된 외형적인 완전한 시장이 없다. 부동산은 상품이나 증권과는 달리 움직일 수 없고 또한 부동산마다 각기 다른 '개별성'을 가지고 있기 때문이다. 이처럼 부동산은 불확실성과 불완전성이 있기 때문에 똑같은 부동산이라도 사람에 따라 서로 다르게 가격을 평가할 수밖에 없다. 따라서 부동산이 실제 거래되는 가격은 거래 당시 개별적인 사정에 따라 다르게 형성될 수밖에 없다. 이런 이유로 부동산 가격을 정확하게 아는 것은 어렵다.

많은 학자들이 오랜 시간 동안 연구했지만 부동산의 정확한 가격 산출 기준은 아직까지 뚜렷하게 정해진 것이 없다. 그런 이유 때문에 부동산 가격은 가변적이다. 부동산 가격을 결정하는 절대적인 기준도 없다. 다만, 매도자와 매수자가 합의하여 결정한 교환의 대가로서의 '가격'이 존재할 뿐이다.

이처럼 예측하기 힘든 부동산 가격이지만 점차 우리 사회의 다른 상품과 같이 부동산도 일정한 경제 법칙에 따라 가격이 결정되는 추세이다. 그것은 상대적 희소성과 유용성, 유효수요라는 세 가지 요소이다.

상대적 희소성이란 부동산이 수요에 비해 공급이 한정된 것을 의미하며, 유용성이란 부동산은 생산이나 거주 등 인간의 경제 활동이나 생활에 이익을 주는 방편으로 사용되어야 가치가 있다는 것을 뜻한다. 유효수요란 물론 부동산을 필요로 하는 수요자가 존재하느냐의 문제이다. 다시 말해서, 부동산의 가격이 오르고 내리는 것은 경제 활동을 위한 한정되어 있는 부동산을 필요로 하는 사람이 많은가 아니면

적은가에 따라 발생한다.

우리 사회의 어떤 경제 분야보다도 예측하기 힘들다는 부동산 역시 일반적인 상품의 가격이 정해지는 기준에 따라 해부해보면 조금 더 정확한 이해를 할 수 있다.

1. 부동산 가격은 끊임없이 변화한다

부동산은 좀처럼 스스로 가격을 올리거나 내릴 수는 없다. 하지만 부동산도 다른 상품과 마찬가지로 부동산 스스로 또는 부동산을 둘러싸고 있는 인근 부동산의 가격 변동 원인 그리고 외부 요인들에 의해 가격 변동이 생긴다.

부동산이 스스로 가격을 올리는 것은 주로 유용성을 획득하는 데에서 발생한다. 예를 들어 건물을 지을 수 없는 토지에 기초 공사를 시행하여 건물을 지을 수 있도록 만들면 그 부동산의 가격은 상승한다. 요즘 유행하는 리노베이션이나 규모가 큰 토지를 형질 변경을 한 뒤에 분할 매각하여 수익을 올리는 것이 부동산 스스로 수익을 올리는 예라고 할 수 있다.

정부나 지방자치단체에 의해서 형질이 변경되어도 부동산 가격은 변화한다. 예를 들어 개발제한구역이 개발가능지역으로 고시되어 증·개축이 자유롭게 허용된다면 그만큼 부동산 가격이 상승한다. 이처럼 부동산 스스로 가격이 상승하거나 하락하는 것을 '개별적 요인'이라고 한다.

토지의 개별적 요인으로는 택지의 위치나 면적, 지세, 지반, 도로변에 접한 넓이와 깊이, 형상, 고저 등이 있다.

건물의 개별적 요인으로는 건물의 면적과 높이, 구조, 자재, 설계와 설비의 양부, 시공의 질과 양, 각종 규제, 환경과의 적합성 등을 꼽을 수 있다.

인근지역의 부동산이나 기타 부동산 가격을 변하게 하는 외부 요인으로는 일반적 요인과 지역적 요인이 있다.

일반적 요인이란 국가 또는 국제적인 범위를 가지고 변화하는 요인을 뜻한다. 다시 이것을 세밀하게 구분하면 사회적 요인과 경제적 요인, 행정적 요인으로 나눌 수 있다.

사회적 요인은 인구나 가구, 공공시설, 교육·사회복지, 거래 관행, 건축 양식 등의 변화를 일컫는다.

경제적 요인은 소득수준이나 재정상태, 금융, 물가, 임금, 고용, 조세, 기술혁신, 산업구조, 교통 등의 변화를 말한다.

행정적 요인은 부동산에 대한 이용제한, 건축규제, 부동산 정책, 세제, 가격통제정책, 기타 규제 등의 변화를 말한다.

지역적 요인은 일정한 지역적인 범위를 가지고 부동산 가격에 변화를 일으키는 요인을 뜻한다. 지역적 요인은 일반적인 요인과 같이 사회·경제·행정적 요인이 있다.

자연 조건이란 일조량이나 온도·습도 등과 같은 자연환경이나 건축자재, 광물과 같은 자연자원을 포함한다. 여기서 중요한 것은 자연 조건의 변화는 일반적 요인에 의해 발생할 수도 있다는 점이다. 실제로 요즘은 자연 조건 자체가 변화하기보다는 주로 일반적 요인에 의해서 지역적 요인도 변화한다는 사실이다.

2. 부동산 가격은 지역에 따라 천차만별이다

부동산 가격은 대체로 지역에 따라 심한 부침을 보인다. 어느 지역은 부동산 가격이 상승하는데, 반대로 어느 지역은 심한 가격 하락 현상을 겪을 수도 있는 것이 바로 부동산의 특성이다.

일반적으로 국가 경제가 발전하면 부동산 가격도 동반 상승하게 되어 있다. 그러나 대부분의 개발은 지역적인 편차를 갖고 시행될 수밖에 없다. 어느 지역의 부동산 가격이 상승한다고 해서 전국적으로 똑같이 부동산 가격이 상승하는 것은 아니라는 얘기이다. 하물며 같은 행정권역 안의 똑같은 주택용지라도 부동산 가격 상승은 특정 지역을 중심으로 이뤄진다.

3. 가격 상승은 부동산 종류별로 이뤄진다

부동산 가격 상승은 대부분 부동산의 종류에 따르는 것이 원칙처럼 굳어져 있다. 이를테면 1977년을 전후한 부동산 가격 상승은 대부분 대도시의 주택용지를 중심으로 이루어졌다. 1987년과 1988년에는 개발지역의 토지와 아파트, 1989년에는 단독주택 등이 부동산 가격 상승을 주도했다. 외환 위기로 인한 부동산 가격 폭락 후 가격이 가장 먼저 회복된 것은 대도시 지역의 아파트와 상가주택이나 빌딩 등의 가격이었다. 토지의 경우에는 경기도 일원의 전원주택용지와 그린벨트지역 내 토지가격이 많이 상승했다. 하지만 부동산의 전반적인 가격 회복에도 불구하고 단독주택이나 연립주택, 기타 토지의 경우에는 거의 IMF 환란 직후의 가격에 머물러 있다.

4. 부동산 가격은 인접 지역으로 파급되는 도미노 현상의 특징을 가지고 있다

부동산 가격 변동은 지역이나 종류에 따라 변한다. 일정 지역에서 특정 종류의 부동산 가격이 상승하여 '희소성'이 발생하여 인접 지역의 부동산 가격에도 변화가 일어난다. 보다 광범위한 지역의 비슷한 종류의 부동산 가격이 변화한다는 뜻이다. 이와 같은 현상이 일어나는 것은 특정 지역에서 한 가지 종류의 부동산 가격이 상승할 경우, 실수요자들이 대체 부동산을 찾기 때문이다. 강남 지역의 아파트 가격이 상승되면 강남에서 아파트를 구입하지 못한 실수요자들이 인근의 서초나 송파 지역으로 몰려 아파트 가격이 덩달아 상승하는 것은 이런 이유이다.

5. 부동산 가격은 계절에 따라 변한다

우리나라에서 계절별로 부동산 가격이 변하는 가장 큰 이유는 봄·가을에 이사 수요가 몰리기 때문이다. 최근에는 전통적인 이사철인 봄과 가을을 피해 여름철이나 겨울철에 주택을 구입하려는 수요자들이 늘어나면서 이사에 따른 부동산 가격 상승 시기가 앞당겨지고 있다. 아파트의 경우에는 1월에 가격이 많이 오르고, 가을에는 8월 말부터 가격 상승이 이뤄지고 있다. 주거용 부동산은 계절에 따라 가격이 많이 변하지만 기타 부동산의 경우에는 계절 등에 따른 특별한 변동 시기가 있는 것은 아니다.

6. 부동산 가격은 경기와 밀접한 관련이 있다

부동산 시장은 항상 경기에 민감하게 반응한다. 예전에는 주식과의 상관성도 많이 고려했지만 이제는 경기와 부동산 가격 흐름은 '동반자적'인 흐름을 보여주고 있다

7. 부동산 가격을 이해하라

부동산의 가격이란 소유권 및 기타 권리의 이익에 관한 가격을 뜻한다. 부동산의 대표적인 두 가지 가격 중 매매가격이란 부동산의 소유권을 이전해주는 대가로 받는 금액을 말하며, 임대료란 부동산을 이용할 수 있는 임차권을 주는 조건으로 받는 금액을 말한다.

부동산 가격은 언젠가 돌아올 이익을 염두에 둔 '장래 가격'이라고 할 수 있다. 즉 가까운 장래에 현재의 형질이 아닌 보다 개발 가능성이 많은 택지 등으로의 전환에 따른 개발 이익까지 포함한 가격이라는 뜻이다. 이처럼 모든 부동산 가격은 장래 이용 가능성이나 수익을 전제로 형성된다.

7. 박학다식은
   부동산 투자의 기본이다

― 알아야 투자에도 성공할 수 있다

전문가가 우대받는 시대이다. 예전과 달리 이제는 모든 부분에 걸쳐 박학다식한 사람을 원하지 않는다. 자신만의 분야에서 전문가로 인정받으면 그것으로 된다. 그러나 예외는 있다. 바로 부동산 투자를 할 때이다.

부동산에 투자를 하려면 만물박사가 되어야만 한다. 왜냐하면 부동산은 부동산 자체에 포함된 요인만으로 가격이 결정되는 것은 아니기 때문이다. 현재의 부동산 가격이나 용도보다는 눈에 보이지 않는 가치로 가격이 결정되는 경우가 훨씬 많다. 예를 들면, 주변 지역의 부동산 가격이나 용도의 변화, 인근 지역의 토지 이용 현황 등에 의해 가격이 좌우된다.

　부동산 가격은 부동산 자체가 지닌 특성보다는 인근 지역의 발전 상태나 국가경제의 흐름 등에 절대적인 영향을 받는다. 개인 투자자는 인근 지역의 발전 상태나 국가경제의 흐름을 변경할 수 있는 힘이 없다. 결국 많은 수익을 올리기 위해서는 투자자가 인근 지역의 발전이나 국가경제의 변화 등을 정확하게 예측할 수 있어야만 한다는 결론이 나온다.

　어디 그뿐인가? 사회 전체의 경기 흐름은 물론이고 세계 경제의 흐름, 사회 문화적인 현상까지 부동산 가격에 포함된다. 여기에 법과의 밀접한 관련성도 포함된다. 이처럼 부동산은 적게는 수십 가지, 많게는 수백 가지 이상의 요인들에 의해서 가격이 결정된다. 지역에 따라서 가격 형성 요인이 제각기 다르기 때문에 투자 대상 지역에 대한 이해도 있어야만 한다.

　투자에서 가장 중요한 가격을 형성하는 요인만 해도 이처럼 방대하기에 부동산 투자를 하기 위해서는 만물박사가 되어야만 한다. 이와 같은 이유로 많은 부동산 투자자들 그리고 처음 부동산에 투자를 하는 사람들은 자신들이 가장 잘 알고 이해하는 지역을 벗어나지 못한다. 사실 부동산 전반에 대한 이해가 없는 상태에서 잘 모르는 지역에 선뜻 투자를 하는 것은 실패로 가는 지름길이기도 하다.

　간혹 부동산을 말하면서 이렇게 말하는 사람들이 있다. 부동산 가격의 변화는 아무도 알 수 없으며 그것을 알 수 있는 것은 오직 '점쟁이'의 영역에 속한다고. 언뜻 들으면 타당한 것 같지만 뒤집어 생각해보면 그 말은 '묻지마 투자'와 다를 것이 조금도 없다.

다른 투자와 마찬가지로 부동산 투자도 과학적이고 합리적이어야만 성공할 수 있다. 결과는 누구도 알 수 없다는 식의 투자라면, 그 위험한 투자에 선뜻 나설 수 있겠는가? 확신 없는 투자는 투자가 아니라 모험이다. 더군다나 부동산 투자는 증권이나 예금 등 금융상품에 투자하는 것보다 원금 회수 기간이 길다. 따라서 긴 투자 기간을 보상받을 수 있을 만큼 높은 수익을 올려야만 한다. 이런 이유 때문에 부동산 투자는 다른 어떤 투자보다도 과학적이고 합리적인 투자 계획이 있어야만 한다.

박학다식과 만물박사!

부동산 투자를 하기 전에 반드시 갖춰야만 하는 자세이다. 아는 것만큼 보인다는 말처럼 아는 것만큼 벌 수 있는 것이 부동산 투자이다.

8. 부동산을 보는 안목을 길러라

— 안목을 기르는 방법 네 가지

1. 먼저 지역을 선정하라

실수요자가 매입을 할 때도 마찬가지이지만, 부동산에 투자를 하기 위해서는 먼저 원하는 지역을 선택해야 한다. 우리나라는 국토 면적이 좁다고 하지만 실제로는 넓은 나라이다. 자신이 원하는 단 한 곳을 선정하는 것은 쉬운 일이 아니다. 그 넓은 곳을 모두 돌아다니면서 일일이 확인할 수는 없다. 그렇기 때문에 먼저 투자할 지역을 선정해서 범위를 압축시켜야만 한다.

투자할 지역을 선정할 때는 이미 그 지역에 살고 있는 사람들에게 이야기를 듣는 것도 좋은 방법이다. 이야기를 들어보면 그 지역에 대한 대략의 정보를 파악할 수 있다. 이 방법으로도 원하는 정보를 얻지 못하면 지도를 활용하는 방법도 있다. 지도를 통해 교통 여건과 도로망, 교육시설, 생활 편의 시설 등을 쉽게 파악할 수 있다.

2. 직접 확인해야 한다

지역을 선정하면 그 뒤에는 직접 그 지역을 방문하여 확인해보아야 한다. 실제로는 주변에서 들었던 것이나 지도를 통해 확인한 것과는 많은 차이가 날 수도 있기 때문이다.

지역 확인을 할 때 가장 염두에 두어야 할 것은 도보 생활권이다. 보통 도보 생활권이라고 말하는 반경 600~700m를 직접 걸어보면서 생활환경을 살펴보아야만 한다. 또한 생활 편의시설과의 거리 등도 반드시 따져보아야만 한다. 매입을 하려는 부동산 주변환경도 유심히 살펴보아야 한다. 주변에 위험 시설이 있는지의 여부, 대로와의 거리, 공원 등 환경친화적인 요소가 있는지의 여부를 확인해야 한다.

위치와 면적이 같다고 하더라도 가격이 똑같은 부동산은 없다. 그러므로 부동산 투자에 앞서서 반드시 동일 지역 내에 있는 비슷한 크기의 부동산을 두세 개 이상 직접 방문하여 비교한 뒤에 투자를 결정하는 것이 좋다.

3. 내부도 꼼꼼하게 점검하라

겉으로 보기에 아무 문제가 없어 보이는 부동산일지라도 안에 들어가 보면 의외로 부실한 경우가 많다. 따라서 부동산 투자를 결정하기에 앞서서 반드시 내부를 꼼꼼하게 점검해 보아야만 한다. 처음 부동산을 확인할 때 꼼꼼하게 점검하지 못한 탓에 나중에 수십만 원에서 수백만 원에 이르는 돈을 수리 비용으로 지출할 수도 있다.

특히 부동산을 점검할 때는 기둥과 같은 건물의 주요 구조물에 해당하는 부분에 균열이 있는지, 지하실에 물이 새는지, 천장이나 외벽에 물이 새는지를 확인해야 한다. 이 밖에도 상하수도 시설과 냉난방 시설, 부엌과 화장실의 누수 여부도 확인해야 하며 건물의 외관도 점검해 보아야 한다. 만일 이와 같은 주요 구조물에 문제가 있으면 수리가 불가능하거나 큰 공사를 해야 한다.

4. 매매 전에는 반드시 법적으로 문제가 없는지를 확인해야 한다

중개업자나 주변의 다른 사람의 말만 믿고 부동산의 권리 분석을 하지 않으면 그 피해는 고스란히 투자자 본인이 입게 된다. 자칫하면 단 한 번의 거래로 자신의 전 재산을 날릴 수도 있다.

반드시 투자자 자신이 등기소를 방문하여 직접 등기부등본을 확인해야 안전하다. 이 밖에도 부동산의 이용 제한이나 도시계획시설 등에 수용되지 않을 것인지 여부 등을 확인하기 위해서는 관할 구·시·군청 민원실을 방문해 토지이용계획확인원을 발급받아 이용 용도를 확인해야 한다. 마찬가지로 건물의 구조나 건축 연도를 알아보기 위해서는 구·시·군청 민원실에서 건축물관리대장을 발급받아 확인한다.

토지의 경우 인접 토지와의 경계나 면적, 지목 등도 부동산의 가격이나 이용 용도를 결정하는 중요한 사항이므로 구·시·군청 민원실에서 토지대장과 지적도(임야의 경우 임야대장과 임야도)를 발급받아 확인해야 한다.

분양 광고에 마음을 빼앗기지 않는 방법 여덟 가지

1. 전시품목은 단지 전시품목일 뿐이다. 특히 주방용품에 마음을 빼앗기지 마라.

2. 무늬만 원목인 경우도 수두룩하다.

3. 모델하우스에서는 베란다 창은 물론 턱까지 아예 없애고 베란다에 마루를 깔아놓아 실내공간이 넓어 보인다. 하지만 원래 베란다는 타일 시공을 하고 창과 턱을 설치하도록 되어 있다.

4. 지구는 택지개발지구를 의미하는 것으로 토지공사나 지방자치단체, 주택공사 등이 계획적으로 조성하기 때문에 상하수도 시설은 물론 학교 등 기반시설이 잘 갖춰져 있다. 그래서인지 건설업체들이 앞다퉈 '지구'라는 단어를 쓴다. 그러므로 반드시 공공업체에서 개발하는 택지개발지구인지 확인해야 한다.

5. 지하철역과 도보 5분 거리라고 하지만 실제로 막상 걸어보면 차이가 나는 경우가 많다. 마찬가지로 서울까지의 거리도 과장인 경우가 많다.

6. 시행사와 시공사를 구분해야 한다.

7. 공급면적, 즉 전용면적을 정확하게 체크해야 한다.

8. 시세차익을 100% 믿지 말라. 주변 아파트 시세는 로열층 중에서도 가장 최고가를 비교해 놓은 경우가 많다.

2

부동산 재테크 실전 투자

유형별 재테크 방법 가이드

1. 적은 돈으로도 부동산 투자를 할 수 있다

― 부동산 소액 투자 가이드

부동산 투자는 다른 투자에 비해서 초기 투자금액이 많이 든다는 약점을 가지고 있다. 이런 이유 때문인지 많은 사람들은 부동산 투자를 절실하게 원하면서도 정작 부동산 투자를 앞두고는 망설이게 된다. 무엇보다도 부동산 투자에 필요한 여유 자금을 확보하고 있지 못한 것이 가장 큰 이유이고, 그 다음으로는 부동산 투자에 필요한 전문 지식이 없기 때문이다.

그렇다면 부동산 투자는 넉넉한 자금과 전문 지식을 가지고 있어야만 가능할까? 물론 전문 지식은 개인의 노력 여하에 따라서 얼마든지 갖출 수 있기에 갖출 수 있으면 최대한 많이 갖추는 것이 좋다. 그러나 투자 금액은 다르다. 개인의 노력 여부와는 상관없이 확보할 수 있는 자금에는 한계가 있기 때문이다.

넉넉한 자금을 확보하지 못하면 부동산 투자는 할 수 없는 것일까? 부동산 투자에 나서기 위해서는 얼마 만큼의 돈이 필요할까?

부동산에 투자하기 위해서는 서울의 경우 기본적으로 7,000만 원에서 8,000만 원 정도의 돈이 필요하다. 이 정도 자금은 있어야 국민주택 규모인 24평형 규모의 아파트를 구입할 수 있다. 그러나 반드시 이 정도의 돈이 있어야만 부동산 투자가 가능한 것은 아니다. 경매나 전세를 안고 부동산에 투자하는 방법이 있으며, 금융권의 대출을 이용하거나 분양권에 투자하는 방법도 있다.

경매는 비교적 적은 투자 금액으로도 부동산에 투자할 수 있는 방법이다. 지역이나 물건의 상태, 경기에 따라서 차이가 있지만 연립주택과 빌라의 경우에는 4,000만 원 이상을 가지고 있으면 투자가 가능하다.

전세를 안고 아파트를 구입하는 부동산 소액 투자의 경우에는 보통 시세의 30~40%의 투자 금액이 있으면 투자가 가능하다. 대형 규모가 아닌 경우에는 6,000만 원에서 7,000만 원 정도 준비되면 부동산 투자를 할 수 있다. 특히 전세가 수준이 높은 지역은 가격 상승 가능성이 높기 때문에 매매

가격 대비 전세가격이 70% 이상인 지역은 전세를 안고 부동산에 투자할 수 있는 유망 지역이다. 전세를 안고 부동산 특히, 아파트를 구입할 때는 반드시 향후 부동산 경기가 상승한다는 전제 조건이 있을 때에만 투자해야 한다. 만약 부동산 경기가 하강하면 투자 수익도 보장받을 수 없는 상황에 빠질 수도 있다.

금융권 대출을 이용하면 이보다 훨씬 적은 금액으로도 부동산에 투자할 수 있다. 금융권 대출을 이용해서 부동산에 투자할 때는 무엇보다도 교통이나 주거환경 개선이 기대되는 지역을 선택하는 것이 유리하다.

분양권은 지역에 따라 다르지만 4,000만 원에서 6,000만 원 정도면 투자가 가능하다. 하지만 이것은 일반적인 경우이고 단기 시세차익을 노리는 경우에는 이보다 적은 금액으로도 투자가 가능하다.

소액으로 부동산에 투자할 때는 철저하고 치밀한 투자 계획이 있어야만 한다. 만약 이런 계획이 없는 가운데 무작정 투자하면 큰 낭패를 보게 마련이다. 소액 부동산 투자를 할 때 명심해야 할 다섯 가지 원칙은 다음과 같다.

첫째, 철저한 자금 계획이 있어야만 한다. 특히 금융권에서 대출을 받을 때는 자금 동원 능력과 대출금 이자와 원금 상환 문제를 면밀히 체크해야 한다. 만약 분양권에 투자하는 경우에는 인근 아파트 시세와 분양가에 포함된 금융비용 (이자) 등을 비교·분석하여 정확한 투자 수익을 예측해야 한다.

둘째, 가격 상승 가능성이 높은 지역의 부동산을 구입해야 한다. 특히 교통과 주거환경 개선이 기대되는 곳을 선택해야 한다. 지하철이나 신규 도로 개통 지역의 아파트나 분양권 및 기타 부동산 물건을 찾는 것이 매우 중요하다. 또한 가급적 매매가 대비 전세가 비중이 높은 지역을 선택해야 한다.

셋째, 부대 비용 및 세금과 투자 수익과의 상관 관계를 잘 따져 보아야 한다. 보통 부동산을 구입하는 경우에는 취득세 및 등록세를 합쳐 매매대금의 5.6%를 세금으로 부담한다는 사실을 계산에 넣어야 한다.

넷째, 매입시점과 매도시점 결정이 중요하다. 낮은 가격에 구입해 높은 가격에 파는 것은 모든 투자의 제1 원칙이다.

다섯째, 투자 수익을 못 얻는 경우를 대비하여 대안 마련이 중요하다. 아파트나 분양권은 투자 수익을 올리지 못할 경우 투자자 본인이 직접 거주할 수 있도록 여건을 마련해 두면 안전하다.

여섯째, 외환 위기 이후 실수요자나 투자자에게 주거비가 싸고, 상대적으로 유동성도 좋으며 수익성도 높은 소형 아파트가 유력한 투자 대상으로 떠올랐다. 하지만 언제까지 이런 현상이 지속된다고 보장할 수는 없다. 서울의 경우 소형 아파트 공급 비율은 이미 30%를 넘어섰다. 주상복합 아파트도 소형의 경우 50%에 이르렀다. 오피스텔도 소형 평형이 대량으로 공급되고 있다. 실제 도심의 상업지에 건설되는 주상복합 아파트나 오피스텔은 실수요자보다는 임대사업을 원하는 투자자가 주로 선호하는 물건이기 때문에 투자 가능성도 높고 투자용으로도 각광을 받고 있다. 그렇지만 일반적으로 주상복합 아파트나 오피스텔은 분양 보증이 안 되며 관리비마저 높기 때문에 투자에 상당히 유의해야 한다. 더욱이 입주 시점에서 소형 평형의 과잉 공급 현상이 생기면 임대 수익을 기대하기 힘들 수도 있다. 따라서 소형 평형 부동산에 투자할 때는 지역 내 동일한 평형의 부동산의 수급 상황, 임대료, 관리비 등에도 각별한 관찰과 주의가 필요하다.

2. 부동산 투자에
필요한 돈이 없다면?

— 살고 있는 집을 밑천으로 활용하라

서울과 수도권 일대 아파트 가격이 상승세를 타고 있다. 여기에 매매 가격뿐만 아니라 전세 가격도 큰 폭으로 상승하고 있다.

20년 이상된 노후 아파트의 재건축 바람도 부동산 가격과 전세 가격을 상승시키는 주요 원인이다. 전세 가격이 상승하면서 전세 수요가 소형 평형의 부동산을 중심으로 매입 수요까지 증가시키고 있다. 어쨌든, 지금은 부동산 투자의 적기라고 할 수 있다.

그러나 모든 지역의 부동산 가격이 상승하는 것은 아니다. 얼마 전까지만 해도 강남구의 아파트값이 오르면 뒤이어 서울 전역의 아파트값이 올랐다. 그것이 대세였다. 하지만 이제는 그런 공식은 존재하지 않는다. 같은 지역 안에서도 입지나 평형별로 가격 상승 폭이 달라지고 있는 것이다.

불과 얼마 전까지만 해도 우리나라의 주택시장은 낮은 주택 보급률을 극복하기 위해 공급을 최우선으로 하던 양적 팽창시대였었다. 이때는 더 빨리 큰 주택을 마련하는 것이 부동산 재테크의 유일한 방법이었다. 사실 이때까지만 해도 부동산 투자는 크게 문제될 것도 없었다. 일단 사두기만 하면 가격이 오르던 시대였고 신규 건축하는 아파트를 분양받기만 하면 시세차익이 보장되던 시대였다.

하지만 경기가 침체되면서 이전과 같은 부동산 투자의 공식은 사라졌다. 오히려 부동산 가격이 하락하는, 예전에는 상상조차 할 수 없었던 일이 벌어진 것이다.

가격 상승이 대세인 요즘 오히려 가격이 오르지 않아서 걱정인 사람들도 있다. 상대적인 박탈감을 호소하는 사람들도 있다. 그러나 이것은 원칙적으로 개인의 책임이 크다. 투자의 기본은 '적극적인 행위'가 뒷받침되어야만 한다.

투자에 나서기 전 시장 상황을 체크하고, 자신의 자금 현황을 점검하고, 투자 대상 상품을 비교·분석하는 것은 기본이다. 최근 주택 시장은 수도권보다 서울이, 대형보다는 소형 아파트 수요가 급증했다. 또 금리가 약세를 보이면서 임대수익을 올릴 수 있는 월세 아파트에 대한 관심이 급증하고 있다. 아파트 시장에서 재건축은 투자 대상 최우선 순위가 되었다.

가격이 오르지 않는다면, 출퇴근이나 자녀교육 문제에서 벗어난 은퇴 계층이라면 집을 옮기는 것도 한 가지 방법이다. 최근 몇 년간의 가격 변동 상황을 분석하고 만약 평균 상승률보다 가격 변동률이 낮고, 개발계획 등 추가 상승 재료가 없는 대형 아파트를 보유하고 있다면 이를 팔고 소형 아파트를 구입하는 것이 유리하다. 특히 요즘같이 소형 아파트에 대한 인기가 높은 때라면 보유한 중대형 아파트를 처분하고 소형 아파트를 구입해 투자에 필요한 여유 자금을 확보하거나 소형 아파트 두 채를 구입해 임대소득을 올리는 것도 한 가지 방법이다. 이때 투자하는 소형 아파트는 환금성이 좋은 역세권을 선택하는 것이 좋다.

소형 아파트에 대한 인기가 높아지면서 보유한 중대형 아파트를 처분하고 소형 아파트를 구입해 여유 자금을 확보하거나 소형 아파트 두 채를 구입해 임대소득을 올리는 것이 새로운 부동산 재테크 수단으로 떠올랐다.

소형 아파트에 투자한다고 무조건 성공할 수 있는 것은 아니다. 전용 면적 25.7평 이하의 신축 주택에 대한 등록세 및 취득세 감면 혜택, 18평 이하 주택에 대한 국민주택기금 장기 저리 대출 정책, 소형주택 의무비율 부활 등의 정책 영향으로 향후 2~3년 동안은 소형 아파트 투자가 유리하겠지만 중·장기적 관점에서는 지역별로 공급되는 물량 변화에 맞춰 투자 계획을 세워야 한다.

장기적으로 집값 상승 가능성이 있는 곳을 선택해야 한다는 말이다. 지하철 개통 등 교통 여건 변화 가능성, 주변에 혐오 시설의 이전 계획, 지은 지 20년이 가까워 재건축 추진 움직임이 있는지도 따져 봐야 한다. 요즘은 교통 못지 않게 교육 여건도 아파트 가격에 절대적인 영향을 주고 있다. 중소형 평형은 역세권과 같은 교통 여건이 가격 변수이지만 40평 이상의 대형 평형은 환경요인과 지역 내 고등학교의 대학진학률 등 교육환경이 가격 변화의 중요한 요소이다.

3. 상가 투자 가이드

— 아무 상가나 수익을 보장해 주지는 않는다

상가에 투자할 때는 상가에 투자하는 목적이 분명해야 한다. 상가에 투자하는 목적에 따라서 지역 선정이 달라질 수밖에 없다. 상가 투자를 할 때는 투자 목적에 따라 다음과 같이 세 가지로 나누어 지역을 선정해야 한다.

첫째, 장기적으로 투자 수익을 얻기를 원한다면 현재는 상권이 발달하지 않았거나 큰 임대 수익을 기대하기 힘들지만 앞으로 이면도로까지 상권이 확장될 것으로 예상되는 곳을 찾아야 한다. 예를 들면, 지하철 건설 등의 영향으로 상권이 발달할 가능성이 높은 지역을 선정하는 것이 좋다. 하지만 이면도로에 위치해 있는 상가라고 할지라도 최소한 도로 폭이 6m 이상은 되어야 한다. 그래야만 나중에 개발될 때 차량이 양 방향으로 다닐 수 있고 건물 건축시 용적률을 높일 수 있다.

둘째, 상가에 투자하여 단기적으로 정기적인 수익을 원한다면 이미 상권이 형성되어 있고 현재도 상권 개발이 이뤄지고 있는 지역을 선정해야 하며, 기존에 입주해 있는 점포들의 업종도 중요하다. 대학을 낀 지하철역이나 새로 조성되는 강남의 지하철 역세권이 투자 목적에 맞는다고 할 수 있다. 이들 지역은 이미 대로변은 물론 이면도로까지 상권이 활성화되어 있고 상가의 공실률도 낮다. 또한 유행에 민감한 업종들이 주변에 많으면 지역 전체 상권이 활기를 띠게 되고 자연히 건물의 공실률도 낮아진다.

셋째, 투자 목적이 안전성과 수익성이라면 최소한 1000가구 이상 되는 아파트 단지 상가를 선택해야 한다. 또 주변에 대형 할인점이 없어야 한다. 1990년대 초반까지만 해도 안정적인 월 수익과 시세 차익을 기대할 수 있었던 아파트 단지 내 상가가 요즘은 대형 할인점과의 경쟁에서 뒤지면서 투자 가치가 떨어지는 실정이다. 그 동안 아파트 단지 내 상가는 무리한 점포 늘리기로 이미 공급 초과현상이 나타나고 있는 점도 유의해야 한다.

상가에 투자하는 목적을 명확히 설정해 투자 지역을 선정했다면 이제는 상가의 위치를 선정해야 한다. 상가 위치는 대단히 중요하다. 같은 지역에 위치한 상가라고 할지라도 위치에 따라서 영업 수익률이 달라지기 때문이다. 상가 위치를 결정할 때는 다음과 같은 세 가지에 주의를 기울이고 살펴보아야 한다.

첫째, 배후지역에 거주하거나 활동하는 인구의 규모와 통행량을 고려해야 한다. 상업 활동은 고객을 상대로 이뤄진다. 배후지란 잠재적인 고객이 거주하는 지역이다. 배후지에 거주하는 고객의 질과 양은 해당 상업지의 유용성을 좌우한다. 도시의 경우 상가의 상권은 반경 500m 안에 3500세대 이상의 주민이 거주하면 좋은 상권으로 보고 있다.

둘째, 상권 안에 거주하는 주민들의 수준도 중요한 고려 대상이다. 주민 수준은 배후지에 거주하는 주민들의 남녀 성별, 연령, 소득 수준, 사회적 수준, 학력, 선호도 등을 종합하여 판단한다. 주민 수준은 잠재 고객들의 소비 성향과 고객의 수를 예측할 수 있는 판단 근거이기도 하다.

셋째, 상가 위치의 통행량을 따져봐야 한다. 상가는 상권의 규모도 중요하지만 무엇보다도 많은 사람들이 점포 앞을 지나다녀야 성공할 확률이 높다. 통행 인구수를 조사하는 가장 좋은 방법은 직접 상가 앞에서 지나가는 사람들을 일일이 세어보는 것이다. 통행 인구를 조사할 때는 요일별, 시간대별, 통행 인구 계층까지 세분하여 분석해야 한다. 상가가 역세권이라면 출근시보다는 퇴근시 통행 인구가 중요하다.

투자에 알맞은 상가를 고르기 위해서는 지역을 선정하고 상가의 위치를 선정하는 것이 중요하다. 거기에 하나 덧붙이면 상가의 성격에 따라, 상가 성격에 적합한 여건을 가지고 있는지를 따져서 투자 여부를 결정해야 한다.

◆ 아파트 단지 내 상가의 경우 세대수가 영업의 성패를 좌우한다. 최소한 600세대 이상이 되어야 하며 어린 자녀가 있는 32평형 이하 소형 아파트 단지 내 상가가 유리하다. 동일한 세대수라도 대형 평형은 단지 외부의 백화점이나 쇼핑센터 이용이 많아 불리하다. 아파트 단지 내 상가는 대부분 생활 밀착형 업종이 많기 때문에 배후지역의 가구 규모에 맞춘 업종이어야 하며, 업종이 중복되지 않아야 한다. 주민의 통행 동선에서 벗어나 주민들이 인근의 대체 상가를 이용하면 상권이 침체되기 때문에 주민의 동선도 꼼꼼하게 분석해야 한다.

보통 아파트 단지 내 상가는 1층을 기준으로 볼 때, 지하층과 2층은 1층 가격의 절반 선에서 시세가 형성된다. 3층의 경우에는 2층 가격의 80% 선에서, 4층의 경우에는 2층 가격의 60% 선에서 시세가 형성된다. 5층 이상인 경우에는 엘리베이터가 설치되므로 4층 시세와 거의 비슷한 가격이 형성된다. 아파트 단지 내 상가는 입주 초기에는 높은 임대료를 받을 수 있으나 2년 정도 지나면 점차 임대료가 낮아지는 경우가 대부분이므로 최초로 분양받는 경우 유의해야 한다.

◆　　주주형 상가 또는 지분제 상가란 상가를 건축하는 비용을 조달하기 위하여 주식 형태의 분양권(지분)을 발행하여 소액 투자자를 모집하여 완공하는 상가이다. 상가 완공 뒤에는 전문 경영인이 상가를 운영하여 발생한 영업 이익을 투자자들에게 배당하게 된다. 보통 주주형 또는 지분제 상가의 투자 단위는 전체 상가나 한 개 층 전체, 200~300평을 투자 단위로 하는 분양이다.

주주형 상가는 장사 경험이 없거나 소액만으로도 투자가 가능하고 직접 장사를 하지 않더라도 소형 상가에 분산 투자하는 것보다 대형 상가가 가진 규모의 이익 실현으로 높은 영업 이익을 낼 수 있다는 장점이 있다.

이런 장점에도 불구하고 주주형 또는 지분제 상가는 상가 경영이 부실해질 경우 책임 소재가 불분명하며 투자 지분 매각이 어렵고, 공유지분권자들이 많을 경우 경영이 불안정해질 가능성이 높은 단점이 있다. 또한 요즘은 대형 상가라고 해서 반드시 규모의 이익이 보장되는 것은 아니다. 따라서 주주형 혹은 지분제 상가에 투자할 때는 상권의 전망이 좋은 지역이어야 하고 건축주나 시행자도 상당한 지분을 보유하고 직접 운영에 참여하는 상가이어야 안전하다. 또한 상가의 경영자는 대형 상가 경영 노하우가 있어야 하며 사업시행자의 업무 능력과 신뢰도를 사전에 검증해야 한다.

◆ 전문(테마) 상가는 하나의 대형 건물에 유사한 품목의 점포들이 밀집된 형태의 상가이다. 이런 형태의 상가는 대형 상권에 위치하여 한 가지 상품이나 브랜드를 집중 육성할 수 있다. 이것이 전문(테마) 상가가 다른 상가에 비해 고객응집력이 강하고 판매 경쟁력을 확보할 수 있는 이유이다. 그렇지만 전문(테마) 상가는 투자 금액이 크고 분양 주체의 사업 능력이나 영업 계획이 현실성이 없으면 위험 부담이 커진다.

상가 투자를 하기 위해서는 투자를 결정한 뒤에도 철저한 점검이 필요하다. 등기부등본과 건축물관리대장 등을 점검하는 것은 기본이라고 할 수 있다. 이 밖에도 다음과 같은 사항들을 점검해야 한다.

◆ 우선 실제 이용 용도를 조사하고 현재의 용도가 적정한지 여부를 따져보아야 한다. 유흥음식점 등 재산세 중과세 대상 업종으로 사용되고 있는지의 여부도 따져보아야 한다. 상점이 많은 경우에는 지나치게 직사광선에 노출되는 건물은 피해야 한다. 임대사무실이 많은 경우에는 주변에 관공서가 있거나 사무실들이 밀집되어 있는 것이 좋다.

◆ 건물의 외관이나 색조가 제대로 되어 있는지를 살펴다. 건물 외관은 임대 수입에 중대한 영향을 끼친다.

◆ 건물의 보존 상태와 각종 설비 상태를 점검해야 한다. 건물 설비는 승강기나 공기 조화, 난방, 급탕 설비 등 중요한 부분부터 종류와 상태를 점검하면서 앞으로 몇 년이나 더 사용할 수 있으며 설비의 보수나 교체를 특별한 조치를 해야 하는지를 점검한다. 특히 오래된 건물의 경우에는 설비 상태에 따라 관리비용 총액이 결정된다는 것을 기억해야 한다. 건물이 개수 또는 수선해야 할 때가 되지 않았는가도 살펴봐야 한다. 외벽의 페인트칠이나 배수관의 파손, 베란다의 상태, 구조물의 보수 상태 등을 확인하고 건물의 개·보수가 필요하다면 어느 부분에, 필요한 경비는 어느 정도인가를 조사한다.

◆ 임대료와 관리비를 조사해야 한다. 임대 전용빌딩은 임대료와 관리비를 별도로 징수하지만 임대료에 관리비까지 포함되는 경우도 있어 실질적인 임대소득과 임대료 합계액이 크게 다른 경우도 있다.

◆ 전용주차장의 수용능력을 점검하면서 건축물관리대장상의 주차장이 제대로 사용되고 있는지 조사해야 한다.

요즘은 전용주차장의 수용능력이 수익성을 좌우하는 경우가 많다.

◆ 직접 현장 답사를 해보아야 한다. 인근 지역의 건물 이용 현황이나 건물의 상태를 점검하면서 투자 대상 건물의 용도가 주변 지역환경과 조화를 이루고 있는지를 판단한다. 인근 지역의 환경이 나쁘면 얼마 지나지 않아서 수익성이 크게 떨어진다. 이때는 인근 지역의 지역 발전 가능성도 함께 점검한다.

◆ 건물 부지도 꼼꼼하게 점검한다. 상가 건물은 무엇보다도 목이 좋은 곳에 위치해야 한다. 즉 대지와 접한 도로의 구조가 중요하다는 말이다. 보도와 차도가 구분되어 있어야 하며 도로 포장상태, 일방통행 여부 등은 토지의 이용도를 좌우한다. 커브나 각진 곳에서는 안쪽에 있는 토지가 좋고 도로 양측을 동서로 가르는 도로는 서쪽이, 역이나 정류장으로 향한 도로는 우측에 있는 토지가 좋다고 할 수 있다.

토지의 형태도 중요하다. 상업 용지는 전시와 광고 효과를 극대화시키기 위해 가급적 도로와 접한 면의 길이가 긴 직사각형의 토지가 좋다. 토지의 지반과 높이도 중요하다.

상가 건물은 대부분 임대수입을 목적으로 투자한다. 상가 건물의 투자 수익률은 보통 실질 투자액에 대한 임대 수입액의 비율로 계산한다. 보통 투자 수익률은 매매금액에서 임대보증금(혹은 여기에 융자금까지 합친)을 뺀 것을 임대료로 나눈 것을 말한다.

하지만 이와 같은 방식으로는 세입자로부터 받는 관리비와 실제 건물 관리에 소요되는 비용의 차이를 지출이나 수입에 포함시키지 않은 약점이 있다. 또한 보통 건물의 수명을 20년으로 보았을 때, 시간이 지나가는 것만큼 감가상각되는 것을 실질 수입액에 포함시키지 않은 한계 그리고 임대 보증금에 대해 부과되는 소득세를 누락시킨 점, 부동산 가격의 상승분이나 하락분을 포함시키지 않은 한계가 있다.

모델하우스 체크 요령

1. 방문하기 전 체크 요령

   가장 좋은 모델하우스 위치는 현장 내이다. 대부분의 모델하우스는 사정이 있는 경우라도 현장과 인접한 곳에 위치해 있다. 그러나 간혹 현장과 모델하우스 위치가 동떨어진 경우가 있다. 이것은 현장이 가지고 있는 단점을 숨기고자 하는 의도일지도 모른다. 특히 모델하우스를 메운 인파에 속아서는 안 된다.

2. 먼저 주변현황도 및 단지배치도를 살펴야 한다. '주변현황도'를 통해 도로 여건과 지하철역과의 접근성, 소음 발생 가능성 등을 살피고 '단지배치도'에서는 단지간 간격과 형태, 방향, 경사도, 출입구의 위치, 주차시설, 놀이터, 상가 위치 등 생활 편의시설을 살핀다.

3. 평형별 가구 수와 방향, 층의 배치, 라인 배치, 용적률, 난방 방식, 현관 구조를 확인한다. 특히 현관 구조와 난방 방식, 용적률은 투자 수익률을 결정하는 중요한 기준이다. 방의 배치 및 베란다 활용도 등은 평면설계도로 체크해야 한다.

4. 주방은 꼼꼼히 살펴야 한다. 싱크대 높이가 적당한가, 수납공간은 여유가 있는가, 냉장고 자리가 편리한 위치인가, 식탁 놓을 자리가 충분한가 등을 살핀다.

5. 화장실이나 주방의 냄새가 잘 배출되지 않으면 곤란하다. 화장실은 외부로 창문이 나 있는 것이 환풍기만 달려 있는 것보다 좋다. 배관은 나선형이 소음이 적게 발생한다.

6. 화장실이나 베란다의 바닥이 높거나 경사가 제대로 되어 있지 않으

면 배수에 문제가 있다. 화장실은 미끄러질 위험은 없는지 살핀다.

7. 방마다 전기, 전화, TV, 케이블TV선은 있는지 확인한다. 또한 에어 컨 전용 콘센트와 물빼기 구멍이 설치되어 있는지, 온도 조절기가 방마다 설치되어 있는지도 확인한다.

8. 거실바닥 마감재 재질과 주방 싱크대의 재질, 현관바닥이나 벽지의 재질, 신발장 재질 등을 확인한다.

9. 베란다와 다용도실의 활용 가능성과 배수시설을 확인한다.

10. 장식장이 분양가에 포함되는지 확인해야 한다.

11. 조명등의 전기 소모량이 많지는 않은지 확인한다.

12. 요즘 아파트는 전용면적에 비해 공간이 넓어 보인다. 각 방의 사생활이 잘 지켜지도록 설계가 되었는지, 가족의 수나 연령에 맞춰 방수와 크기가 적당한지, 외부에서 문을 열면 내부가 훤히 보이지는 않는지 등도 체크할 항목이다.

4. 단독주택 투자 상식

― 택지개발지구 내 단독주택지를 주목하라

단독주택이란 대지와 건물을 합한 주거 공간이다. 단독주택의 가장 두드러진 특징은 대지나 건물 모두 비교가 어렵다는 점이다. 그리고 아파트는 전문건설회사가 짓는데 반해 단독주택은 개인이나 소규모 건축업자가 건축한 경우가 많아서 단독주택을 구입할 때에는 해당 주택의 구조와 하자 여부 등에 대한 보다 세심한 주의와 점검이 필요하다. 단독주택을 구입할 때 단계별 지침은 다음과 같다.

대지와 건물로 구성된 단독주택에서 가격 비중이 높은 것이 대지이다. 따라서 단독주택을 구입할 때 가장 주의를 기울여야 하는 부분은 바로 대지이다.

1. 대지는 주택 건축면적의 3배 이상 또는 연면적의 2배 이상으로 보통 60~70평 정도가 적당하다. 또한 일조권, 계절풍 등을 감안해서 약간 높은 언덕에 위치해 있으면서 남쪽으로 5도 정도 경사진 것을 최적의 조건으로 꼽는다.

2. 단독주택을 거래할 때 실제 면적과 등기부상 면적이 틀린 경우도 허다하다. 따라서 단독주택을 구입할 때에는 실제 면적을 기준으로 계약서를 작성하며 평당 거래 가격을 반드시 명시한다.

3. 이웃과의 경계선을 확실하게 알아야 한다. 오래된 주택의 경우 이웃집의 대지를 침범하여 건축된 경우나 구입할 주택의 대지를 이웃집이 침범한 경우가 종종 있다. 이때는 계약 전에 매도자와 함께 이웃집 소유자를 방문하여 침범한 부분에 대한 처리를 확정지어야 한다.

4. 대지와 접한 도로는 반드시 4m 이상이어야 하며 가능하면 6m 소방도로에 접해 있어야 한다. 그러나 너무 넓은 간선도로에 접해 있으면 오히려 소음과 먼지, 매연의 피해를 입을 수도 있다. 접면도로 방향은 동쪽, 서쪽, 북쪽의 순서로 선호하는 추세이다. 대지는 정사각형이 좋지만 직사각형도 괜찮다. 만약 대지 넓이가 좁으면 동서로 긴 것이 통풍과 일조권 측면에서 유리하고, 대지 넓이가 넓으면 남북으로 길어야 아름다운 정원을 만들 수 있다.

5. 증축이나 개축이 가능한지를 살펴보아야 한다. 도시지

역에서는 도시계획법상 용도지역과 지구에 따라 건축이 불가능하거나 까다로운 조건이 붙는 경우가 많다. 따라서 반드시 계약 체결 전에 등기부등본과 토지대장, 지적도와 토지이용계획확인원을 발급받아 건축 전에 반드시 알아야 할 도로관계나 건축 제한 여부 등에 대하여 확인을 해두어야만 한다. 이상의 서류를 확인하면 위치, 면적, 권리관계, 토지 형태 등 기본적인 사항과 주택건축의 제한사항들을 자세히 알 수 있다.

6. 지반이 튼튼해야 한다. 지반이 튼튼하지 않으면 지반침하로 건축 뒤 집이 기울거나 벽에 균열이 생기게 된다. 특히 호수나 바다 등 수면을 매립한 택지나 쓰레기를 매립해서 조성한 대지는 지반침하의 위험이 크다.

대지에 대한 확인이 끝나면, 대지 주변에 대한 점검도 마쳐야 한다.

1. 도로나 교통 조건 등을 점검한다. 일반적으로 초등학교의 통학거리는 도보로 15분 정도, 중·고등학교는 30분, 대학교는 승차 시간을 합하여 1시간 이내가 적당하다. 도로는 집 앞까지 자동차가 진입할 수 있어야 한다.

2. 인근 지역의 상가나 공공시설 등의 생활 편의시설을 점검한다. 특히 초등학교 등 교육시설과 병원과 같은 의료시

설, 기타 문화시설과 구매시설 등 생활에 필수적인 시설들이 주변에 어느 정도 정비되어 있어야 한다. 가능하면 도보로 통행이 가능한 거리(700m 안팎)에 필요 시설들이 있어야 한다.

3. 공해시설이나 위험시설, 혐오시설, 유흥가 등이 있는지 살펴봐야 하며 고압선이 통과하는 집은 나중에 매매가 되지 않으므로 유의해야 한다.

사회적 환경도 점검해야 할 사항이다. 지역 주민들의 직업이나 지위, 소득 수준 등은 사회적 환경의 질에 상당한 영향을 미친다.

경사지에 축대를 쌓아 건축한 대지의 경우에는 축대 붕괴의 위험성을 점검해야 하며, 후미진 곳에 위치해 있는 주택의 경우에는 범죄 발생의 가능성을 점검한다.

대지와 대지의 위치에 대한 점검이 끝나면 단독주택의 구조를 점검한다.

1. 꼭 필요한 방은 물론이고 기타 공간이 제대로 갖춰져 있는지를 확인한다. 또한 세를 놓을 계획이라면 세를 놓을 수 있는 구조인지, 세대별 프라이버시는 지켜질 수 있는지를 살핀다. 또한 부엌과 정원 그리고 보일러실 등의 동선과 거리를 점검하고 각 방의 방향은 적당한지, 가구의 운반과

배치는 용이한지를 점검한다.

2. 튼튼한 단독주택을 구입하기 위해서는 외관은 물론 내부 마감재의 품질과 상태를 확인한다. 소규모 건축업자가 영리만을 위해 건축한 집인지 아니면 건축주가 직접 지은 집인지의 여부를 확인하면 단독주택의 상태를 파악하는 데 도움이 된다. 또 방수와 방음, 방습과 단열 성능도 확인한다.

3. 주위 건물과 적당히 떨어져 일조권과 통풍 그리고 환기에 어려움이 없는가를 살펴야 한다.

4. 증축이나 개축을 할 수 있을 만큼 기초가 튼튼한가를 살피고 상하수도 시설의 구비 여부 그리고 과거에 살던 사람들이 수선이나 보수를 어느 정도 했는가를 살펴봐야 한다. 문이나 창문이 잘 잠기지 않고 여닫기가 어려운 경우, 화장실이나 욕실 등 물기가 많은 곳의 타일이 많이 깨진 경우, 집 주변의 보도가 가라앉거나 지하 매설관이 손상되어 상하수도관이 새고 있는 경우, 인접한 가로수가 기울거나 옹벽에 균열이 있는 경우에는 건물 자체가 부실할 가능성이 높다.

5. 가족이 살기에 적정한 면적인가를 살펴보아야 한다. 주택은 통상 가족 1인당 4~5평 정도를 기준으로 삼지만 점차 주거 공간의 소비성향이 높아지는 것을 감안한다. 주택 면적은 구·시·군청에서 발급하는 건축물관리대장을 보면 쉽게 알 수 있다.

6. 구입할 단독주택에 전세입주자가 있으면 직접 세입자를 만나 전세기간, 금액과 전세조건 등을 반드시 확인하고 세입자의 처리문제도 거래 계약서에 명시한다.

7. 정원수와 정원석 등 고가의 시설물은 거래이전에 소유 관계를 명확히 해야 한다.

8. 단독주택은 아파트에 비해 환금성이 낮고 가격 변동도 늦다는 점을 감안하여 투자에 신중해야 한다.

최근 들어서는 비교적 싼 가격에 취득할 수 있고 임대사업에 유리한 택지개발지구 내 단독주택지가 주목을 받고 있다. 단독주택지는 분양가가 주변 시세보다 10% 이상 싸고 원룸이나 다가구주택 등을 지을 경우 연 10% 이상 수익률을 올릴 수 있다.

계약금만 내면 등기완료 이전이라도 전매가 가능해 유동성이 높다는 것도 투자 장점이다. 대금납부도 투자자에게 유리해서 1~3년까지 대금을 나눠 내거나 한꺼번에 낼 수도 있다. 일시불로 내면 10~24%까지 값을 깎아주기도 한다. 잔금 납부에 대해서는 보증보험증권을 제출하면 건물부터 짓고 나중에 대금을 낼 수도 있다.

택지개발지구 내 단독주택지는 일반 주거지와 전용 주거지로 나뉜다. 필지당 면적은 60~70평 정도이다. 일반 주거지의 경우 연면적 40%까지 근린 생활시설을 들일 수도 있어 이른바 점포 주택으로 활용할 수도 있다. 건물은 3층(건폐율 60%)까지 올릴 수 있다. 1층에 슈퍼마켓, 음식점, 이 · 미용실, 노래방 등 상가를 들이고 2층과 3층은 주택으로 쓰는 경우가 대부분이다. 60평짜리 대지에 3층짜리 다가구주택(15~19가구)을 지으면 보증금으로 2억 원에서 3억 5,000만 원은 건질 수 있다. 다만, 매매가 대비 전세 비중이 높고 전세금이 지속적으로 오를 수 있는 곳이어야 한다. 입주물량이 한꺼번에 쏟아지는 지역은 전세수요 감소가 예상되므로 피하는 것이 좋다.

택지개발지구 내 단독주택지는 이처럼 높은 투자 수익을 올릴 수도 있지만 주의해야 할 점도 많다.

1. 분양 가격의 적정성을 따져봐야 한다. 공영개발로 조성된 토지는 가격이 싼 편이지만 반드시 개발이 끝난 주변 지역 시세와 다른 택지지구 분양가를 반드시 비교해 보는 것이 좋다.

2. 구입하려는 택지의 위치와 입지 여건도 중요하다. 같은 택지지구 내에서도 임대수요가 많은 지하철역 주변이나 생활 편의시설이나 관공서 등이 가까워야 유리하다.

3. 적정한 자금 조달 계획을 세워야 한다.

4. 무리한 대출은 과도한 금융 비용 부담을 초래해 수익성

과 유동성을 떨어트린다.

5. 택지지구별로 건축 규제 사항을 미리 점검한다. 대부분 단독주택지는 일반 주거지로 건폐율 60%에 3층까지 지을 수 있지만 일부 지역은 다가구주택을 못 짓게 하는 지구도 있다.

5. 전원주택도
투자 가치가 있다

— 전원주택 투자 가이드

전원주택은 도시의 열악한 주거환경에서 벗어나 자연환경이 양호한 지역에 가족 전체 또는 친지들이 항상 혹은 정기적인 거주를 목적으로 건축한 주택이다. 대도시 주민들이 주말이나 휴가 등 여가 시간에 이용하는 주말 주택(second house)도 전원주택이며, 대도시의 직장에서 일하지만 생활은 대도시 근교의 농촌 지역에서 하는, 항상 거주하는 일반 주택도 전원주택이다. 항상 거주하는 전원주택은 주거 생활의 편리를 위해 인근지역의 생활 편의시설과의 접근성이 좋아야 한다.

전원주택이 들어설 수 있는 입지는 다음과 같은 조건을 갖추고 있어야 한다.

  1. 대도시 근교에 입지, 도시와의 접근성이 좋아야 한다. 접근성이란 물리적인 거리보다는 교통수단을 이용하여 도착할 수 있는 시간을 말한다. 도로망 등이 잘 갖춰져 1시간 내지 1시간 30분 이내에 출퇴근을 할 수 있어야 한다. 최근에는 서울시에서 2시간 거리 이내의 지역에도 점차 전원주택의 수요자들이 늘어나는 추세이다.

  2. 자연환경이 잘 보존된 지역이 좋다. 전원주택 구입 때 최우선적인 고려 사항은 양호한 자연환경이다. 그렇다고 별장처럼 빼어난 경관이 요구되는 것은 아니다. 통상 전원주택은 주택을 뒤로 한 산과 자그마한 개울, 맑은 공기, 넓게 트인 논과 밭의 전경, 도로나 공장 등 공해로부터 격리된 지역이면 된다. 지역에 따라 지형과 자연물 등 유형화된 경관은 물론 기온이나 강수량, 강설량 등 무형적인 요소라고 할 수 있는 기후도 중요한 선택 기준이 된다.

  3. 자신의 가족 또는 친지 등 가까운 사람들이 주변의 간섭 없이 거주할 수 있는 공간이어야 한다. 개인의 프라이버시를 보호할 수 있는 공간이 필요하지만 반드시 산골짜기 등과 같이 완벽한 외부와의 차단이 필요한 것은 아니다. 또한 주변에 마을이 있을 경우 기존 주민들과 위화감을 조성할 염려는 없는지도 세심하게 따져보아야 한다.

4. 항상 주거할 경우 생활 편의시설과의 접근이 용이해야 한다. 식료품을 구입할 수 있는 상점이나 응급시 이용할 수 있는 병원 등 생활 필요시설이 30~40분 이내 거리에 있어야 한다. 체육시설이나 위락시설의 접근성도 점검 대상이다. 보통 전원주택지는 반드시 차량이 진입할 수 있는 도로에 접해 있어야 하며, 폭 4m 이상의 도로에 2m 이상 접하고 있지 않은 토지에는 건축을 할 수 없다.

5. 규모가 작더라도 꽃이나 작물을 직접 재배할 토지를 확보할 수 있으면 더욱 좋다.

6. 토지 이용에 제한을 받지 않아야 한다. 우리나라는 국토이용관리법을 중심으로 여러 가지 토지 이용규제 제도를 시행중이다. 전원주택을 구입하면서 토지 이용규제 사항들을 점검하지 않으면 나중에 이용이나 거래 사고가 생길 위험도 있다. 따라서 구입 전에 나중에 반드시 신축이 가능한지를 확인해야만 한다. 농지 전용이나 임야 형질 변경 가능성은 해당 군청의 도시계획과나 농지관리계, 산림계를 방문하여 직접 확인해야 한다. 보통 농지전용면적은 건축 면적의 3~4배 정도이며, 산림의 형질변경은 200평 안팎 또는 바닥 면적의 5배 정도이다. 하지만 시·군별로 건축면적(건물 바닥면적)에 따라 전용할 수 있는 농지나 산림 면적이 다르다. 전답에 전원주택을 건축할 경우에는 대체농지조성비와 농지전용부담금을 내는 것은 물론이고 건축물이 100% 완공

되지 않으면 필지 분할이나 대지로의 지목변경이 허용되지 않는다. 임야일 때는 건축물이 연면적 30% 이상 건설되어야 필지 분할과 대지로의 지목변경, 소유권이전이 가능하다.

7. 전원주택 입지 지역은 도시와는 달리 자연 재해에 대한 방재 시설이 완벽하지 못하다. 계곡이나 하천변의 전원주택은 여름철이면 홍수나 침수 등의 자연 재해가 발생할 가능성이 높다. 이런 피해를 예방하려면 그 지역에 오랫동안 거주한 주민들에게 이야기를 들어보는 것이 좋다.

해충이나 야생동물의 피해도 고려해야 한다.

이미 지어진 전원주택을 구입할 때는 반드시 다음과 같은 사항을 점검해 보아야 한다.

1. 전원주택은 주말이나 휴가기간에 이용하는 경우가 많다. 그렇기 때문에 연간 이용일수가 70일 이하인 경우가 대부분이다. 방치된 기간이 길어졌을 때 위생 관리나 건물의 유지·보수 등 관리 문제뿐만 아니라 재해나 도난 등으로부터 보호할 수 있는지를 살펴보아야 한다.

2. 전원주택은 등기부 관리가 소홀하기 쉽다. 또한 토지의 소유자와 건물의 소유자가 달라 대지를 구입하고 등기부상 명의이전이 되어도 법정지상권을 소유한 건물소유주가 권리를 행사하면 법률이 정한 일정 기간 동안에는 건물을 철

거할 수 없거나 건물에 대해서 보상을 하여야만 하는 경우가 발생할 수도 있다. 따라서 건물이 포함된 대지를 구입할 경우에는 건물소유자와 대지소유자가 동일 인물인가의 여부를 확인하여야만 한다.

상속 문제 등이 처리되지 않아 막상 구입을 앞두고 이해관계가 발생하는 일이 종종 벌어진다.

3. 세금 문제도 고려 대상이다. 전원주택은 별장으로 간주하고 있어서 취득세나 등록세는 물론 재산세를 높게 부과하고 있다.

4. 지적 정리가 완전하지 않은 농촌은 인접한 대지나 전답들과 구입 대상 토지 사이의 경계가 확실치 않은 경우가 대부분이다. 때에 따라서는 지적도상의 경계와 실제 토지상의 경계가 다른 경우가 많다. 따라서 전원주택은 구입 이전에 명확한 경계를 확정하는 절차를 거친다면 주변 토지소유자와의 분쟁을 사전에 방지할 수 있다.

5. 전원주택은 주변의 자연환경과의 조화에 따라 가치가 매겨진다.

대도시와의 접근성도 따져 보아야 한다. 주변 지역에 유흥업소나 공장 등이 들어서면 가치가 크게 떨어지게 된다. 전원주택을 구입할 경우에는 이와 같은 주변 지역의 환경 변화에 대한 점검이 필요하다.

6. 상하수도나 전기, 연료 공급 등 각종 기반시설도 따져보

아야 한다. 상수원인 한강 인접 지역에서는 하수처리를 위해 고가의 정화조를 설치해야 하며 전기 공급을 위해 고액의 설치비가 들어가야 하는 경우가 생길 수도 있다.

전원주택의 유형별 장점과 단점은 다음과 같다.

1. 단지형 전원주택은 전문건설업체에서 전원주택단지를 조성하여 분양하는 것을 말한다. 단지형 전원주택은 전원주택 건축을 위한 토목공사나 전기, 상하수도 등 기반시설에 들어가는 투자비용을 줄일 수 있다. 또한 개인이 농지를 구입하려면 1000m²(303평) 이상을 구입해야 하지만 단지형 전원주택은 100평 단위의 좁은 면적으로도 구입할 수 있는 장점이 있다.

하지만 시공사의 부도나 계약 조건 불이행 등 문제가 발생할 수 있으므로 반드시 공신력이 있는 업체를 선정해야 한다. 그리고 단지 조성 공사 후 농지는 1년간, 임야는 6개월간 공사가 중단되면 농지전용허가나 산림형질변경허가가 취소될 수 있으므로 구입 전에 해당 토지에 대한 허가를 검토해야 한다. 개인이나 법인 1인 명의로 일괄적으로 농지전용이나 산림형질변경허가를 받은 단지는 소유권 이전 문제를 조심해야 한다는 단점이 있다. 임야의 경우 전체 공정의 30%만 진행되면 소유권이전이 가능하나, 농지의 경우에는 공정이 100% 진행되어야 소유권이 이전될 수 있다.

2. 최근에는 농가주택을 구입하여 개축해 전원주택으로 활용하는 추세이다. 기존의 농가는 진입로나 상하수도 또는 전기 설비 등 기반시설을 별도로 갖추지 않아도 되는 장점이 있다. 도난의 염려가 없는 것도 장점이다. 반면에 농번기 등에는 기존 주민들과 위화감이 조성될 우려가 있다는 것이 단점이다. 오래된 농가주택의 경우에는 개축을 할 수 없을 만큼 골조가 튼튼하지 못하거나 보일러와 수세식 화장실, 싱크대 등을 새로 설치할 공간이 부족할 수 있으므로 골조가 튼튼한지, 공간을 확보할 수 있는지를 살펴보아야 한다.

3. 전원주택은 휴가철이나 봄·가을 행락철에 수요가 집중된다. 그러나 이 시기는 농번기로 농민들은 전원주택지의 매각에 큰 관심을 보이지 않는다. 반면 전원주택을 소유하려는 도시민들은 농한기인 12월부터 2월까지는 전원주택 구입에 큰 관심을 보이지 않는다. 따라서 전원주택에 투자할 경우에는 이와 같은 계절적인 요인을 감안하여 구입과 처분 시기를 결정하는 것이 바람직하다. 전원주택 구입은 12월부터 2월까지의 농한기가 바람직하고 봄 또는 가을의 행락철에 매각하는 것이 바람직하다.

6. 땅! 땅! 땅!

— 토지 투자 가이드

부동산은 사 놓으면 오른다? 부동산을 가지고 있어야만 부자 소리를 듣는다? 부동산은 안전하다?

이 말들은 모두 깨진 신화이다. 이제는 오히려 '땅거지'라는 말이 더 실감난다. 이 단어는 보유한 부동산은 많지만 동원할 수 있는 현금이 없는 사람을 지칭해서 쓰는 말이다. 이제는 부동산의 가장 큰 약점인 '환금성'이 문제가 되는 시대가 열린 것이다. 특히 토지는 다른 부동산에 비해 환금성이 가장 떨어진다. 따라서 부동산 중에서도 토지에 투자를 할 때는 신중에 신중을 기해야만 한다.

근래 들어 부동산 시장이 되살아나면서 토지 시장도 활기를 띠고 있다. 투자자도 늘어나고 거래도 많이 이뤄지는 편이다. 사실 다른 부동산에 비해서 토지가 투자자들의 주목을 받는 이유는 낮은 환금성에도 불구하고 투자 수익률이 높기 때문이다.

현재 토지의 경우 외환위기를 거치면서 땅값은 대부분 거품이 걷힌 상태이다. 오히려 다른 부동산 상품에 비해서 저평가된 상태라고 할 수 있다. 여기에 주 5일제 근무와 준농림지 폐지, 고속도로 개통 등도 중장기적으로 토지 투자 수요를 증가시키는 요인이다. 수도권 그린벨트 해제도 토지 시장에 큰 영향을 미칠 것이 분명하다.

하지만 다른 부동산 시장처럼 토지도 예전과는 양상이 많이 달라졌다. 왜냐하면 시간이 지나면 언젠가는 땅값이 오른다는 공식은 이제 통하지 않기 때문이다. 토지 투자에 앞서서 반드시 철저하게 투자금액 대비 수익률을 따져보아야만 하는 이유가 여기에 있다.

토지에 투자하여 수익률을 높이는 방법은 다음과 같다.

1. 경매를 적극 활용해야 한다. 수도권 일대에서 토지경매 물건이 한 달 평균 2500건 정도 나오고 있다. 따라서 물건은 풍부한 편이라고 할 수 있다. 물건만 잘 고른다면 시세의 절반 가격인 감정가의 50~60%대에서 낙찰을 받을 수도 있

다. 전원주택 용도로 토지를 구입할 경우에는 자금 사정 때문에 경매에 부쳐진 단지형 전원주택지가 유력한 투자 대상이다.

2. 택지개발지구 인근 토지를 노려야 한다. 택지개발지구는 정부 정책에 따라 체계적으로 개발되기 때문에 개발 기간이나 발전 방향 등을 예측할 수 있어 비교적 안전하게 투자 수익을 올릴 수 있다는 장점이 있다. 다만, 가격이 다소 비싼 것이 단점이라고 할 수 있다.

3. 그린벨트 해제 대상지도 유력한 투자 대상이다. 그린벨트는 전 국토의 5.4%에 달한다. 그러나 오랫동안 규제에 묶여 있었기 때문에 재산권 행사 요구 등 급등하는 민원으로 점차 규제가 풀리는 상태이다. 규제가 풀리면 투자 수익률이 높아지는 것은 당연한 일. 그린벨트 지정 전 지목이 대지였던 경우에는 주택이나 음식점을 건축할 수 있다. 또 20가구 이상 집단 취락지역이나 보존 가치가 없는 지역 등을 눈여겨보아야 한다.

4. 사람들이 추천하는 지역만 바라보아서는 안 된다. 수도권 일대에서 가장 좋은 토지 투자 대상이라는 양평, 용인, 가평 등의 지역은 주변의 다른 곳에 비해서 오히려 가격만 비싸고 개발 가능성은 낮은 지역이 많다. 귀동냥에 의존하지 말고 발품을 판다면 실제 가치보다 30% 이상 저렴하게 토지를 구입할 수도 있다.

5. 토지 투자는 수도권의 경우 서울로 통근이 가능한 용인, 양평, 광주, 남양주, 가평, 파주 등이 유망하다. 최근 개통된 중앙고속도로, 서해안고속도로, 중부내륙고속도로 주변과 확장 공사를 마친 국도와 지방도로 주변도 유망한 투자 대상 지역이다. 특히 한강을 끼고 있는 지역은 개발제한이 강화되는 추세에도 불구하고 여전히 투자 가치가 높은 편이다. 전원주택은 물론 별장이나 펜션을 지을 수 있는 해안도로를 끼고 있거나 자연녹지에 인접한 지역도 유력한 토지 투자 대상 지역이다.

6. 투자 대상으로 구입한 토지라도 놀리지 말고 개발 방안을 강구해야 한다. 전원주택 용지로 산 토지지만 지금 당장에 투자가 힘들면 가건물을 지어 창고로 활용한다든지 과수를 재배할 수도 있다. 지금 현재 버려진 땅을 개발할 경우 투자 수익률은 훨씬 높아진다는 것을 명심해야 한다.

7. 도로변 토지 중 상업지나 주거지 편입 가능성이 높은 땅을 매입해 음식점이나 여관, 점포 겸용 주택 등 수익성 부동산으로 개발하면 투자 수익뿐만 아니라 고정적인 임대수익까지 올릴 수 있다. 그러나 도로변이라도 의외로 숙박시설이나 음식점 신축에 제한을 받는 지역이 많다. 그래서 같은 도로변이라도 상업지 편입 가능성을 신중하게 검토해야 한다.

매입 전에 개발 가능성을 검토하기 위해 현장 조사를 하고 관할 관청을 방문해 인허가 여부를 확인해야 한다. 녹지지역이지만 도시계획조례에 따라 건축 허가가 가능한 토지는 종합의료시설을 짓는 것도 고려해 볼 만하다.

8. 이 밖에도 도로변 토지를 구입할 때는 지반을 올리는 공사(복토) 비용이 많이 드는 도로보다 3m 이상 낮은 땅이나 개발 인허가가 쉽지 않은 경지정리가 잘된 농지는 피해야 한다. 토지 매입 시점에서 취락지구 지정이 되지 않은 토지도 환금성에 자신이 없다면 가능하면 피해야 할 투자 대상이다. 그 이유는 보통 지구 지정에서 개발이 이뤄지기까지는 몇 년 이상의 시간이 걸리는 것이 보통이기 때문이다.

'땅거지'라는 말은 현금을 확보하기 위해 토지를 매매하여야 하지만 거래를 성사시키지 못해서 유동성 위기에 몰려 있을 때 하는 말이다. 그러나 무작정 임자가 나타날 때까지 기다리고 있으면 정말 개인 파산이 다가올지도 모른다. 팔리지 않는다고 뒷짐지고 가만히 있을 일이 아니라 팔기 위해 적극적으로 나서야만 한다. 그래서 토지는 살 때와 마찬가지로 팔 때도 전략이 필요하다.

토지를 매각할 때의 전략을 소개하면 다음과 같다.

1. 덩치가 큰 땅은 나누어 팔아야 한다. 토지 투자에는 큰

돈이 들어간다. 따라서 적당한 매입자를 찾는 것은 쉬운 일이 아니다. 이럴 경우에는 분할 판매를 시도해야 한다. 더군다나 요즘에는 대도시 인근 지역의 개발이 점차 완료되어 가면서 투자하기 위해서 토지를 매입하려는 사람보다는 실수요에 의해서 매입을 희망하는 사람들이 많다. 상업 용지나 나대지 같은 경우에는 활용도가 높아서 가격만 절충하면 쉽게 매입자를 찾을 수도 있다. 그러나 토지 활용도가 낮은 준농림지나 임야는 평당 가격은 낮지만 평수가 커 매각 대금 총액이 크다. 이럴 경우 토지를 실수요자들이 선호하는 규모로 분할하여 등기를 내면 쉽게 매입자를 찾을 수 있다. 참고로 전원주택을 마련하기 위한 실수요자들이 원하는 규모는 300평 안팎이 가장 많다.

2. 개발 뒤에 판매하라. 실수요자에게 구입을 희망하는 토지의 접근 도로, 상하수도, 전기, 가스 등 기반시설이 갖추어져 있는가 여부는 구입을 결정하는 중요한 기준이 된다.

7. 그린벨트는
숨겨져 있던 숲 속의 황금이다

— 그린벨트 투자 십계명

저 너머 숲 속에 황금이 숨겨져 있다는 것은 누구나 알고 있었다. 그러나 그곳은 접근을 허용하지 않는 '금단의 땅'이었다. 그 '금단의 땅'이 마침내 장벽을 무너트리고 있다. 이제는 '금단의 땅'에 숨겨져 있던 황금을 차지하기 위한 도전의 시기이다. 그러나 아무나 그 '금단의 땅'에 숨겨져 있던 황금을 차지할 수는 없다. 황금을 손에 넣기 위한 9개 지침을 소개한다.

1. 이미 값이 오를 만큼 오른 곳은 피해야 한다. 해제 프리미엄이 반영되어 값이 오를 대로 오른 지역은 시세차익을 기대하기 어렵다. 경우에 따라서는 공영개발이라는 복병을

만날 수도 있다.

2. 개발 가능성을 고려해야 한다. 지금 당장은 투자 금액이 부족해서 개발 가능한 땅을 사기 어렵다면 활용 가능성이 높은 임야를 매입하라. 환경친화적인 방법으로도 얼마든지 개발 수익을 기대할 수 있다. 이를테면 가족 휴양지나 농장, 음식점이나 휴게소로 개발할 수도 있다.

3. 가장 안전한 투자 대상은 대규모 취락이다. 2001년 7월 1일 기준으로 1000명 이상 거주 지역이 우선 해제 대상 지역이다.

4. 다른 부동산과 마찬가지로 개발 가능성은 교통에서 좌우된다. 서울지역에서는 지하철이 닿는 역세권 그린벨트도 많이 나와 있다.

5. 요즘은 환경이 부동산 투자 결정의 중요한 기준이 되었다. 만약 완전 해제가 이루어지지 않더라도 환경 요소가 뛰어나다면 건축규제 완화 등으로 전원주택 용지로 활용할 수 있다.

6. 기존 주택이나 토지 용도가 대지인 곳이 좋다. 매매도 쉽고, 매매를 하지 않고 개발을 하거나 직접 사용할 때도 유리하다.

7. 부동산 브로커의 권유만 믿고 투자를 결정하면 큰 낭패를 보기 쉽다. 사전에 해제와 개발 정보를 충분히 수집하고 검토한 뒤에 투자를 결정해야 한다. 현지를 직접 답사하는

것은 기본이다. 현지를 직접 답사할 때는 해당 지역의 시·군·구청을 직접 방문해서 공영개발 방식인가, 민영개발 방식인가 혹은 용도별 구역 지정 등 개발 계획을 확인해야 한다. 세금 추징 등의 문제와 거품이 빠진 뒤 적정한 가격에 구입하기 위해서는 매입 시기도 신중하게 선택해야 한다.

8. 그린벨트 내에 위치한 건물의 이축·개축·증축 문제는 그린벨트 지정 당시 거주민인가 그 이후의 거주민인가에 따라 권리 행사에 제약이 따른다. 또 군사시설 보호지역인가, 아닌가에 따라서도 권리 행사에 제약이 따른다. 따라서 토지나 건물의 매매 계약 전에 반드시 해당 관청에 가서 확인 절차를 거쳐야만 한다. 건물(구옥)만을 살 때는 가옥대장이 있는지, 지상권이 있는지, 소유권 이전은 가능한지, 이축 뒤에 신축은 가능한지를 확인한 뒤에 매매 계약을 체결해야 한다. 참고로 그린벨트 지역 내에 있는 건물(구옥)이 도로계획 등으로 이축을 하게 되면 원하는 지역에서 싼 가격에 임야를 구입하여 신축할 수 있다.

9. 계약을 할 때는 반드시 지역 원주민 입회 상태에서 계약을 해야 하며 일반적인 부동산 매매 계약 양식에 하나를 더하여 원주민 명의로 허가를 받아 건축을 한 뒤에 소유권을 넘겨받기로 약정을 해야 한다.

도심 재개발지역의 투자 전략

1. 도심 재개발지구에 투자하면 매달 은행금리보다 높은 임대수익을 올릴 수 있다. 특히 서울의 종로 등 도심지는 공실률(비어 있는 상가·사무실의 비율)이 낮아 확실한 임대수익이 보장된다. 또 재개발사업이 본 궤도에 오르면 대지와 건물을 시세보다 높게 보상받아 일석이조의 효과를 얻을 수 있다. 하지만 도심 재개발지구에 투자하는 것은 초기 투자금이 많이 드는 것이 흠이다.

2. 물건을 살 때는 주변 건물에 공실률을 알아보아야 한다. 비어 있는 상가가 많은 곳은 임대료를 제대로 받을 수 없다. 투자액 대비 임대료가 월 0.8%를 넘지 않으면 투자 가치가 떨어진다. 또 도시계획확인원을 살펴 구입하려는 지번이 재개발구역에 들어가는지 확인해야 한다.

8. 오피스텔 투자 상식

— 오피스텔 투자 가이드

오피스텔이란 일반적으로 주거 기능과 업무 기능이 합쳐진 새로운 공간 개념이다. 오피스텔은 현재 점차 업무용으로 활용되고 있으나 초기에는 주거용으로 많이 이용되었다.

오피스텔은 아파트와 같이 한 채의 건물이 수백 개의 공간으로 분할되어 분양된다. 보통 오피스텔은 200실을 기준으로 소형과 대형으로 구분된다. 대형 오피스텔은 쇼핑과 위락 시설을 함께 건설하는 것이 요즘의 추세이다.

오피스텔은 청약 자격 제한이 없다. 또한 오피스텔은 대부분 교통 여건과 입지가 좋은 곳에 위치하고 있다. 그리고 10평 미만의 소형 평형도 많이 있어 비교적 적은 금액으로도 투자할 수 있다. 이에 따라 오피스텔 분양이 과열되면서 투기 조짐이 일어나자 정부에서는 법률로 오피스텔 건축을 다음과 같이 제한하고 있다.

- 사무구획별 전용 면적 중 업무 부분이 50% 이상일 것 (2004년부터는 70% 이상 예상)
- 욕실에 욕조 설치 금지
- 각 사무구획별 베란다 설치 금지
- 다른 용도로 함께 쓰이는 복합건축물인 경우 오피스텔의 전용 출입구를 별도로 설치할 것

오피스텔이 장점만 가지고 있는 것은 아니다. 오피스텔은 아파트에 비해 관리비가 2~3배 가량 높은 것이 가장 큰 단점이다. 여기에 주된 수요자가 사업가나 투자자이기 때문에 경기가 나쁘면 덩달아 수요가 없다는 것도 약점이다. 이 밖에도 오피스텔은 아파트에 비해 전용 면적이 작고, 아무리 작은 평형일지라도 취득세와 등록세·농특세를 모두 부담해야 하는 것도 단점이다. 또한 오피스텔은 한 채만 임대해도 임대사업자로서 소득세를 내야만 한다. 그런 까닭에 오피스텔에 투자할 때는 신중하게 모든 상황을 검토한 뒤에 투자해야 한다. 따라서 오피스텔에 투자할 때의 주의 사항을 알아본다.

거의 모든 부동산이 그런 것처럼 오피스텔도 입지 지역에 따라 투자 수익률이 달라진다. 오피스텔에 투자할 때의 지역 조건은 다음과 같다.

1. 오피스텔에 투자하는 목적이 임대 수입이라면 임대 수요가 많고 교통이 편리한 지하철 역세권에 위치한 오피스텔이어야 한다. 이 밖에도 사무실 밀집지역이나 대학가, 신혼부부들이 선호하는 지역에 위치한 오피스텔이 좋다.

2. 오피스텔은 주거 기능에 주목하여 주거환경이 좋고 전망이 좋은 지역에 위치한 오피스텔이 투자 가치도 높고 환금성도 좋다.

3. 투자 대상으로서의 오피스텔은 첨단 설비 등을 갖추고 있어야 한다. 여기에 오피스텔의 특색과 오피스텔이 위치한 해당 지역의 특성이 조화를 이루어야 한다.

4. 교통 여건을 비롯해 수요층의 특성, 향후 발전 가능성 등 지역적 특성을 면밀히 검토한다.

오피스텔의 입지를 살펴본 뒤라면 오피스텔 자체에 투자할 가치가 있는지를 따져보아야 한다. 이때 유의할 점은 오피스텔은 주거와 업무 기능이 복합된 공간이라는 것이다. 따라서 일반적인 부동산 투자 대상을 고를 때와는 그 기준이 달라질 수밖에 없다.

  1. 충분한 투자 수익을 확보할 수 있는지를 검토해야 한다. 오피스텔 가격의 적정성은 분양 가격을 전용 면적으로 나눈 평당 가격을 기준으로, 다른 유사 규모 오피스텔과 비교하는 방법을 사용한다.

  2. 오피스텔의 주된 수요층이 사업가나 투자자라는 사실을 감안하여 경기의 흐름을 분석하고 예측한 뒤에 오피스텔 투자 시기를 결정해야 한다.

  3. 대부분의 오피스텔은 전용 면적이 50~60%에 불과하다. 따라서 전용 면적이 높은 오피스텔이 투자 가치가 높을 수밖에 없다.

  4. 오피스텔을 임대할 때 가장 문제가 되는 것이 바로 관리비이다. 그러나 최근 분양하는 오피스텔은 예전에 지어진 오피스텔에 비해 관리비가 낮다. 관리비가 낮은 오피스텔은 그만큼 임대료를 높게 책정할 수 있어서 투자 가치가 높다.

  5. 소형 오피스텔이 중대형 오피스텔에 비해 임대가 잘되고 환금성도 높다.

  6. 요즘 지어진 오피스텔일수록 임대에 유리하다. 기존 오피스텔보다는 첨단 기능을 많이 갖추고 있기 때문이다. 임대 수입과 투자 가치를 높이기 위해서는 오피스텔을 구입할 때 임대 수요자들이 원하는 부대시설과 주차시설 등이 잘 갖춰져 있는지도 살펴보아야 한다.

  7. 마지막으로 오피스텔은 법률상 주택이 아니므로 주택

공제조합으로부터 분양보증을 받을 수가 없다. 만약 시행업체가 부도나면 투자금 전액을 손해볼 수 있는 상황이 발생할 수도 있다. 따라서 오피스텔 투자에 앞서서 공사 수행 능력이 있는지, 자금 동원 능력을 가지고 있는지, 시공사와 시행사가 동일한지 점검해야 한다.

9. 부동산 재테크의 왕, 아파트

— 재테크에 적합한 아파트의 조건

부동산 재테크에서 가장 많이 거론되는 상품은? 단연 아파트이다. 물론 부동산 재테크를 계획하고 있는 대다수 많은 사람들의 관심도 아파트에 쏠려 있다. 이처럼 아파트는 단연 부동산 재테크의 중심 화두라고 할 수 있다. 행동으로 실행하기 전에 먼저 재테크에 적합한 아파트 선정 기준부터 알아본다.

1. 입지(단지) 선정 기준

아파트는 거주를 목적으로 만들어진 공간이다. 따라서 생활 편의가 첫 번째 선정 기준이 될 수밖에 없다. 좋은 아파트 단지는 생활 편의시설을 갖추고 있으며 인근 지역에 각종 편의시설이 잘 갖추어져 있고 양호한 주거환경을 갖춘 곳이다.

◈　아파트 단지는 규모가 클수록 좋다. 세대수가 적으면 관리비가 많이 부과되고 주변의 생활 편의시설도 미비한 경우가 많다. 특히 아파트는 단지 입구부터 각 세대까지 거리가 멀기 때문에 가까운 곳에 생활 편의시설이 밀집되지 않으면 생활환경이 나빠진다. 따라서 아파트 단지 세대수는 500세대 내지 700세대 이상의 대단지가 바람직하다. 단지 규모가 커야 단지 내 상가와 각종 생활 편의시설이 골고루 갖춰져 있어 생활환경이 양호하다. 인근에 대형 유통 센터, 할인점, 스포츠 센터, 백화점이 있다면 더욱 좋다. 단지가 클수록 아파트를 매도하거나 매수할 때 매물도 풍부하고 거래가 활발해 환금성이 좋아진다. 하지만 단지 규모가 작아도 교통 여건이 개선되고 기반시설이 들어서게 되는 지역은 아파트값이 상승할 가능성이 높다.

◈　서울의 경우는 교통 여건이, 수도권은 단지의 쾌적성이 아파트 단지의 선정 기준이다. 특히 역세권 아파트 단지일수록 투자 가치가 높아지기 때문에 도로나 지하철 등 교통시설에 접근이 편리해야 한다. 실제로 서울이나 수도권

지역의 경우에는 지하철역까지의 거리에 따라 아파트 가격이 차이가 난다. 보통 도보로 20분 거리에 지하철역이 있어야 한다. 도보로 닿을 수 없는 거리에 있다면 단지 앞에서 지하철역까지 연결되는 버스 노선이 있어야 한다.

◆ 시공 업체의 브랜드 인지도도 아파트 단지를 결정할 때의 중요 판단 근거이다. 외환 위기 이후 특히 시공업체의 중요성이 강조되고 있다. 이것은 분양 초기뿐만 아니라 분양 뒤에도 가격 형성에 많은 영향을 끼치고 있기 때문이다. 브랜드 인지도에 따른 가격 차이는 입지 여건이 나쁜 지역보다 좋은 곳에서 두드러진다.

◆ 아파트 단지 주변의 환경도 중요하다. 최근 들어서는 아파트 가격 형성에서 가장 중요하게 손꼽았던 교통 여건보다 환경 여건의 중요성이 강조되고 있다. 따라서 단지 가까운 곳에 녹지나 공원이 많을수록 투자 가치가 높아진다. 그러나 주변에 공해유발시설이나 쓰레기 처리장이 인접해 있거나 소음을 유발하는 자동차 전용도로나 철도가 있는 경우, 홍수나 산사태 등 자연 재해의 우려가 있는 지역에 위치한 아파트 단지는 피해야 한다.

◆ 이 밖에도 아파트 단지를 선정할 때는 몇 가지 사항을 꼼꼼하게 살펴보아야 한다.

가장 먼저 고려해야 할 것이 주차 면적 확보이다. 단지 전체의 주차장 면적이나 차량 진입도로의 편의성은 아파트 단지 선정의 중요한 기준이다. 보통 적정 주차 대수는 아파트 가구수의 1.3~1.5배 정도면 무난하다.

그리고 아파트 단지가 쾌적한가를 살펴보아야 한다. 동과 동 사이의 간격이 넓고 동마다 화단이 설치되어 있거나 식수된 나무들이 무성해서 충분한 녹지 공간을 갖추고 있는지도 따져보아야 한다. 이 밖에도 단지 안에 운동시설·문화시설·놀이터 등 부대 복리시설의 규모와 종류가 충분해야 하고, 학교나 동사무소·우체국·은행 등 공공시설이 도보로 통행이 가능한 반경 700m 이내에 위치하고 있어야 한다.

2. 아파트 선정 기준

아파트는 전문건설회사가 건축하기 때문에 단독주택에 비해 부실 공사의 가능성이 적은 편이다. 하지만 10년이 지난 아파트는 배관이나 시설이 노후화되어 관리비가 많이 들기 때문에 투자 대상 아파트로는 적당하지 않다. 투자 대상으로는 입주 후 5년 이내의 아파트가 적당하다.

◆ 가격이 적정한가를 따져보아야 한다. 아파트 평형은 전용면적과 공용면적뿐만 아니라 지하주차장까지 포함

한 평형이다. 따라서 아파트를 구입하기 전에 구입 가격을 전용면적으로 나눈 평당 가격을 기준으로 따져보아야 한다.

◆ 아파트는 한정된 내부 공간에 생활에 필요한 모든 기능이 집중적으로 배치된 형태이다. 따라서 구입 전에 침실 수나 내부 구조가 가족들의 생활에 적당한지 여부를 검토해야 한다. 이때는 주방이나 다용도실 등 주부가 가사노동을 하는 공간이 제대로 배치되었는지도 함께 검토해야 한다. 이때 중요한 판단 기준이 되는 것이 전용면적이다. 전용면적은 가족 전체가 이용할 수 있는 실제 공간의 크기이다. 보통 가족 1인당 4~5평 정도면 생활에 큰 불편을 느끼지 않는다.

◆ 아파트 난방 방식은 겨울철 관리비와 생활의 편리함을 좌우한다. 따라서 지역난방이나 중앙난방 방식의 아파트를 선택하는 것이 투자에 유리하다.

◆ 아파트는 많은 세대가 함께 살아가는 공간이다. 따라서 각 세대간에 방음은 제대로 되는지, 사생활을 침해할 소지는 없는지를 점검해야 한다. 그리고 욕실이나 주방 천장에 물이 새는지의 여부, 화장실 등에 환기가 잘되는지 여부와 일조권, 전망 등도 점검해야 한다.

◆ 아파트의 방향과 일조권도 가격과 환금성에 큰 영향을 미친다. 남향이고 일조권이 좋은 아파트가 투자 가치도 높고 생활도 편리하다. 한강이나 대형 공원에 인접한 아파트 단지에서는 전망이 좋은 아파트가 높은 가격에 거래되고 매매도 쉽다. 전망이 좋더라도 고지대의 경사진 곳에 위치한 아파트는 안전 사고의 위험을 감안하여 피하는 것이 좋다.

◆ 대로변이나 지하철 등에 접해 있는 아파트는 소음과 먼지 등을 고려하여 피하는 것이 좋다.

◆ 일반적으로 아파트 단지의 평형별 세대수 분포로 거주자들의 사회적, 경제적인 수준을 가늠할 수 있다. 단지에서 가장 일반적인 평형의 아파트를 선택하면 이웃과의 관계나 자녀 교육 등에서 발생할 수 있는 문제를 줄일 수 있다.

3. 아파트 내부 확인

◆ 방문과 창문을 점검한다. 문이 뒤틀리거나 아귀가 맞지 않아서 열고 닫기가 쉽지 않거나 베란다 새시가 들뜬 채 창문이 열리고 레일바퀴가 휘어져서 열고 닫기가 힘든 경우가 있다. 또한 현관이나 출입문의 손잡이 파손 여부도

확인해야 한다. 창문 유리창도 이사를 하기 전에 점검해야 할 사항이다.

◆ 가스와 전기 설비를 점검한다. 가스 설비는 이사를 할 때 인근 가스회사에 연락하면 쉽게 점검할 수 있다. 전기 설비는 두꺼비집의 개폐기 스위치를 내린 후 전기가 모두 나가는지 확인하고, 반대로 개폐기 스위치를 올린 후 모든 조명기기에 불이 들어오는지를 점검한다. 그리고 전기나 전화 콘센트가 제자리에 제대로 설치되어 있는지, 표시된 전압의 전기가 제대로 들어오는지도 살펴보아야 한다.

◆ 상수도와 하수도를 점검한다. 주방과 욕실 그리고 변기와 다용도실의 물이 잘 나오고, 배수는 제대로 되는지를 확인한다. 특히 싱크대의 배관은 꼼꼼하게 점검한다. 이 밖에 욕실과 주방의 천장 그리고 외부에 접한 창문의 윗부분을 살펴 방수가 잘되는지를 확인한다.

◆ 벽면과 바닥에 마감재로 사용된 타일 중에 깨지거나 떨어진 타일, 금이 간 타일이 있는지를 확인한다.

◆ 붙박이장 등 분양 업체에서 제공한 각종 가구들을 점검한다. 파손 여부와 칠 상태, 문이 잘 열리고 닫히는지를 확인하고 서랍을 열고 닫기가 쉬운가를 살펴본다.

◆　방바닥이 수평 상태를 유지하고 있는지, 환기통으로 냄새나 연기가 잘 빠져나가는지를 확인한다. 또 방음 상태를 점검하기 위해서 위층의 소음이 얼마나 차단되는지, 위층이나 옆집에서 상수도를 사용할 때 어느 정도 소음이 들리는지 확인한다.

4. 아파트 투자의 타이밍

요즘은 계절의 구별이 없어지는 추세이지만 우리나라의 경우 봄·가을에 이사가 몰리는 경향이 강하다. 이른바 이사철이다. 아파트 투자 시점은 구입의 경우라면 이사철을 피하는 것이 좋고 매각은 이사철이 끝나기 직전의 시점을 선택하는 것이 바람직하다. 통상적으로 강남, 송파, 강동, 목동, 노원 등 대단지 지역에서의 아파트 거래는 이사철이 시작되기 2개월 이전 시점부터 1개월 이전 시점까지 활발하다. 설날과 추석이 지나면 물량이 늘어나고 가격이 하락하기 시작한다. 2개월 이전 시점부터 거래가 시작되는 것은 이사철에 가격이 상승하는 것을 감안하여 수요자들이 아파트 구입을 서두르기 때문이다. 따라서 이들 지역에서 아파트를 구입할 계획이라면 봄 이사철을 앞두고는 11월 말부터 조사를 시작하여 12월 초순 이내에 계약을 마치는 것이 좋고, 가을 이사철을 앞두고는 늦어도 8월 초순부터 조사를 시작하여 8월 중순경에 계약을 하는 것이 좋다.

　그러나 이것은 일반적인 이사철을 앞둔 거래 타이밍이다. 만약 부동산 경기가 극도로 하강하여 계속하여 급매물이 시장에 나올 경우에는 봄 이사철 이전에 구입하는 것이 좋다. 부동산 가격이 급격하게 상승하는 경우에는 언론을 통해 가격 상승이 알려지기 이전에 구입하는 것이 좋다. 일단 언론을 통해 아파트 가격 상승 문제가 여론화될 경우 가격 하락이나 장기간의 침체가 뒤따를 수도 있다.

아파트 로열층도 변한다

4~6층인 아파트라면 로열층은 대개 3~4층이 해당된다. 10층 아파트라면 5~8층이 로열층이고, 15층 아파트라면 7~12층이 로열층이다. 20층 아파트이면 9~16층, 25층 아파트이면 12~20층이 로열층이다. 하지만 같은 층이라도 방향과 조망권 여부에 따라 로열층 기준이 달라진다.

로열층은 평형이 클수록, 조망권을 따지는 한강변 아파트의 경우에 가격이 더 비싸다.

그러나 로열층 개념도 변하고 있다. 1층을 찾는 사람이 없자 주택업체들이 다락방이나 전용 정원 등의 서비스 면적을 제공하고 있다. 분양가도 차별화해 로열층보다 1층을 5% 가량, 2층과 꼭대기층은 3% 가량 싸게 책정하고 있다. 이처럼 특별한 혜택이 제공되면서 신규 아파트를 중심으로 로열층과 비로열층간의 격차는 점차 줄어들 전망이다.

10. 소액투자 대상으로
각광받는 아파트 분양권

— 미분양 아파트를 노려라

부동산 투자는 보통 '큰돈'이 있어야만 가능한 것으로 알고 있다. 이런 상식을 허문 것이 바로 분양권 전매 허용이다. 아파트 분양권 거래가 허용되면서 소액으로도 부동산 투자를 할 수 있는 길이 열린 것이다. 분양권 투자는 기본적으로 아파트를 분양받은 사람에게서 분양권을 구입하여 이후 일체의 권리를 행사하는 것을 말한다.

보통 아파트는 분양이 이뤄진 지 2년 동안 6회의 계약금과 중도금 및 잔금 납입 형식으로 분양권 소유자가 건설회사에 대금을 납부하는 방식을 취하고 있다. 지역에 따라 다르지만 아파트는 입주 시점을 앞두고 가격 상승이 이루어지는 경우가 일반적이므로 높은 투자 수익을 기대할 수 있다. 더

군다나 남아 있는 잔금은 금융권 대출을 받아 납입이 가능
하므로 잔금 이외에 남아 있는 중도금을 납입할 수 있는 자
금 계획만 선다면 투자로는 매력적인 상품이라고 할 수밖에
없다. 여기에 입주 이전이라도 분양받은 아파트의 가격이
상승한다면 분양권 매매를 통해서 시세차익까지 챙길 수 있
다.

1. 분양권 투자의 장점과 단점

분양권 투자의 가장 큰 장점은 청약예금에 가입하지 않고
도 원하는 곳의 아파트를 동·호수와 입주시기까지 골라서
구입할 수 있다는 점이다. 여기에 기존의 아파트를 구입할
때와는 달리 분양권을 구입할 때는 한꺼번에 큰돈이 필요하
지 않다. 거기다 기존의 아파트와 같은 가격 변동 영향을 받
기 때문에 기존 아파트를 구입하였을 때와 전체 투자액 대
비 투자 수익률은 훨씬 높다. 분양권을 판 사람은 국민주택
의 경우 5년, 민영주택의 경우 2년 동안 재당첨 금지 제한을
받으나 분양권을 산 사람은 재당첨 제한 규정이 적용되지
않는다. 또한 분양권은 등기 의무 대상이 아니기 때문에 등
기를 하지 않고도 거래를 할 수 있다.

그러나 분양권 투자가 장점만 있는 것은 아니다. 먼저 세
금면에서 불리하다. 1999년 안에 신규주택을 분양받아 5년

이내에 팔 경우에는 양도소득세가 면제된다. 그러나 분양권을 구입한 사람은 이 규정이 적용되지 않는다. 그리고 일반 부동산은 등기부등본을 통해 권리 관계를 명확하게 알 수 있으나 분양권은 거래 사고가 발생할 수도 있는 것이 단점이다.

2. 분양권을 구입할 때 주의할 사항들

분양권은 말 그대로 '권리'를 인수하는 것이다. 따라서 법률적으로 여러 가지 문제가 뒤따를 소지가 많다. 그런 피해를 예방하기 위해서 분양권을 구입하기 전에 반드시 확인해야 할 사항들을 소개한다.

◆ 계약을 할 때는 반드시 분양권 소유자 본인 여부를 확인해야 한다. 분양 계약서 원본과 계약금 등을 납입한 영수증 등을 소지한 사람과 무작정 계약을 하는 것은 위험하다. 그것만으로는 권리 관계를 명확히 알 수 없기 때문이다. 자칫하면 분양권 이중매각에 휘말릴 소지가 많다. 원본서면이 없어서 입주 후 등기이전 전에도 이중매매가 이루어질 수도 있다. 분양권을 구입하기 전에 사업 시행자(모델하우스나 조합사무실 등)에게 문의해 반드시 현재의 소유자가 누구인지 확인해야 한다. 매도자의 신분증을 확인하여 본인 여

부를 확인한 뒤에 사업 시행자가 발급한 원본 계약서와 계약금 및 중도금 영수증 원본을 확인한 후 계약을 체결한다. 분양권 이중매매를 막기 위해서는 가능한 한 계약금과 잔금 사이 기간을 최단기간으로 단축하고 때에 따라서는 사업 시행자가 발급한 원본 계약서나 각종 영수증 원본 등을 매수자나 중개업소에서 보관하는 것도 피해를 방지하는 한 가지 방법이 될 것이다.

◆ 분양권을 구입한 뒤 그 분양권을 자신의 명의로 변경하지 않고 되파는 경우가 있다. 이 경우 분양회사의 분양자 명단과 실제 소유자가 다르게 된다. 분양권 구입 계약을 체결하기 전에 분양권 소유자로 등재된 사람을 직접 만나 실제 소유자에게 매각한 사실을 확인하는 절차를 걸쳐야 안전하다.

◆ 법에서는 분양권도 재산으로 간주한다. 따라서 분양권 거래 이전에 건설회사나 조합(재건축, 지역, 직장) 등을 통해 구입 대상 분양권에 대한 가압류나 가처분 신청이 설정되어 있는지 반드시 확인해야 한다. 가압류나 가처분 신청이 된 분양권은 대부분 건설회사에서 명의변경을 해주지 않는다. 명의변경을 한다고 해도 분양 계약이 강제로 해지되거나 계약금 또는 중도금 등 납부한 금액도 되찾지 못하는 경우가 생길 수도 있다.

◆ 분양권 소유자의 중도금 연체 여부를 사전에 점검하고, 연체된 중도금에 대한 연체료 액수와 연체료를 누가 부담할 것인가를 계약 당시 명확히 한다. 중도금이 연체되면 명의변경을 해주지 않기 때문에 경우에 따라서는 분양권 매수자가 연체된 중도금과 연체료를 납부하는 억울한 일이 생길 수도 있다.

◆ 분양권 소유자의 중도금 대출 여부를 사전에 점검한 뒤에 매수자가 부담해야 할 대출 승계 금액과 매도자가 납부한 금액 중 매수자가 매도자에게 지급해야 할 금액을 확정한다. 중도금 대출 여부는 사업 시행자(모델하우스 등)에게 문의해도 알 수 있지만 보다 정확한 사실 관계 확인을 위해서는 금융권에 신용 상태를 조회해보는 것이 바람직하다.

◆ 건설회사(시행자와 시공자가 구분된 경우 시행자)의 사업 수행능력과 재정 상태를 확인해야 한다. 또한 재개발이나 재건축 아파트의 경우에는 조합 운영이 합리적이고 투명하게 이뤄졌는지도 확인해야 한다. 경우에 따라서는 조합의 내분이나 비리에 의해 큰 피해를 입을 수도 있다.

◆ 재건축이나 재개발 조합 아파트의 경우에는 건축비나 분양가의 변동 요인이 있는지 확인한다. 아파트 건설 과정에서 발생한 상승된 건축비나 분양가는 대부분 입주 후에

부과된다.

◆ 현장을 답사해 주변 여건을 직접 확인한다. 특히 분양가 이하로 거래된다면 처음부터 입지 여건이 나쁘거나 분양가가 지나치게 높게 책정된 곳이라는 뜻이다. 보통 적정한 분양권 가격은 주변의 신규 아파트 가격에서 입주할 때까지 투자한 금액에 대한 이자를 제외한 가격보다 낮아야 한다.

◆ 분양권 가격은 일반 아파트와 같은 가격 요인에 의해 가격이 변동되므로 아파트의 위치나 단지 규모, 단지 배치, 도로, 방향, 층수 등 일반 아파트의 구입시에 점검해야 할 모든 요인들도 함께 꼼꼼하게 점검한다.

◆ 조합 아파트의 경우에는 분양권을 파는 사람이 무자격자가 아닌지 확인하고 계약금이나 중도금 영수증도 반드시 챙겨둬야 한다. 재개발 조합 아파트의 경우에는 명의 변경 때 이주비가 승계되지 않는 경우도 있으므로 계약 전에 건설업체에 확인을 한다.

분양권을 받을 수 있는 자격 조건

1. 아파트 분양을 위한 예금통장(청약저축통장과 청약예금통장, 청약부금통장)
2. 주택상환사채
3. 주택조합에 가입할 수 있는 지위(=자격)
4. 시장 등이 발행한 무허가건물확인서·건물철거예정증명서 또는 건물철거확인서(서울시의 경우 철거민의 사정을 고려하여 1회에 한하여 합법적으로 명의변경을 해주는 예외 규정이 적용되고 있다)
5. 공공사업의 시행으로 인한 이주대책에 의하여 주택을 공급받을 수 있는 지위 또는 이주대책 대상자확인서(지역에 따라서는 철거민의 사정을 고려하여 횟수를 정하여 합법적으로 명의변경을 해주는 예외 규정이 적용되기도 한다)

이상의 증서를 양도한 경우(매매·증여, 기타 권리의 변동을 수반하는 일체의 행위가 포함되지만 상속·저당의 경우는 예외이다)에는 이미 체결된 주택의 공급 계약이 취소된다. 이미 입주한 이후에도 분양가격만 되돌려주고 환수될 뿐만 아니라 2년 이하의 징역 또는 2,000만 원 이하의 벌금형을 받을 수 있다.

3. 분양권 거래 시기

분양권 가격은 분양 계약 직후부터 1차 중도금 납부 직전까지는 높은 가격을 유지한다. 1차 중도금을 납부하고 나면 실수요자들이 거래를 마치기 때문에 보합세를 유지하거나 분양 초기에 과열되었던 아파트는 가격 조종이 이뤄지기도 한다.

분양권 가격이 다시 상승하는 시점은 실수요자를 중심으로 구입자들이 늘어나는 입주 예정일로부터 2~3개월 전이다. 이때부터 분양권 가격은 다시 상승세를 타기 시작해 입주 후 1~2개월이 지난 시점에 최고점을 이룬다. 따라서 투자자들이 분양권을 구입하는 적정한 시점은 분양 계약 직후와 입주 3~4개월 이전 시점이다. 그러나 분양 신청 때부터 분양 열기가 과열된 지역이라면 실수요자들이 구입을 마친 시기 이후부터는 다시 가격이 하락하는 경우도 있다.

분양권 거래 절차

분양권이란 부동산을 취득할 수 있는 권리에 불과하다. 따라서 등기를 하지 않고 거래가 성사된다. 그렇지만 계약서 검인 절차는 거쳐야 하며 더욱 안전한 거래를 위해서는 다음과 같은 절차를 거쳐야만 한다(일반 분양 아파트 기준).

1. 계약 당사자간의 분양권 매매 계약서 작성은 특별한 양식은 없으나 부동산 계약서가 갖추어야 하는 다음의 기본 사항은 포함시킨다.
   (1) 당사자 참석과 인적 사항 명기
   (2) 목적부동산 명기
   (3) 계약연월일 명기
   (4) 대금 및 그 지급일자 등 지급에 관한 사항 또는 평가액 및 그 차액의 정산에 관한 사항 명기
   (5) 기타 특별한 계약의 조건이나 기한이 있을 때에는 그 조건이나 기한 명기
2. 매도자와 매수자는 함께 해당 아파트의 시공 건설회사나 조합(재건축·직장·지역 등)을 찾아가 명의 변경을 요청한다. 일반 분양 아파트는 건설회사로, 조합아파트는 건설회사 또는 조합 등으로 매매계약서를 갖고 찾아가 명의 변경을 요청한다.
3. 분양받을 때 대부분 대출을 받기 때문에 분양권을 살 때도 대출을 알선받는다. 대출을 승계할 경우 건설업체나 조합에 명의 변경 요청과 함께 대출 알선을 요청한다. 금융기관에서는 원래의 분양계약자와 분양권 매입자간 중도금 대출에 대해 '채무인수계약'을 맺도록 해

대출금 명의를 분양권 매입자 명의로 바꿔놓는 절차를 거친다.

4. 명의 변경이 끝나면 매수자는 해당 시·군·구청 지적과를 찾아가 계약서에 검인 도장을 받는다. 일반 분양 아파트나 조합주택 모두 검인절차를 밟아야 한다. 일반적으로 분양권은 등기이전 절차가 없으나 조합아파트는 토지지분에 대한 명의 변경 절차가 필요할 수 있다.

5. 분양권을 산 매수자에게는 취득세나 등록세가 부과되지 않는다. 그러나 분양권을 판 사람에게는 양도차액에 대한 양도소득세가 부과된다. 양도세는 분양권 매매 잔금 지급일로부터 2개월째 되는 달의 마지막날까지 주거지 관할 세무서에 자진 신고해 납부해야 한다.

4. 미분양 아파트 투자시 유의사항

미분양 아파트를 계약할 때는 우선 '왜?'라는 질문을 던져야 한다. 왜 미분양이 생겼을까, 그 이유를 알아야 한다는 뜻이다. 그런 곳은 분양가가 주변시세에 비해 너무 비싸거나 주변에 혐오시설이 들어설 예정인지를 확인해야 한다. 교통 여건도 점검해야 한다. 공사가 계획대로 진척되고 있는지도 알아봐야 한다.

이렇게 확인한 뒤에도 큰 문제가 없다면 미분양 아파트에 투자를 하게 된다. 미분양 아파트에 투자할 때는 발전 가능성과 투자 가치가 투자 판단의 기준이 된다. 택지지구이면서 단지 규모가 크고 역세권이나 주요 간선도로에 접한 단지일수록 발전 가능성이 높다.

아파트 자체도 점검해야 한다. 남향으로 짓는 아파트일수록, 용적률이 낮을수록 투자 가치가 높아진다.

11. 내가 살 아파트 고르기

일상 생활에서 사용하는 생활용품도 사고나면 후회하는 경우가 많다. 하물며 거의 모든 재산을 들여 구입하는 아파트는 더할 나위 없다. 정말 순간의 선택으로 10년, 20년 아니 평생을 만족하면서 살아가게 될지 후회하면서 살아가게 될지가 결정되는 것이다.

아파트는 구입을 결정하는 그 순간부터 철저하게 자신이 책임을 짊어지게 된다. 아파트는 문제가 있다고 해서 리콜되는 경우는 없다. 똑같은 시기에 아파트를 구입했는데 어떤 사람은 몇 년 후에 똑같은 아파트를 한 채 더 살 수 있었지만 어떤 사람은 대출받은 돈을 갚아나가는 데 급급한 경우도 있다.

애물단지라는 표현이 맞을 것이다. 그렇다고 단 하루라도 필요하지 않은 것이(어떤 사람들에게는 단 하루도 빠트리지 않고 간절하게 소원하는 것일 수도 있는) 아파트이다. 부동산의 성격상 지금은 '내가 살 집을 잘 고르는 것이지만' 뒷날에는 경제적으로 큰 이익이나 손해를 끼칠 수도 있는 것이 아파트이기에 신중을 기해야 한다. 구입 요령을 알아본다.

1. 먼저 얼마인지를 알아야 한다

아파트 값은 천차만별이다. 팔려고 하는 사람이 원하는 가격, 사려고 하는 사람이 원하는 가격, 팔려고 하는 사람이 급한 사정에 환금성을 이유로 내놓은 급매물의 가격, 경매 시장에 나온 가격 등등.

천차만별이라 도저히 짐작할 수 없을 것만 같은 아파트 가격이지만 일반적인 가격은 있다. 동일 지역 내에서 거래되는 동일한 평형의 아파트가 대략 거래되는 가격이다.

거래의 기본은 정확한 가격을 아는 것이다. 그렇게 하기 위해서는 부지런해야 한다. 구입을 희망하는 인근 지역의 아파트 가격을 알아보고 지역 내 다른 아파트의 경매 낙찰 가격, 최근의 부동산 경기 흐름과 지역 내에서 실제 거래되는 가격을 알아야 한다.

**2. 자신의 주머니에서 나올 수 있는 돈이 얼마인지를 알아
야 한다**

　동원 가능한 자금의 규모 및 결재 가능한 시기를 염두에
두어야 한다. 그때의 돈은 언제든지 쓸 수 있는 '환금성'이
있는 돈이라야 한다. 아파트를 구입할 생각이라면 늦어도 2
개월 내에 잔금 지불을 할 수 있는 자금 동원 능력이 있어야
만 한다. 시세를 알았다면 다음에 할 일은 자신의 자금 동원
능력을 검토하는 것이다.

**3. 계약을 결정하기 전까지 시세나 물건, 권리관계를 파악
해야 한다**

　권리관계에 중요한 하자가 있다거나 물건에 하자가 있는
지를 반드시 확인한 뒤에 계약을 체결한다.

3

떠오르는 부동산 재테크기술, 경매

모르면 혹 붙이기 쉬운 경매

1. 소액 부동산 투자의 왕도, 경매

— 경매에 뛰어들 때 명심해야 할 네 가지 지침

소액 부동산 재테크의 왕도로 경매가 뜨고 있다. 그러나 경매를 통해 누구나 돈을 벌 수 있는 것은 아니다. 오히려 경매에 잘못 참가해서 소위 '계륵'을 떠안는 경우도 있다. 투자 수익이 높은 만큼 위험 부담도 큰 것이 바로 경매이다. 그래서 경매에 참가할 때는 철저한 조사와 준비가 필요하다. 더군다나 경매는 '법'과 밀접한 관련이 있기에 더더욱 치밀한 준비가 필요하다.

경매란 일반 채권과 법률 관계로 인해 해당 부동산의 처분을 법원에 위탁하는 방식이다. 경매 시장에 나온 부동산은 감정평가회사의 평가 금액에 따라 경매가액(최초 경매가)이 결정된다. 이때 매수자가 없으면 최초 감정가액(감정평가회사에서 평가한 금액)에서 20% 정도 떨어진 금액으로 다시 경매를 하게 된다. 보통 경매는 한 번 유찰될 때마다 최초 감정가액에서 20%씩 가격이 떨어진다.

경매의 이런 제도 때문에 일반적으로 경매에 나온 부동산은 가격이 저렴한 것으로 알고 있다. 그러나 반드시 그렇지만도 않다. 경매로 나온 부동산의 종류에 따라 투자 금액이 결정되고 있는 형편이다. 부동산의 종류에 따라 투자가 가능한 금액을 살펴보면 다음과 같다.

● **아파트** — 경매가 대중화되면서 아파트 낙찰가(매입가격)는 높아지는 추세이다. 경매를 통할 경우 현재 지역에 따라 편차는 있지만 보통 시세의 80~90% 정도면 구입이 가능하다. 따라서 투자 수익률은 다른 부동산에 비해서 그렇게 높은 편이 아니다.

● **단독주택** — 단독주택의 경우 낙찰가가 시세의 50~60% 정도에 결정되고 있다. 투자 수익률이 높은 대신 환금성이 떨어지는 것이 단독주택의 약점이다. 따라서 물건을 잘 고르는 것이 경매에 성공할 수 있는 열쇠이다.

● **다세대주택 · 빌라** — 시세의 60~70% 정도에 낙찰이 이뤄지고 있다. 다세대주택과 빌라는 소액 투자(보통 1억 원 미만의 빌라라면 4,000만 원에서 5,000만 원 정도)가 가능하고 낙찰을 받은 뒤에 시세의 80~90%에 되팔면 충분한 투자 수

익을 올릴 수 있어 경매시장에서 가장 각광받는 물건이다.

이 밖에도 상가와 토지가 경매시장에 물건으로 나와 있지만 워낙 가격이 높아서 소액 투자자들이 나서기에는 부담스러운 것이 사실이다.

경매로 부동산을 구입하는 것은 쉬운 일이 아니다. 바로 법과 밀접한 관련이 있기 때문이다. 또한 부동산의 특성과 투자 수익률도 꼼꼼하게 따져보아야 투자에 성공할 수 있다. 경매에 성공할 수 있는 지침 네 가지는 다음과 같다.

1. 자신의 능력을 점검해야 한다. 특히 자신이 동원할 수 있는 자금과 투자 가능한 부동산 선택이 중요하다. 경매에 뛰어든 소액 투자자들에게 다세대주택이나 빌라가 각광받는 이유가 여기에 있다.

2. 물건을 분석할 수 있는 능력이 있어야만 한다. 경매에 참가하려는 부동산의 적정한 가격 및 교통 여건 등 일반적인 상황을 살펴보고 판단할 수 있는 능력이 필요하다

3. 물건 분석 능력과 함께 권리분석 등 법률적인 내용도 숙지하고 있어야 한다.

4. 그렇다고 경매가 전문가들만이 참여할 수 있는 어려운 일도 아니다. 본인의 노력 여하에 따라서는 얼마든지 '경매 전문가' 가 될 수 있다. 중요한 것은 본인의 적극성과 의지라

는 점을 명심하자. '할 수 있을까?' 라고 생각하면서 주저할 때 다른 사람들은 저만큼 앞질러 가 있다는 평범한 진리를 잊지 말자.

분양권의 확정 시점이란

분양권 거래 제한에 해당되지 않는 안전한 투자를 위해서는 아파트별로 분양자로 확정되는 시점이 언제인가를 알아야 한다. 현행 아파트 분양제도에서는 아파트 분양자로 확정되는 시점부터 재당첨이 금지된다.

1. 분양주택의 제1, 2, 3순위 당첨자 : 입주자 선정일(당첨일)
2. 분양주택의 예비당첨자 중 계약자 : 공급계약 체결일
3. 분양 전환되는 임대주택의 임차권을 분양 전에 양도받은 자 : 사업주체가 통보한 당첨일
4. 사원주택의 입주대상자 : 사업계획 승인일
5. 직장·지역 조합원 : 사업계획 승인일
6. 직장·지역 조합의 임의분양 조합원 : 조합원으로 선정된 날
7. 재건축 조합원 : 사업계획 승인일(법률상 금지되어 있지는 않음)
8. 재건축 조합의 임의분양 조합원 : 조합원으로 선정된 날
9. 재개발 조합원 : 관리처분계획인가일(법률상 금지되어 있지는 않음)
10. 기업이 직접 건설하는 근로자주택의 입주자로 선정된 자 : 사업계획 승인일
11. 대한주택공사, 지방자치단체, 주택사업자가 건설하는 근로자주택의 입주자로 선정된 자 : 입주자 확정일

임대아파트의 경우에는 임대주택법에 의해 임대권리(임차권)를 양도하거나 다른 사람에게 세를 줄 수 없으며, 임대아파트 임차권을 거래할 경우 임대주택법에 의거 처벌을 받고 해당 아파트를 환수 당하도록 되어 있다.

2. 권리분석이
경매의 성패를 좌우한다

— 권리분석은 부동산 경매의 처음이자 마지막이다

경매가 어렵다고 여겨지는 것은 법과 밀접한 관련이 있기 때문이다. 다시 말해서 반드시 권리분석을 해야만 하기에 경매가 어렵다고 여겨지는 것이다. 그렇다면 일반적으로 알고 있는 것처럼 권리분석은 어려운 것일까? 그렇지 않다. 적어도 다음에 알려주는 몇 가지만 숙지하고 있으면 권리분석도 그렇게 어려운 것은 아니다.

부동산의 등기부등본에는 소유권만이 설정되어 있는 것이 아니다. 소유권 이외에도 용익물권으로 지상권과 지역권, 전세권이 설정되어 있다. 담보물권으로는 저당권, 담보가등기 등이 있으며 처분 제한등기로는 가압류, 가등기, 가처분 등이 있다. 등기부에는 나타나 있지 않지만 미등기임차권과 유치권도 있다.

이처럼 하나의 부동산에는 많은 권리들이 있다. 이 권리 중에는 낙찰되면 없어지는 권리와 낙찰을 받은 새로운 소유권자가 승계해야 하는 권리가 있다. 이 중에서 소유권은 비교적 분석이 간편한 편이다. 경매가 이뤄져 낙찰을 받으면 낙찰자는 채권자가 배당을 통해 채권액을 모두 받을 수 있는가, 그것과는 상관없이 소유권을 인정받게 된다.

소유권 이전이 낙찰로 간단하게 이전되는 것과는 달리 임차권 인수 여부는 조금 더 복잡하다. 임차권은 주택임대차보호법이 정한 임차인의 권리를 보호하기 위한 것으로 상가나 건물은 여기에 해당되지 않는다. 상가나 사무실은 등기를 했으면 순위에 따라 인수되거나 소멸되지만 등기를 하지 않았다면 임차개시 시기에 관계 없이 임차인은 상가나 사무실을 무조건 비워줘야 한다.

이처럼 낙찰과 함께 소멸되거나 낙찰자가 승계해야 하는 권리를 알아본다.

1. 경매에서 낙찰과 함께 자동으로 소멸되는 권리에는 저당권과 근저당권, 압류와 가압류, 담보가등기와 특정 전세권 등 네 가지와 이 네 가지 권리보다 뒤에 설정된 권리들이다. 권리분석을 하는 방법은 모든 등기권리와 주택임차권을

설정된 시간순으로 나열한 후 이 네 가지 권리 중 가장 앞선 1개, 즉 기준권리를 찾고 그것과 이후의 모든 권리들이 소멸된다고 보면 된다. 만일 기준권리가 될 수 있는 네 가지 권리가 하나도 없을 때에는 경매등기가 기준이 된다. 이때에도 경매등기와 함께 이후의 모든 권리가 등기부에서 말소된다. 주택임차권 역시 대항 요건을 갖춘 날이 기준권리와 같은 날이거나 이후이면 소멸된다.

● 저당권과 근저당권은 순위에 관계 없이 모두 소멸된다.
● 압류와 가압류 역시 순위에 관계 없이 소멸된다. 하지만 경매 당시 부동산을 소유했던 소유자의 채무 관계로 경매를 한다고 해도 그 이전 소유자의 채무 관계로 설정된 가압류가 부동산에 남아 있는 경우, 저당권이나 담보가등기 등 담보물권보다 앞서면 소멸되지 않는다. 다시 말해 현재의 소유자의 채무 관계 때문에 가압류하여 경매가 이뤄져도 이전 소유자가 책임져야 할 채무가 있다면 가압류는 여전히 남게 된다. 따라서 현재의 채무자가 아닌 이전 소유자를 상대로 가압류를 한 사람이 재판에서 이겨 강제 경매를 실시하면 현재의 소유자를 대상으로 이뤄진 경매는 원인 무효가 되고 낙찰자도 소유권을 잃게 된다. 따라서 담보물권보다 앞선 가압류가 있으면 반드시 현 소유자가 진 빚 때문에 설정된 것인지 확인한 뒤에 이전 소유자의 채무 관계로 설정된 가

압류라면 응찰하지 말아야 한다. 이것은 등기부등본을 열람하여 가압류의 등기 접수일이 현재의 소유자 때 이뤄진 것인지를 확인하면 알 수 있다.

●소유권이전 담보가등기는 순위에 관계 없이 소멸된다. 하지만 담보가등기가 저당권이나 압류보다 앞서는 경우에는 소유권이전청구권가등기인지 소유권이전담보가등기인지 구별해야 한다. 만일 가등기가 소유권이전담보가등기라면 채권자로서 법원에 배당요구를 했을 것이므로 입찰기록을 열람하여 담보가등기가 확실한지 먼저 확인해야 한다.

담보가등기임이 확인되면 이번엔 청산절차를 마친 담보가등기가 아닌지 확인해야 한다. 담보가등기가 저당권이나 압류보다 앞서고 경매등기 전에 청산절차를 마친 경우는 사실상 소유권을 취득한 상태이므로 인수될 수 있다.

청산절차란 채권자인 담보가등기 권리자가 집 값에서 받을 돈을 뺀 나머지를 채무자인 소유자에게 주고 사실상의 소유권을 취득함으로써 채권·채무관계를 끝낸 것을 말한다. 청산절차를 마치면 가등기말소와 소유권이전등기를 아직 하지 않았다 하더라도 더 이상 채권자가 아니며 담보가등기는 소유권이전청구권가등기와 같은 역할을 하는 것으로 간주되어 인수될 수 있다. 따라서 청산절차를 마친 경우에는 응찰하지 말아야 한다. 청산절차를 마쳤는지 여부는 가등기권자를 만나서 알아보아야 한다.

● 특정 전세권이란 전세권자가 경매를 신청한 경우나 존속 기간(계약기간) 약정이 없거나 계약기간이 경매등기일 이후 6개월 이내에 만료되는 경우에는 경매와 함께 자동 소멸된다. 특히 계약기간은 입찰 기록과 등기부등본에서 전세기간을 확인하여 입찰해야 한다.

● 이상의 기준권리보다 뒤에 설정된 모든 권리나 기준권리가 없는 경우에는 경매신청등기보다 뒤에 설정된 모든 권리는 자동으로 소멸된다.

2. 경매 낙찰과 함께 소멸되는 권리가 있는 반면 소멸되지 않는 권리들도 있다. 경매와 함께 소멸되지 않는 권리들은 낙찰자가 인수해야 한다. 대표적인 것이 유치권과 예고등기이다. 유치권과 예고등기는 경매 이전인가 이후인가에 관계없이 소멸되지 않는다.

인수해야 하는 권리가 있다고 무조건 경매를 포기할 필요는 없다. 여러 차례 유찰되면 인수해야 하는 권리를 떠맡아도 충분히 수익을 남길 수 있는 물건이 있기 때문이다. 그러나 가등기, 가처분, 지상권, 예고등기는 아무리 수익이 기대된다고 하더라도 인수하면 안 된다. 이상의 권리들은 본등기 또는 재판 결과에 따라 낙찰자가 소유권을 잃는 등 분쟁에 휘말릴 가능성이 있고, 지상권은 소유권을 갖더라도 최고 30년까지 사용할 수 없기 때문이다.

경매로 인수해야 하는 권리에는 다음과 같은 네 가지가 있다.

● 저당권, 담보가등기, 가압류, 특정 전세권 등 기준권리보다 앞선 권리는 모두 인수해야 한다. 다만, 주택임차권은 대항요건, 즉 입주와 주민등록을 옮긴 날이 기준권리보다 하루 이상 앞설 때에만 인수된다. 주택임차권은 기준권리와 같은 날이면 소멸된다. 대항요건에 의한 대항력 발생시점은 입주와 주민등록 전입신고를 마친 다음 날 새벽 0시부터이지만 저당권, 가압류 등 등기권리는 낮에 설정되기 때문이다. 등기끼리는 같은 날 등기되어도 순위가 정해지므로 기준권리와 같은 순위가 될 수 없다.

● 기준권리가 없지만 경매신청등기보다 앞선 모든 권리는 인수된다. 주택임차권도 대항요건을 갖춘 날이 경매신청등기와 같은 날이면 소멸된다.

● 유치권이란 어떤 부동산을 제3자가 관리하면서 쓴 각종 비용을 받을 때까지 점유하는 권리이다. 건물 신축시 건축주가 받지 못한 건축 대금을 받아내기 위해 건물의 전체 또는 일부를 차지하는 경우가 대표적인 예이다. 이런 물건을 낙찰받으면 낙찰자는 유치권자가 받아야 할 공사대금을 갚아야만 권리를 행사할 수 있다. 이처럼 유치권은 비록 등기는 할 수 없지만 돈을 못 받게 되었을 때 임의로 처분할 수

있다. 유치권은 담보물권이지만 우선 변제권이 없어서 배당을 받지 못하기 때문에 낙찰자가 인수하여 책임져야 한다. 유치권이 있는지 여부는 집행관의 현황 보고서와 감정평가서의 점유 관계란을 확인하면 된다. 그러나 만일의 사태에 대비하여 임차인 유무확인처럼 현장 조사를 해 철저하게 파악해야 한다.

●예고등기는 그 부동산과 관련하여 소송중임을 알리는 등기로서 설정일에 관계 없이 소송이 끝날 때까지 말소되지 않는다. 소송 결과에 따라 낙찰자의 소유권이 말소될 수도 있다. 만일 소송에서 원고가 패소하게 되면 예고등기는 말소되고 낙찰자의 권리에도 문제가 생기지 않는다. 그러나 소송 결과를 안다는 것은 극히 어려운 일이다. 원고가 패소하더라도 상고할 경우 권리 행사에 지장을 받게 된다. 따라서 예고등기된 물건은 가급적 손대지 않는 것이 바람직하다.

3. 권리는 끊임없이 변화한다

— 경계해야 할 권리변동의 변수들

경매과정에서 권리의 순서가 바뀌거나 없었던 권리가 새로 생겨나는 경우가 있다. 그래서 경매에는 '함정'이 있다고 말한다. 하지만 권리변동도 어느 날 갑자기 생기는 것은 아니다. 철저하게 권리분석을 한 뒤에 권리변동이 일어날 수 있는 네 가지 상황을 점검하면 비로소 권리변동으로 인한 피해를 예방할 수 있다. 이처럼 권리변동 가능성까지 검토해야 권리분석이 마무리된다.

1. 기껏 고생하여 낙찰받은 경매도 취소될 수 있다. 경매는 채무자가 빚을 갚지 않아 이뤄진다. 따라서 경매대금이 납부되기 전까지 빚을 갚아버리면 경매는 없었던 일이 되어

버리고 만다. 이렇게 되면 입찰자의 모든 노력은 물거품이
되고 만다.

경매가 취소되는 경우는 채무자가 경매부동산을 담보로
진 부채의 합계가 경매부동산의 최저경매가보다 현저히 적
은 경우에 많이 발생한다. 다시 말해 경매물건에 설정된 채
권금액의 합계가 부동산의 최저경매가격과 비슷하거나 많
아서 채무자가 어떻게 손 쓸 수 없는 상태가 되어야만 경매
가 취소되는 일이 생기지 않는다. 일반적으로 경매신청자의
채권금액이 거액일수록 경매 취소가능성은 줄어든다. 경매
신청자의 정확한 채권금액은 법원 입찰기록을 열람하면 알
수 있다.

또 한 가지 취소될 가능성이 큰 경매가 있다. 세무서나 구
청의 세금을 체납하여 압류된 부동산은 한국자산관리공사
를 통해 공매 처분된다. 이때는 다른 저당권에 의해 동시에
법원 경매가 진행되는 경우가 많다. 이런 경우 먼저 입찰하
는 쪽으로 낙찰되고 뒤의 입찰 절차는 취소된다.

2. 경매과정에서 권리가 없어지는 경우도 있다. 경매물건
에 설정된 권리 중 하나가 없어지면 그 아래에 있던 권리들
의 순위가 1단계씩 뛰어오르게 되어 권리의 소멸이나 인수
할 권리들의 내용이 달라진다.

경매과정에서 이런 일이 발생하는 것은 후순위 권리자가

대위변제제도를 이용하기 때문이다.

대위변제란 채무자 대신 다른 사람이 빚을 갚는 것을 말한다. 담보가 설정된 부동산에 소유권, 전세권, 임차권 등을 취득한 사람이나 후순위 저당권자 등 이해 관계가 있는 제3자가 채무자를 대신하여 빚을 갚고 그 액수만큼 채권자가 가졌던 권리를 갖는 것이다.

대위변제의 가능성이 있으면 기존 권리의 순위가 바뀌어 권리분석과는 달리 낙찰자가 인수해야 하는 권리가 생길 수 있다. 따라서 다른 권리자 중에 대위변제를 할 사람이 있는지 없는지 특히, 기준권리 바로 다음에 주택임차권이나 가등기·가처분이 있으면 대위변제의 가능성을 검토해야 한다. 보통 선순위인 저당권이나 가압류의 채권금액이 소액일수록 후순위자가 대위변제할 가능성은 커진다.

대위변제의 가능성을 분석할 때 법원의 입찰 기록을 열람하여 현재의 잔액을 파악해야 한다. 등기부에 등록된 근저당권이나 저당권의 금액으로 파악해서는 안 된다. 등기부에 등록된 금액은 최고금액으로 설정된 것이지 실제의 채권액은 아니기 때문이다. 입찰 기록 중 경매신청서에는 신청자의 채권 종류와 청구금액이 나오므로 정확한 채권액을 알 수 있다. 한편으로는 후순위 권리자들이 협력하여 대위변제를 할 수도 있다. 기준권리 금액보다 적은 금액의 후순위자들이라고 할지라도 임차인들과 같이 상황이 절박하면 기준권리를 먼저 해결하자는 합의에 이를 수도 있기 때문이다. 잔액이 등기상에 나타난 금액보다 적은 경우 이럴 가능성은 더욱 커진다. 만약 이렇게 대위변제가 되면 낙찰자는 낙찰 금액 이외에도 뜻하지 않았던 가처분 금액을 돌려주어야만 권리를 행사할 수 있게 된다.

대위변제는 언제든지 할 수 있다. 입찰일부터 낙찰기일 사이에 대위변제를 하여 이미 결정된 최고가 입찰자가 대위변제자의 채권을 인수하게 된 경우 법원에서는 이를 이유로 낙찰을 불허할 수 있다. 그러나 대위변제 사실을 채권자나 최고가 입찰자가 법원에 알리지 않으면 법원은 일단 낙찰을 허가한다. 이후 대위변제한 채권자와 낙찰자 사이에 채무 인수문제를 두고 소송이 제기되면 소송 결과에 따라 인수 여부가 결정된다. 따라서 미리 대위변제 가능성이 있는 물건은 피하는 것이 좋다.

3. 지상권이 설정된 물건도 피해야 한다. 지상권이란 다른 사람의 토지에 건물이나 공작물, 수목 등을 소유하기 위해 토지를 사용하는 권리이다. 지상권은 일반적으로는 당사자 간에 지상권설정계약에 의해 성립된다. 그러나 토지와 건물 또는 수목의 소유인이 매매, 증여, 경매 등의 사유로 각각 소유자가 달라질 수도 있다. 이럴 경우 새롭게 토지 소유자가 된 사람이 건물이나 수목의 철거를 요구하게 된다. 이런

경우 자원의 낭비를 방지하기 위해 건물이나 수목 소유자에게 법적으로 토지 사용을 가능토록 만든 것이 바로 지상권이다.

경매에서 법정지상권이 성립되는 경우는 토지와 건물을 한 사람이 소유하다가 건물에만 전세권을 설정한 후, 대지만 경매되어 대지소유자가 바뀌었을 때 건물소유자는 민법 제305조 제1항에 의해 법정지상권을 갖는다. 그리고 토지와 건물, 수목을 한 사람이 소유하다가 토지, 건물 중 어느 한쪽에만 저당권이나 담보가등기를 설정한 뒤에 그 담보권 실행으로 경매되어 토지와 건물의 소유자가 달라지게 되었을 때에도 건물소유자는 민법 제366조, 가등기담보법 제10조, 입목법 제6조에 의해 법정지상권을 갖는다. 그러나 저당권 등이 설정된 이후에 지은 건물에 대해서는 법정지상권이 성립되지 않는다.

경매로 건물소유자가 법정지상권을 갖게 되면 토지를 낙찰받은 사람은 소유권을 갖게 되어도 지상권의 법정기간 동안 토지를 사용할 수 없게 된다. 반대로 대지와 분리하여 건물만 낙찰받은 경우에도 건물의 소유권 행사에 제한이 따르며 대지 사용료에 대한 분쟁이나 소송에 휘말릴 수도 있다.

4. 경매 물건 중에는 일부만 소유권이 인정되는 지분경매가 있다. 이런 물건은 주로 상속에 의해 지분을 갖게 되었다

가 저당권 등의 실행으로 그 지분만 경매되는 경우가 많다. 이런 물건은 낙찰받아도 권리행사가 쉽지 않다. 따라서 대개는 유찰을 거듭하게 되고 감정가에서 많이 떨어진 가격에 경매에 나올 수도 있다.

특히 이런 물건은 공유지분을 가진 입찰자에게 우선 매수할 수 있는 권한을 주기도 한다. 공유지분민사소송법 강제집행편 제650조에 따라 공유지분 경매에서는 다른 지분 소유자에게 입찰일에 최고가 입찰자가 써낸 가격으로 우선 매수할 수 있는 기회를 부여하고 있다. 바로 공유자의 우선 매수권이다. 이런 물건은 많은 노력과 투자 끝에 최고가로 입찰에 성공해도 공유지분자들이 우선 매수권을 행사하게 되면 헛수고가 되고 만다. 따라서 지분경매는 아무리 싸도 입찰하지 않는 것이 좋다.

아파트 관련 상식

법률에서는 아파트를 5층 이상의 공동주택이라고 정의한다. 4층 이하의 공동주택 중 한 개 동의 건축물 연면적이 $660m^2$를 초과하는 주택은 연립주택, 4층 이하의 공동주택 중 한 개 동의 건축물 연면적이 $660m^2$ 이하인 주택은 다세대주택이다.

주택건설촉진법에서는 주택을 세대의 세대원이 장기간 독립된 주거 생활을 영위할 수 있는 구조로 된 건축물(이에 부속되는 일단의 토지를 포함) 또는 건축물의 일부를 의미하며, 주택은 다시 단독주택과 공동주택으로 구분된다.

공동주택이란 대지와 건물의 벽ㆍ복도ㆍ계단, 기타 설비 등의 전부 또는 일부를 공동으로 사용하는 각 세대가 하나의 건축물 안에서 각각 독립된 주거생활을 영위할 수 있는 구조로 된 주택을 의미한다.

국민주택이란 국민주택기금에 의한 자금을 지원받아 건설되거나 개량되는 주택을 말한다. 국민주택은 국가ㆍ지방자치단체ㆍ대한주택공사 또는 서울시도시개발공사와 같이 주택사업을 목적으로 설립된 지방공사에서 건설하는 주택 중 $85m^2$ 이하의 주택을 포함한다.

민영주택이란 이들을 제외한 주택을 말한다.

주택조합에는 동일 또는 인접한 시(특별시와 광역시 포함)ㆍ군에 거주하는 주택이 없는 주민이 주택을 마련하기 위하여 설립한 지역조합과 동일한 직장에 근무하는 주택이 없는 근로자가 주택을 마련하기 위하여 설립한 직장조합, 법률에서 정한 노후ㆍ불량한 주택을 철거하고 그 철거한 대지 위에 주택을 건설하기 위하여 기존주택의 소유자가 설립한 재건축

조합이 있다. 주택조합에서 건축하는 주택을 조합주택이라고 한다.

이와 같은 법률상의 구분 이외에 분양 방법에 따라 임대아파트와 분양 아파트로 구분된다.

임대아파트에는 5년 이하의 단기임대 기간 이후에 분양을 해주는 통상적인 임대아파트와 5년을 초과하는 장기임대아파트, 기한을 정하지 않고 임대되는 영구임대아파트 등이 있다.

4. 부동산 분석도 필요하다

— 꼼꼼하고 세심하게 살펴야 투자 수익을 기대할 수 있다

경매를 통해 소액으로 부동산을 구입했다고 하더라도 나중에 돈이 되지 않으면 그 투자는 실패한 투자이다. 모든 부동산이 다 돈이 되지 않는 것처럼 경매를 통해 아무리 싼 가격에 잡아놓은 부동산도 '환금성'에서 문제가 발생할 수도 있다. 그래서 경매를 통해 부동산에 투자를 할 때도 현장 조사는 필수이다. 각 부동산 종류별 현장 조사의 포인트를 알아본다.

1. 경매에 알맞은 아파트 고르기

최소 500가구 이상으로 단지 규모가 커서 상가 등 생활 편

의시설이 잘 갖춰져 있어야 하며, 유명 건설회사의 시공이어야 한다. 또 단지 내 주차공간도 충분한지 살펴보아야 한다. 주차장 확보율은 전체 가구 수와 주차가능 대수를 비교해 보면 쉽게 알 수 있다.

임대 소득을 생각한다면 관리비도 저렴해야 한다. 관리비가 비싸면 팔 때도 주변 단지의 같은 평형 아파트에 비해 시세가 낮아진다.

재건축을 겨냥해 투자한다면 재건축 기준이 지은 지 20년이 지난 아파트라는 점을 감안하여 15~20년 정도된 저층 아파트라야 한다. 이때 재건축할 아파트는 고층으로 지을 수 있는 곳이어야 한다. 그러나 저층 아파트라고 해서 모두 고층으로 지을 수 있는 것은 아니므로 구청에 고층 아파트를 지을 수 있는 곳인지를 확인해야 한다. 서울의 경우 개포, 고덕, 월계, 성산, 문정 지구와 같은 택지개발지구와 잠실, 화곡, 반포, 암사, 청담, 도곡 지구와 같은 저밀도 아파트 지구는 재건축시 층수와 용적률 제한을 받기 때문에 조합원 부담 액수를 확인한 뒤에 입찰 여부를 결정한다. 토지구획정리사업지구와 일반사업지구의 아파트는 건축법에 따른 최고 용적률까지 고층 재건축이 가능하다.

아파트나 연립주택과 같은 집합 건물 중에는 시유지에 건축되어 대지 지분이 없는 경우도 있다. 대지사용권이 없는 경우는 낙찰을 받아도 여전히 대지권을 획득할 수 없다. 따라서 등기부등본과 구청 등에서 반드시 확인 절차를 거친 뒤에 경매에 입찰한다. 또한 경매된 물건 중에는 원래의 소유자나 임차인이 관리비를 체납한 경우가 있다. 체납된 관리비, 전기요금, 수도요금 등은 원칙적으로는 입찰자의 책임이 아니지만 번거로운 일을 피하기 위해서 미리 관리실 등에 확인을 하고 입찰에 참여한다.

2. 경매에 적합한 단독주택, 다가구주택

● 생활 여건과 주변환경을 살펴보아야 한다.

녹지비율이 높아 공기가 맑아야 한다. 건물의 방향은 동남향이 좋고 완만한 경사지에 위치하여 전망이 트여야 한다. 또한 이웃에 일조권을 침해하는 건물이 없어야 한다. 홍수나 산사태 등 자연 재해 발생 가능성도 따져보아야 하고 축대 유무와 붕괴 가능성도 따져보아야 한다.

생활 기반시설도 살펴보아야 한다. 상수도와 가스 공급이 양호하고, 하수 처리시설이 잘 정비되어 있어야 한다.

근처에 간선도로나 공장이 있으면 소음이 심하다. 고압선이나 지하철이 지나가는 곳도 피해야 할 지역이다.

근처에 공해, 오염, 위험, 혐오 시설이 있으면 어쨌든 투자 대상으로는 적당하지 않다.

학교, 은행, 우체국, 시장, 쇼핑센터 등 생활 편의시설이 가까이 있어야 하고 유흥지역이나 우범지역에서는 멀리 떨어져 있어야 한다. 주변 도로가 잘 정비되어 차량 출입이 용이하고 주차에 어려움이 없어야 하고 지하철역이나 버스정류장과 가까워서 대중교통 이용에 불편이 없어야 한다. 시내까지의 접근성이 좋아야 한다.

●건물의 상태를 확인해야 한다.

지적도와 건축물관리대장을 보면서 대지의 일부가 도로로 이용되고 있지는 않은지, 담장이 도면에 나타난 것처럼 정확하게 세워져 있는지 확인한다. 만약 대지의 일부를 이웃의 담장이나 건물이 차지하고 있으면 후에 분쟁이 생길 소지가 있으므로 투자를 피하는 것이 좋다. 공부상에 없는 건물이면서 타인소유도 아닌 경우가 있다. 이것은 단지 미등기된 상태의 건물로 경매대상에 포함된 것이면 안심해도 된다. 이 같은 상황은 감정평가서를 통해 확인할 수 있다.

대지 안에 전신주나 다른 사람 소유의 건물이 없는지도 반드시 확인해야 한다. 그럴 경우 법정지상권이 설정될 가능성이 크다. 만약 법정지상권이 설정된 건물이면 상당기간 철거할 수 없다.

●신축이 용이한지를 살펴야 한다.

사전에 신축 가능성을 면밀히 파악해야 한다. 단독주택, 다가구주택, 상가주택 등 신축할 건물의 용도를 정하고 나서 건축허가가 날 수 있는 용도지구인지를 확인해야 한다.

투자 수익을 올리기 위해서는 건물의 규모도 중요하다. 따라서 구청 건축과 등에서 신축 건물의 용적률과 건폐율, 건축허가를 받기에 필요한 최소 대지면적도 확인해야 한다. 참고로 도로가 북쪽에 면한 대지는 일조권 시비를 일으키지 않아서 용적률을 최대한 확보할 수 있다.

포크레인 등 건축장비가 들어갈 수 있도록 폭 6m 이상 도로에 접하거나 폭 4m 이상 도로에 두 면 이상 접해야 건축허가를 받을 수 있다.

상가주택은 최소한 8~10m 이상 도로에 접해야 수익성을 확보할 수 있다. 다가구주택이나 다세대주택을 지을 경우에는 강화된 건축기준에 따라 인접대지와의 거리, 가구당 주차비율, 가구당 최저평수, 층수 등이 규제된다. 최소 100평 정도는 되어야 투자 수익을 올릴 수 있다. 대지의 모양이 부정형인 것은 피하는 것이 좋다. 네모 모양이어야 건축이 쉽다. 여기에 수리 비용도 반드시 입찰 전에 계산에 넣어야 한다.

3. 경매로 투자 수익을 올릴 수 있는 연립주택의 조건

다세대주택, 연립주택은 아파트에 비해 부실 시공률이 높고 보수가 잘되지 않는 단점이 있다. 또한 다른 부동산에 비해 시간이 지남에 따라 가격 하락 폭이 크고 환금성이 떨어지는 약점이 있다. 그러나 경매에서는 잘만 고르면 아파트 못지 않은 쾌적한 환경과 재건축을 통해 수익성을 보장받을 수 있는 연립주택이 많이 있다. 연립주택을 재건축할 때는 대지 지분이 분양면적의 1.5배 이상이면 사업성이 있다. 그러나 경매에서는 입찰 가격이 시세의 60~70% 정도이기 때문에 굳이 1.5배 이상이 되지 않아도 대지 지분이 분양 면적을 넘기기만 하면 충분히 사업성이 있다.

더군다나 아파트는 입찰가가 높아져 수익률이 많이 떨어졌으므로 경매를 통해 아파트에 투자하는 금액보다 적은 투자비용으로 쾌적하고 투자 가치 있는 연립주택을 구할 수 있다.

연립주택은 아파트와 마찬가지로 고급빌라나 유명 건설회사가 시공한 일정 규모의 단지에 있는 연립주택이 좋다. 이런 연립주택은 주변도로가 잘 정비되어 있고 주변에 녹지가 조성되어 있으며 대지 지분이 넓고 주차공간도 잘 갖춰져 있다. 역세권이나 대학가의 연립주택을 경매로 낙찰받아 임대사업을 하면 적은 자금으로 상당한 임대수입을 올릴 수 있다.

5. 실전 경매 1단계

— 사전에 경매 물건과 관련된 서류의 열람과
조사는 기본이다

권리분석과 현장에서의 물건분석으로 경매에 나설 수 있는 준비가 끝난 것은 아니다. 입찰에 참가하기 전에 해야 할 일이 한 가지가 더 남아 있다. 바로 경매 물건과 관련된 서류를 면밀하게 검토하고 확인하는 절차이다. 보통 입찰기일 7일 전부터 일반인도 법원 민사신청과에서 경매 물건에 대한 입찰기록을 열람할 수 있다. 입찰기록은 입찰물건명세서, 현황조사서, 감정평가서 등 입찰에 관련된 서류를 묶어 놓은 것을 말한다.

입찰에 앞서 반드시 확인해야 할 입찰기록을 살펴보면 다음과 같다.

1. 입찰물건명세서

　현황조사서, 감정평가서 등을 바탕으로 법원이 작성한 것이다. 입찰물건명세서에서 사건번호, 소재지, 최저입찰가격, 매각조건과 함께 다음과 같은 내용도 확인할 수 있다. 입찰물건명세서 내용을 확인한 결과 분석한 것과는 달리 인수해야 하는 권리나 법정지상권이 있다면 권리분석이 잘못되었을 가능성이 크므로 입찰에 참여하지 않는 것이 좋다.

　●권리 말소, 인수의 기준이 되는 최선순위의 저당권 또는 가압류 설정일자가 명기되어 있다.

　●현황조사보고서에 나타난 임대차의 기간, 보증금, 전입일, 확정일자, 배당요구일 내역도 확인할 수 있다. 소액 임차인들의 권리신고 또는 배당요구도 확인할 수 있다. 특히 보증금의 액수, 입주일 등 현황조사보고서와 다른 내용의 권리신고나 배당요구도 신고 내용대로 나타나 있다. 경매 물건에 대항력 있는 임차인이 거주하고 있는 경우에는 임차인이 낙찰자 인수를 택할 것인지 배당을 택할 것인지도 최고하여 확정시킨 뒤에 명기되어 있다.

　●선순위 담보권리보다 앞서는 등기권리나 가처분으로서 인수해야 하는 권리 등이 나타나 있다.

　●법정지상권 성립이 확실할 때는 이를 기재하고, 법정지상권 성립 여부가 불확실한 경우에는 '법정지상권이 성립할

여지가 있음'과 같이 기재되어 있다. 단순히 무허가 건물이 있다고 표시된 것은 경매대상에 포함된 것으로 본다.

2. 이해관계인 목록

경매로 인해 이해득실이 발생하는 사람들의 권리신고를 받아 법원이 작성한 것이다. 경매와 관련된 각종 결정, 최고 등의 송달 대상자가 바로 여기에 해당한다. 이 목록에는 채무자, 소유자, 등기부에 기재되어 있는 저당권·가등기권 등의 권리자 그리고 임차인과 승소판결을 받은 일반 채권자 등이 기재되어 있으므로 이러한 내용을 확인할 수 있으며 채권금액도 함께 확인할 수 있다. 이해 관계가 있어도 가압류권자, 가처분권자와 판결문 없이 배당요구를 한 채권자의 권리는 여기에 포함되지 않는다.

3. 현황조사보고서

법원의 명령을 받은 집행관이 현장에 나가 조사한 내용이다. 보통은 현황과 일치하지만 집행관이 실수로 잘못 기재할 수도 있고 입주자가 사실을 속일 수도 있다. 따라서 현황조사보고서는 공신력이 인정되지 않는다. 그러나 사실과 다르다고 해서 법원에 그 책임을 물을 수 없다. 따라서 현황조사보고서는 어디까지나 참고자료일 뿐이며 현장에서 사실 확인을 거쳐 입찰 여부를 결정해야 한다. 다만, 낙찰 후 보고서에 나타나 있지 않은 임차인 등이 나타나 그 권리까지 인수해야만 하는 경우가 생기면 법원에 낙찰 취소를 요청하거나 새로운 권리를 인수하면서 안는 부담만큼 입찰가에서 상쇄해줄 것을 요청할 수 있다.

● 부동산의 위치 및 현황(약도 참고)
● 부동산의 내부구조 및 사용 용도 등(도면, 외부사진 참고)
● 부동산의 점유자 현황(임대차관계조사서 참고). 임대차관계조사서에는 임차인, 임대기간, 임대보증금, 주민등록전입일, 확정일자가 나타나 있다. 만일 집행관이 방문하였을 때 임차인이 집에 없어서 조사를 하지 못했으면 '불분명'이라고 나타나 있다. 집행관은 임차인을 만났는지 여부와는 상관 없이 동사무소에 조회하여 소유자 이외에 전입 신고한 거주자가 있으면 주민등록등본을 떼어 첨부하도록 되어 있다. 주민등록등본은 일반인은 뗄 수 없으므로 임차인의 이름과 전입 날짜를 기록해 두어야 한다.

4. 감정평가서

감정평가서는 감정평가사가 법원의 명령을 받아 현장 조사로 가격을 평가한 것이다.

감정평가서는 평가표, 평가의견서, 평가명세표, 평가요항표, 위치도 등으로 이루어져 있다.

평가서에는 경매 물건의 평가액뿐만 아니라 물건의 구조, 시설, 노후 정도, 위치 등에서부터 환경, 교통 등 부동산의 객관적인 평가도 함께 덧붙여져 있다. 또한 임차인 성명, 임대보증금, 주민등록전입일 등의 임대 상황도 도면과 함께 첨부되어 있어 현황보고서의 임대차 조사와 대조·확인할 수 있다.

감정평가서를 통해서 경매 물건의 등기부등본에 나타나 있지 않은 입찰 대상 범위도 확인할 수 있다. 창고, 옥탑 등 부속물이 경매대상인지 여부는 감정평가서의 감정 대상과 평가액에 포함되었는지 여부로 확인할 수 있다. 경매 물건 중 아파트 같은 공동주택은 대지 지분이 등기되지 않은 경우가 있다. 이때 법원은 대지 지분까지 포함시켜 입찰시키는데 그 대지가 포함되는지의 여부도 감정평가서를 통해 알 수 있다. 또한 쉽게 알 수 없는 경매 물건의 내부 구조도 감정평가서를 통해 확인할 수 있다.

5. 등기소에서 확인해야 하는 서류들

부동산 상태에 문제는 없는지, 어떤 용도로 사용해야 하는 토지인지, 사용 목적을 제한하는 규제는 없는지를 확인해야 부동산의 가치를 정확히 파악할 수 있다.

　부동산의 가치를 파악하기 위해서는 등기소와 시·군·구청에서 공부를 열람한다.

　등기소에서는 등기부등본을 통해 경매 물건의 등록 사항과 각종 권리들을 확인할 수 있다. 등기부등본을 통해 토지대장과 건축물관리대장상의 면적이 일치하는지를 확인해야 한다. 만약 일치하지 않으면 미등기된 부분이 얼마나 되며 그 부분이 경매대상에 포함되어 있는지를 살펴야 한다. 특히 권리관계를 확인하는 첫 번째 걸음이 등기부등본에서 시작된다는 것을 잊지 말고 꼼꼼하게 살펴보아야 한다. 한 부 정도는 여분을 가지고 있어야 입찰일 당일의 권리 관계 변동도 확인할 수 있다.

　등기부는 토지등기부와 건물등기부로 나눠져 있다. 따라서 토지와 건물 소유자가 같은 사람인지를 알기 위해서는 토지와 건물 등기부 각 1통씩 확인해야 한다. 아파트나 연립주택, 다세대주택, 오피스텔, 분양된 상가처럼 하나의 토지와 건물이 지분으로 나눠져 있는 집합건물은 건물등기부등본의 표제부 오른쪽에 대지권이 표시되어 있으므로 건물등기부만 떼어봐도 확인할 수 있다.

신규분양 아파트 구입요령

1. 시세차익만을 기대하고 아파트에 투자하지 말고 직접 입주가능한 집을 선택하라. 시세차익을 노려도 좋지만 여의치 않을 경우 입주한다는 마음가짐으로 구입해야 원하는 시기에 적절한 값어치로 환금을 꾀할 수 있다.

2. 지하철 교통편을 따져라. 지하철이 주요 교통수단이 되면서 역세권 아파트는 임대도 잘되고 집 값도 보장받고 있다.

3. 아파트 단지는 세대수 규모가 클수록 생활 편의시설이 쉽게 입점한다.

4. 지역난방이나 도시가스를 이용하여 난방하는 아파트가 기름으로 난방하는 아파트에 비해 관리비 부담이 적다. 이런 아파트는 집 값도 보장받는다.

6. 시 · 군 · 구청에서 확인해야 하는 서류들

●지번, 지목, 면적, 소유권 변동, 토지 등급을 확인하기 위하여 토지대장 또는 임야대장을 확인한다. 이때는 개별공시지가 표시도 함께 신청하여 확인한다.

●건물의 면적, 구조, 용도, 신축일, 소유권 변동 사항은 건축물관리대장을 통해 확인할 수 있다. 토지대장과 건축물관리대장 그리고 등기부등본의 내용을 비교하여 미등기된 부분이 있는지를 확인한다. 만일 등기되어 있지 않은 부분이 있으면 그 부분도 경매대상인지를 확인한 뒤에 낙찰 후에 따로 등기 절차를 밟아야 한다.

등기부등본과 토지대장, 건축물관리대장의 면적이나 소유권의 변동 사항이 서로 일치하지 않는 경우가 있다. 토지나 건물의 지번, 면적, 신축일과 같이 부동산의 표시는 토지대장과 건축물관리대장이 기준이 된다. 이 내용을 등기부에 기록하고 소유권의 변동 사항 같은 권리의 변동 사항은 등기부를 보고 토지대장이나 건축물관리대장을 작성한다. 따라서 양쪽 중 일치하지 않는 부분이 있을 경우 표시 사항은 토지대장이나 건축물관리대장에 따르고, 권리 사항은 등기부에 따른다.

●토지이용계획확인서를 확인해야 한다. 토지이용계획확인서는 국토이용계획 또는 도시계획의 내용과 기타 군사시

설, 농업진흥구역, 산림보전임지, 공원구역, 상수도보호구역 해당 여부 등 모두 일곱 가지를 종합하여 한 장의 양식으로 만든 것이다. 토지이용계획확인서에는 지적도나 임야도도 첨부되어 있다.

토지이용계획확인서를 확인해야 하는 이유는 국토이용관리법 때문이다. 도시계획구역은 도시계획법에 따라, 도시가 아닌 지역은 국토이용관리법에 따라 토지이용계획이 수립되어 있어서 이용계획에 맞지 않는 용도로는 사용할 수 없도록 되어 있다. 따라서 낙찰을 받은 뒤에 이용제한 사항에 저촉되지 않고 구입 목적에 맞게 용도에 사용할 수 있는지, 가격은 제대로 반영되어 있는지를 살펴보아야 한다. 이 밖에 관련법에 따른 군사시설보호구역 등에 저촉되는지의 여부를 확인하고 그에 따른 토지사용이나 건축 등 규제는 어느 정도인지를 확인해야 한다.

● 거래할 때의 규제 사항은 없는지도 살펴봐야 한다. 거래상의 규제에는 부동산투기를 억제하고 투기목적으로 사두기만 하고 방치하는 것을 막기 위해 시행하는 농지취득자격증명제와 토지거래허가제가 있다. 법원 경매에서는 농지취득자격증명만 적용되고 나머지는 면제되어 취득하는 데는 제한이 없지만 나중에 팔 때 규제를 받을 수 있으므로 거래 규제가 되고 있는 부동산은 신중한 매수결정을 내려야 한다.

6. 실전 경매 2단계

— 다시 한 번 준비 상황을 점검한 뒤에 입찰에 참가하자!

입찰가는 낙찰되는 평균 가격과 최소한의 수익을 확보하는 가격 사이에서 결정해야 한다. 다시 말해 부동산 종류별 평균 낙찰가보다는 높지만 최소 수익 확보 가격보다는 낮은 가격에서 결정해야 한다.

지역마다 다르기는 하지만 경매가 널리 알려지면서 부동산 종류별 평균 낙찰가는 해마다 상승하는 추세이다. 최소 수익 확보 가격은 낙찰 뒤 소유권 이전에 따라 부담해야 하는 취득세, 등록세 등 구입비용과 매도비용을 계산한 뒤에 모든 비용을 뺀 이익과 금융권의 이자를 염두에 두고 계산하면 알 수 있다. 사실 최소 수익 확보는 개인에 따라 차이가 많이 난다. 감정가의 80% 선에서 낙찰을 받게 되면 구입

비용과 매도비용을 빼면 매력적인 재테크는 아니다. 그럼에도 불구하고 서울 지역의 아파트 경매 시장이 뜨거운 것은 실수요자가 두텁게 형성되어 있다는 것을 뜻한다고 볼 수 있다.

입찰 과정에서의 가장 큰 함정은 감정평가액이다. 아무리 시가에 가깝게 평가된 가격이라고 하더라도 몇 번 유찰되다 보면 심할 경우 입찰기일로부터 일 년 전에 평가된 가격일 수도 있다. 그래서 반드시 현지 조사를 통해 시가를 확인해야 하는 이유이기도 하다.

또 하나의 함정은 '눈치'이다. 입찰장에서는 반드시 낙찰을 받아야 한다는 강박관념에 시달려 입찰 가격을 높게 써넣는 경우가 있다. 자칫하면 낙찰을 받았지만 실속은 없는 낙찰이 되기가 싶다.

경매 당일, 빠지기 쉬운 함정을 경계하면서 '실전 입찰'을 해보자.

1. 법원에 가기 전에 자동응답서비스를 통해 경매의 취하나 변경 여부를 확인한다.

2. 준비물
● 주민등록증 또는 운전면허증과 같은 신분증
● 현금이나 자기앞수표 등 자금

● 도장

● 본인이 입찰에 참가할 수 없을 때는 대리인이 참가할 수 있다. 이때 오직 변호사 외에는 대가를 받고 대리로 입찰에 참가할 수 없다. 이 경우 변호사법 위반으로 처벌된다. 대리인은 위 준비물 외에 입찰자의 인감이 날인된 위임장과 입찰자의 인감증명서 1통을 지참한다.

● 법인의 대표자나 법인등기부에 등록된 대리인이 입찰할 때는 법인등기부등본 또는 초본만 준비하면 된다. 법인의 직원이 대리인으로 입찰에 참가할 때는 법인등기부등본과 대표자의 위임장, 법인인감증명서를 준비해야 한다.

3. 입찰법정은 오전 10시에 개시된다. 이때 법정 뒤 게시판에서 경매 취하 여부를 다시 한 번 확인한다.

경매를 실시하기 전에는 집행관이 입찰 절차에 대한 안내방송을 하게 되어 있다. 집행관은 방송을 통해 입찰표의 기재 방법, 대리 입찰 방법, 공동입찰, 차순위입찰신고, 입찰보증금의 반환, 특별매각조건 등에 관한 주의 사항을 알려준다.

4. 집행관이 경매 개시선언을 하면 입찰기록을 다시 열람할 기회를 준다. 서류는 물건별로 나눠져 있고 표지에는 사건번호가 적혀 있으므로 입찰하려는 물건의 사건번호로 찾

아 신속하게 확인한다. 이때 확인해야 하는 사항에는 다음과 같은 것들이 있다.

● 채무자가 채무의 일부를 변제하였거나 제3자가 대위변제하여 채권 순위가 변동되었는지 여부를 확인한다. 등기부등본, 대위권리신고서 등을 살펴 권리변동이 있으면 일단 포기하는 것이 좋다.

● 권리신고서 등에서 새로운 임차인은 없는지 살핀다. 만약 우선 순위에서 앞서는 임차인이 인수할 의사가 있다면 포기하는 것이 좋다.

5. 입찰 진행 순서

● 개인의 경우

집행관이 입찰개시를 알린 후 1시간 동안 칸막이가 설치된 입찰 기재대에서 입찰서류를 작성한다. 입찰표에는 사건번호, 물건번호, 입찰자의 성명, 주소, 입찰가액, 보증금액을 기재하고 날인한다. 보증금 반환 확인란은 공란으로 비워둔다. 보증금 반환 확인란은 입찰에 떨어졌을 때 보증금을 돌려받으면서 사인하는 난이다. 금액은 한 번 기입하면 수정할 수 없으므로 만약 수정하려면 새 용지를 사용해야 한다.

입찰보증금은 흰색 입찰보증금봉투에 넣어 봉하고 봉투 앞면에 사건번호, 물건번호, 제출자의 성명을 기재하고 날인

하며 뒷면에 '인'이라고 표시된 곳에 날인한다. 대리입찰의 경우에는 제출자란에 대리인의 이름을 적도록 되어 있다.

입찰표(대리입찰 때는 위임장과 인감증명서 첨부)와 입찰보증금봉투를 황색의 입찰봉투에 넣고 풀로 봉한 다음 입찰봉투의 앞면에 사건번호, 물건번호 및 입찰자의 성명을 기재한다. 물건번호는 분할입찰일 경우에만 분할번호를 적고, 분할이 아닌 경우에는 공란으로 비워둔다. 입찰봉투의 뒷면에는 보증금봉투와 마찬가지로 날인 표시가 있는 곳에 날인한다.

모든 기재를 마쳤으면 앞면이 속으로 들어가게 점선을 따라 반으로 접어 비치된 호치키스로 정해진 곳에 찍는다. 입찰봉투는 입찰표와 마찬가지로 입찰하고자 하는 물건마다 1개만 사용해야 한다.

입찰봉투를 집행관 옆에 앉아 있는 직원에게 주면 봉투 끝에 붙어 있는 입찰자용 수취증에 번호를 적고 집행관 날인을 한 후 돌려준다. 절취선을 따라 수취증을 뜯어 보관하고 봉투는 입찰함에 투입한다. 이때 수취증은 입찰에 떨어지면 보증금을 돌려받고 반환해야 하므로 분실하지 않도록 주의한다.

● 2인 이상이 공동으로 출자하여 입찰하는 공동입찰의 경우에는 물건에 대한 소유권을 주장할 수 있다. 그러나 이 경우 분쟁의 소지가 많아지므로 법원은 사유가 타당한 경우에

한하여 제한적으로 허가한다. 공동입찰은 원칙적으로 친자·부부 등 친족 관계에 있거나 입찰 부동산의 공동점유 사용자, 1필지의 대지 위에 수 개의 건물이 있는 경우의 각 건물소유자, 한 개 동 건물의 여러 임차인·공동저당권자·공동채권자 등에 한하여 허가를 받을 수 있다.

공동입찰에서는 입찰자 상호간의 관계와 지분을 분명히 하여야만 한다. 입찰하기 전에 법정에서 배부하는 '공동입찰허가원'과 '공동입찰자목록'을 작성하고, 공동입찰자간 상호관계를 증명할 주민등록등본·등기부등본 등을 함께 제출하여 집행관의 허가를 받아야 한다. 입찰표의 본인 성명란에는 '별지와 같음'이라고 기재하고 '공동입찰허가원'을 첨부한다.

●입찰 개시 후 1시간이 지나 통상 11시 10분이 되면 집행관이 입찰마감을 선언한다. 그와 함께 입찰자는 더 이상 입찰 행위를 할 수 없다. 입찰자는 호명이 있을 때까지 자리에 앉아 기다려야 한다. 법원 직원이 입찰함을 열고 입찰봉투를 사건번호순으로 분류하고 나면 집행관이 사건별로 입찰자를 호명하게 된다.

6. 입찰 결과의 확인

●집행관은 사건번호 순서대로 입찰자들을 불러모아 놓고 개봉한 입찰표의 이름과 입찰액수를 밝힌다. 이때 누가 최

고가 입찰자인지 결정된다. 집행관은 이때 차순위는 누구라고 밝히고 차순위매수신고인으로 신고할 것인지 여부를 묻는다. 입찰보증금을 적거나 입찰표를 잘못 기재하는 등 무효인 경우도 알려준다.

● 차순위자라도 입찰 신고를 통해 다시 한 번 기회가 주어진다. 법원에서는 최고가 입찰자가 대금을 내지 않으면 차순위입찰신고인을 최고가 낙찰자로 정하고 매수기회를 준다. 차순위입찰신고는 최고가 입찰자 이외의 입찰자 중 최고가에서 보증금을 뺀 금액 이상으로 쓴 입찰자 중 한 사람에게 자격이 주어진다. 3위 이하의 입찰자라도 차순위입찰자가 입찰 신고를 포기하면 차순위입찰신고인이 될 수 있다. 차순위입찰신고인이 되면 최고가 입찰자가 대금을 납부하거나 경매가 취소되기 전까지 빠르면 1개월, 길게는 6개월 이상 보증금을 찾을 수 없다. 더군다나 차순위입찰신고는 입찰법정에서 순간적으로 신고 여부를 결정해야 하기 때문에 신중하게 결정해야 한다. 최고가와 자신의 입찰가 사이에 차이가 지나치게 클 때나 최고가가 너무 높아서 대금 납부를 포기할 가능성이 높을 때에 신청해야 한다.

보증금에 대한 부담이 없다면 차순위입찰신고를 하는 것도 좋은 투자 방법이다. 최고가 낙찰자는 대금을 마련하지 못하거나 뒤늦게 낙찰받은 물건이 이익이 없다는 것을 알고 포기하기도 하고, 농지의 경우 낙찰기일까지 농지취득자격증명을 못 내서 자격을 상실하는 경우도 생길 수 있다. 이렇게 되면 최고가와의 입찰가 차이가 큰 차순위입찰신고인은 큰 이득을 볼 수 있다.

● 최고가 입찰자가 2인 이상이면 그 두 사람을 상대로 즉시 추가입찰을 실시한다. 이때 처음 쓴 금액보다 적은 금액을 쓰면 입찰을 포기한 것으로 간주된다. 추가입찰에 같은 순위 전원이 응하지 않거나 또다시 최고가 입찰자가 2인 이상이 되면 추첨으로 최고가 입찰자를 정하도록 되어 있다. 추가입찰시의 보증금은 증액한 액수에 대한 것만큼의 보증금만 더 넣으면 된다.

● 낙찰되면 보증금 영수증을 받는다. 입찰에 떨어지면 입찰자용 수취증과 주민등록증을 제시하고 입찰표의 보증금 반환란에 서명 날인한 후 입찰보증금을 돌려받는다. 이것으로 입찰 절차는 끝나게 된다. 보통 개찰에는 2시간 정도 소요된다.

7. 이후 진행 절차

● 낙찰을 받은 날에 낙찰자가 할 일은 없다. 담당 판사는 법원 집행관이 법원의 위임을 받아 실시한 경매가 적절하게 실시되었는지를 검토하고 만약 출석한 이해관계인이 있을 때에는 이해관계인의 진술을 듣는다. 진술 내용은 경매 절차에 문제점이 있었는지, 낙찰자의 자격 여부에 관한 것들

이다. 최저입찰가격이나 물건명세서가 잘못되었는지, 농지를 낙찰받은 사람이 낙찰기일까지 내야 하는 농지취득자격증명서를 제출하지 못하거나 낙찰가액이 너무 낮아서 경매를 신청한 사람보다 앞선 권리자에게 배당을 하고 남는 것이 없어서 정작 경매신청자에게는 한푼도 배당되지 못하는 경우로 제한된다. 이와 같은 진술을 들은 뒤에 담당 판사는 낙찰기일에 낙찰을 허가하거나 불허한다는 판결을 내린다.

● 낙찰기일은 입찰기일로부터 7일 후로 정해진다. 낙찰 허가나 불허가 결정 공고는 낙찰기일에 법원 게시판에 공고된다. 그러나 낙찰자 및 이해관계인에게 별도로 그 사실을 통지하지는 않는다. 낙찰기일에도 낙찰자나 이해관계인이 낙찰 허가, 불허가에 대해서 의견 진술을 할 수 있지만 대개의 경우 판사의 판결로 입찰 절차가 마무리된다.

만약 낙찰자가 권리분석을 잘못하여 부동산상의 채권을 떠안게 되었거나 소유권을 이전해도 명도받기가 어렵다는 것을 알게 되었을 때는 '낙찰불허 신청서'를 낙찰기일에 제출할 수 있다. 그러나 이를 받아들이느냐의 여부는 전적으로 판사의 판단이다. 낙찰자는 특별한 의견이 없는 한 출석할 필요가 없다. 낙찰이 허가되었을 때도 낙찰자가 할 일은 없고 7일간의 즉시항고기간 동안 기다리면 된다.

7. 낙찰 뒤에도
주의를 게을리 하지 마라

— 상황은 얼마든지 변할 수 있다는 것을 잊지 마라

낙찰에 성공했다고 모든 것이 끝나는 것은 아니다. 낙찰에 성공한 뒤에도 소유권을 확보하기까지는 많은 과정들이 기다리고 있다. 가장 먼저 고려해야 할 것은 자금의 확보이다. 경매 물건에 따라 준비해야 될 자금은 천차만별이다. 여기서는 경매 부동산 구입에 따른 순수한 비용만 알아본다. 경매 부동산의 경우 낙찰가액의 5.8%를 준비해야 한다.

● 등록세 : 낙찰가액의 3%

● 교육세 : 등록세액의 20%

● 취득세 : 낙찰가액의 2%

● 말소등기 등록세와 교육세 : 1건당 3,600원

● 주택채권 할인매도 차액 : 구입액의 약 20%
● 등기송달우편료 : 1,050원 우표 6장

경매에 소요되는 자금을 확보하는 한편 소유권을 이전하고 권리 행사를 하기 위해서는 여러 가지 절차가 남아 있다.

신도시 아파트처럼 대지 사용권은 있으나 대지 지분의 등기를 마치지 못한 경우에는 크게 걱정하지 않아도 된다. 경매 때 대지권도 경매대상에 포함시켜 입찰하고 대지에 대한 대금에 대해서도 저당권, 전세권자 등에게 배당한다. 따라서 낙찰자는 경매대금을 납부함으로써 대지 지분에 대한 소유권도 이전받을 수 있다. 다만, 입찰하기 전에 '대지, 건물 일괄입찰(대지권 미등기)' 이라는 구절과 감정평가서에 대지권 가격이 포함되어 있는 것만 확인하였으면 안심할 수 있다. 대지권 등기는 후에 다른 입주자들과 함께 절차를 밟으면 된다.

농지는 조금 더 복잡하다. 입찰 참가 전에 미리 농지취득자격증명은 가능 여부를 파악해야 한다. 논, 밭, 과수원 등의 농지를 낙찰받았을 때는 농지취득자격증명서를 받아 7일 이내에 법원에 제출해야 한다. 농지취득자격증명을 떼려면 '농지취득자격증명 발급신청서' 와 '농업경영계획서' 를 작성, 해당 농지소재지와 인접한 마을의 농지관리위원 2명에게 확인, 날인을 받아 시 · 구 · 읍 · 면에 제출해야 한다.

시·구·읍·면은 서면심사를 통해 농지취득자격증명을 발급하거나 반려한다. 농업경영계획서는 시·구·읍·면사무소에 양식이 비치되어 있다. 농지취득자격증명을 낙찰기일까지 제출하지 못하면 낙찰이 불허된다. 인천지방법원, 성남지방법원, 여주지방법원은 보증금도 돌려주지 않는다. 따라서 농지를 낙찰받기 전에는 사전에 보증금 환불 등 특별매각조건을 확인해 두어야 한다. 농지취득자격증명은 신청 후 5일 이내에 발급하도록 되어 있어 법원에 제출하기까지는 시간이 촉박하므로 입찰 전에 미리 가능 여부를 확인해야 한다.

즉시항고도 경매에서는 심각한 문제가 될 수도 있다. 즉시항고가 있으면 소유권 행사에 최소 6개월 이상을 기다려야 한다.

법원에서는 경매에서 억울하게 피해를 입는 일이 없도록 낙찰허가일 이후 공휴일을 포함하여 7일 이내에 낙찰 허가나 불허가 결정으로 손해를 봤다고 주장하는 이해관계인이나 낙찰자가 법원에 항고장을 제출할 수 있도록 하고 있다. 법원에서 항고가 이유 있다고 판단될 때는 대금납부나 배당 등 경매절차는 정지되고 항고에 따른 재판이 진행된다. 하지만 이 즉시항고 제도로 본의 아니게 피해를 입는 경우도 있다. 항고할 만한 이유가 없어도 법원의 행정처리상 몇 달이 소요되는 점을 이용해 시간을 벌기 위해 항고를 하는 경우도 있다. 항고에 대한 결정이 날 때까지 경매 집행절차는 3개월에서 길게는 6개월 이상 중단된다. 그런 경우 낙찰자는 본의 아니게 몇 개월씩 잔금 납부는 물론 소유권 취득을 할 수 없어 무작정 기다려야 하는 피해를 입게 된다. 특히 소유자와 임차인이 결탁하여 항고를 하는 경우에는 문제 해결이 쉽지 않다. 소유자가 부추겨 임차인이 항고한 기간 동안 채무자는 시간을 벌어 낙찰자가 대금을 납부하기 직전에 채무를 변제하고 경매를 취소시키는 경우도 있다.

법원에서는 낙찰 절차를 지연시킬 목적으로 무조건 항고하는 경우를 막기 위해 채무자, 소유자, 또는 낙찰자가 항고할 때는 낙찰대금의 10분의 1을 공탁하도록 하고 있다. 항고가 이유 없는 것으로 드러나 기각될 때는 공탁금을 돌려주지 않고 매각대금에 보태어 배당을 하고 있다. 단, 낙찰자에게는 공탁금을 돌려주고 대신 항고한 날로부터 항고 기록이 경매법원으로 돌아오는 날까지의 기간에 대하여 낙찰대금에 연 25% 이자를 받는다. 간혹 낙찰자도 경매 대금을 마련할 수 없게 되면 대금납부를 지연시키기 위해 항고를 이용하는 경우가 있다. 채무자, 소유자, 낙찰자 이외에 채권자, 임차인 등이 항고할 때는 공탁을 하지 않는다.

항고장이 접수되면 경매를 실시한 원심법원 판사가 심사하고 이유 있으면 바로 낙찰을 취소하거나 변경해주도록 되어 있다. 하지만 이유 없다고 판단되면 이유 없다는 의견서를 붙여 항고법원으로 기록을 보내 항고심 재판을 받도록 한다.

항고법원에서는 항고인을 불러 심문하여 판결을 내리는데, 여기에서 2~3개월이 걸린다. 즉시항고가 이유 없다고 기각되면 항고인은 이에 불복하여 다시 대법원에 재항고를 할 수 있다. 대법원에서 판결이 나기까지 또다시 2~3개월이 걸린다.

이처럼 시간을 최대한 벌려는 임차인이 있다면 낙찰 후 6개월 정도는 기다릴 것을 각오해야 한다. 따라서 곧바로 소유권 이전을 예상하고 자금조달계획을 세웠다가는 큰 낭패를 보게 된다. 도저히 6개월을 기다릴 수 없다면 한 가지 방법은 있다. 항고한 임차인을 만나 항고를 취하하도록 타협하는 것이다.

낙찰 뒤에 없던 권리가 갑자기 나타날 수도 있다. 낙찰 뒤에 나타나는 대표적인 권리에는 다음과 같은 것들이 있다.

1. 입찰기록의 임대차현황에 '없음' 또는 '미상', '동사무소에서 확인 안 됨' 등으로 되어 있었으나 입찰 후 임차인이 나타나 권리를 주장하여 보증금에 대한 권리를 인수하는 경우가 있다.

2. 후순위 권리자가 대위변제하여 소멸될 줄 알았던 채무를 책임져야 하는 경우이다.

3. 이미 인수한 소유권이전청구가등기에 따라 본등기가 되어 낙찰자가 소유권을 잃는 경우도 있다.

4. 입찰 기록에 있는 임대보증금과 임차인이 주장하는 보증금이 달라 추가로 부담해야 하는 경우도 있다.

만약 낙찰자가 권리분석을 잘못하여 일어난 일이 아니라면 경매의 권리하자에 대한 담보책임을 물을 수도 있다. 이것은 절차에 따라 추가부담액만큼 대금을 덜 내거나 이미 냈으면 반환하라고 요구하는 제도이다.

● 낙찰 확정 전이라면 낙찰기일에 법원에 나가 낙찰불허가 신청을 내거나 대금감액을 청구한다.

● 낙찰허가 확정 후 배당기일까지 사이에 권리에 하자가 생기면 법원에 대금감액을 청구한다.

● 배당기일 이후라면 1차로 채무자 또는 담보제공자에게 낙찰자가 인수하게 된 금액만큼 반환하라고 청구한다. 만약 채무자나 담보제공자가 반환 능력이 없으면 낙찰자가 이를 입증한 뒤 이미 배당을 받아 간 채권자에게 청구한다. 이때 이미 배당을 받아 간 담보 책임이 있는 채권자가 청구에 응하지 않으면 청구 소송을 할 수 있다.

● 경매 자체가 채무자의 의사에 반해 이루어지는 것인 관계로 채무자는 손해배상 책임은 지지 않는다. 단, 채무자나

채권자가 물건 또는 권리의 결함을 미리 알고 있으면서도 알려주지 않아 발생한 손해에 대해서는 손해배상청구가 가능하다.

● 대금감액청구와 손해배상청구는 1년 안에 권리를 행사해야 한다.

● 하지만 청구나 신청이 받아들여지느냐 여부는 전적으로 판사의 판단에 달려 있다.

8. 실전 경매 3단계

― 대금납부는 이렇게 준비하라

즉시항고기간 7일이 지나도록 아무도 항고하지 않으면 낙찰허가결정이 자동 확정된다. 항고가 있을 경우에는 기각판결 등 관계 서류가 경매법원으로 돌아오면 낙찰허가결정이 확정된다.

낙찰허가가 확정되면 법원은 1개월 이내에 대금 납부기일을 정하고 낙찰자에게 법원에 나오라는 소환장을 보낸다. 경매에서는 대금을 완납하면 소유권을 인정받는다. 하지만 법원에서는 대금납부기일 이전에는 대금수납처리를 해주지 않을 뿐만 아니라 납부일 전에 대금을 받더라도 소유권 취득과 같은 납부 효력은 발생하지 않는다.

낙찰자는 법원이 정해준 날에 잔금을 갖고 나가 다음의 순서에 따라 처리한다.

1. 법원 담당 경매계에서는 납부금액을 산정하여 '법원보관금 납부명령서'를 발부한다. 납부할 금액은 낙찰금액에서 입찰보증금을 뺀 금액이다.

2. 납부명령서를 '보관금접수계'에 제출하면 '법원보관금 납부서'를 발부한다.

3. 법원보관금납부서를 법원 안의 지정은행에 대금과 함께 내면 '법원보관금 영수증'을 발부한다. 이것으로 낙찰자는 등기 여부에 관계 없이 법적으로 소유권을 취득하게 된다.

4. 소유권이전촉탁신청에 필요한 '낙찰대금 완납증명서'를 받는다. 법원에 비치된 낙찰대금 완납증명원 2부를 작성하여 은행에서 받은 영수증과 함께 경매계에 제출한다. 이때 완납증명원에 적는 낙찰대금은 당일 은행에 낸 잔금이 아니라 낙찰가액 전액을 적어야 한다.

5. 법원 경매계에서는 '위 사실을 증명합니다'라는 도장을 찍어 1부를 내준다. 이것이 곧바로 완납증명서이다. 법원에 제출한 1부는 경매계장이 보관하고 있다가 소유권이전등기를 촉탁할 때 첨부하여 등기소에 보낸다.

대금납부를 지정된 대금납부일 이후에 내게 되면 연 5%의 지연이자와 재경매 준비 실행에 따른 비용을 부담해야 하므로 가급적 지정된 날짜, 지정된 시각에 맞춰 대금을 내는 것이 좋다. 낙찰자가 대금을 납부하게 되면 차순위입찰신고인은 보증금을 즉시 반환받을 수 있다.

낙찰자가 돈이 부족하여 대금 전액을 낼 수 없을 때는 배당받을 채권을 인수하고 그 채권만큼 덜 낼 수도 있다. 단, 이때는 인수하는 채권자의 동의가 있어야만 한다. 또 채권자가 입찰하여 낙찰받은 경우에는 자신의 채권액만큼을 자신 몫의 배당액을 받은 것으로 처리하고 나머지 금액을 대금으로 낼 수도 있다. 이때는 채권자인 낙찰자가 상계신청서를 내고 대금에서 자신의 채권액을 뺀 나머지만 대금으로 납부하면 된다.

낙찰자가 납부일에 대금을 납부하지 않으면 대금납부기일로부터 3일 이내에 차순위입찰신고인에게 낙찰기일을 통지하고 낙찰, 즉시항고, 대금납부의 과정을 밟는다. 차순위매수신고인이 없으면 재경매를 실시하게 된다. 차순위자도 대금을 내지 않아 재경매를 하는 경우에는 최고가 매수신고인과 차순위자가 동일한 입장에 선 것으로 보아 그들 중 먼저 대금을 지급한 낙찰자가 소유권을 취득하게 된다.

차순위입찰신고인이 없어서 재입찰기일이 지정되었다 하더라도 낙찰자가 재입찰기일 3일 전까지 대금을 납부하면 재경매 준비는 취소되고 소유권을 확보할 수 있다. 그러나 이때는 대금지급일부터 실제 대금납부일까지의 지연이자와 재경매 준비에 따른 절차비용을 함께 납부해야 한다.

재입찰기일 3일 전까지도 대금을 납부하지 않으면 이미 납부한 보증금은 돌려받지 못한다. 이 돈은 다음 경매의 배당액에 보태진다. 단, 이후의 경매가 취소되면 보증금을 되돌려받을 수 있다.

대금을 완납하여 소유권을 취득하면 이를 등기하여 공시해야 한다. 등기는 대금을 완납한 후 60일 이내에 해야 한다. 이것이 소유권이전등기 촉탁신청이다.

소유권이전등기 촉탁신청은 법무사에게 관계 서류를 주고 등기를 의뢰하지 않더라도 몇 가지 서류를 준비하면 소유권이전등기를 마칠 수 있다. 일반 부동산 매매와는 달리 경매에서는 낙찰자가 직접 등기소에 등기신청을 하는 것은 허용되지 않는다.

낙찰자가 '소유권이전 및 말소등기 촉탁신청서'를 법원에 제출하면 법원은 곧바로 신청서류에 '낙찰허가결정등본'과 보관하고 있던 '낙찰대금 완납증명서'를 첨부하여 등기소에 보내 등기할 것을 촉탁하며, 등기소에서는 소유권이전등기를 하고 인수하지 않는 권리를 말소한 후 권리증을 법원으로 보낸다. 보통 이 기간은 신청 후 5일 정도 걸린다. 권리증을 받은 법원은 법원에 나온 신청자에게 교부한다. 권리증은 우편으로 교부받을 수도 있다.

- 촉탁신청서는 법원에 있는 양식을 이용
- 부동산목록 1부
- 소유권이전 및 말소등기 등록세와 교육세의 영수필확 인서, 영수필통지서 및 계산내역 1부
- 국민주택채권 매입필증 및 계산내역 1부
- 토지건물 등기부등본 1부
- 토지대장 1부
- 건축물관리대장 1부
- 주민등록등본 1부

9. 실전 경매 4단계

— 경매는 부동산 인수까지 완료되어야 끝난다

낙찰대금을 내고 소유권이전등기를 마친 뒤에 권리증을 받았다고 해서 낙찰받은 부동산이 완전히 본인의 소유가 된 것은 아니다. 소유권등기를 마치고 열쇠까지 넘겨받아야만 경매의 모든 과정이 끝난 것이다.

바로 점유자와의 문제가 남아 있는 것이다. 점유자가 부동산을 비워주지 않고 버티면 낙찰자는 두 가지 방법으로 대응할 수 있다.

점유자와 이사비용 정도를 제공하는 선에서 타협을 하는 방법과 공권력을 동원해 인수하는 방법이다.

낙찰자가 공권력을 이용하는 방법에는 두 가지가 있다. 하나는 법원에 인도명령을 신청한 후 집행관에 의해 강제인도

를 의뢰하는 것이고, 다른 하나는 명도소송에서 승소한 후
강제인도를 신청하는 방법이다. 인도명령을 통할 것인지 소
송을 통할 것인지는 점유자에 따라 달라진다.

　이때 공권력에 의한 인수 비용을 염두에 둬야 한다. 점유
자와 타협을 할 때 판단 기준이 되기 때문이다. 타협 금액이
공권력에 의존하는 비용보다 크다면 낙찰자 입장에서는 공
권력에 의한 인수를 택하는 것이 유리하다.

1. 인도명령

　낙찰자는 낙찰받은 부동산의 점유자가 다음과 같은 사람
일 때, 대금납부 후 6개월 이내에 법원에 인도명령을 신청할
수 있다.

● 채무자 또는 그 승계인
● 소유자 또는 그 승계인
● 압류의 효력이 발생한 후에 점유한 자(유치권자는 제외)

　'압류의 효력이 발생한 시점'은 일반적으로 경매등기 시
점으로 보고 있으나 정확하게 따지면 두 가지 중의 하나이
다. 첫 번째는 경매가 가압류권자의 신청으로 이루어진 경
우에 그 가압류 시점이고, 두 번째는 앞선 저당권이 있는 경
우에는 경매등기 시점이다.

　법원에 인도명령신청서를 제출하면 법원은 관련 서류를

심사하고 점유자를 불러 심문한 후 신청이 타당하면 인도명
령서를 신청인과 점유자에게 송달한다. 이때 걸리는 기간은
5일 정도이다. 점유자가 인도명령서를 받고도 부동산을 비
워주지 않으면 명령서를 법원의 집행관사무실에 제출한다.
이때 드는 비용은 서울의 30평형 아파트인 경우 5층은 약
120만원, 10층은 약 200만원이 든다. 비용을 납부하면 납부
한 지 2~3일 이내에 집행일자가 잡히고 강제로 집을 인도
해준다. 하지만 인도명령도 일종의 판결이므로 절차상 하자
가 있거나 점유자가 인도를 거부할 권리가 있을 때는 이에
불복하여 즉시항고를 할 수 있다.

2. 명도소송

대금납부 후 6개월이 지나고 인도명령 대상자가 아닌 사람
이 계속 점유하면 명도소송에서 승소해야 강제인도를 신청
할 수 있다. 단, 낙찰자로부터 낙찰부동산을 매매 등의 이유
로 양도받은 사람은 인도명령을 신청할 수 없다. 낙찰부동산
을 양도한 경우에도 인도명령은 낙찰자 본인이 해야 한다.
이때 임차인이 대항력을 갖추고 있으면 임대보증금을 인
수해야 하기 때문에 명도소송에서 당연히 패소한다. 따라서
임차인에 대한 명도소송은 선순위 담보물권보다 후순위이
면서 경매등기 이전에 점유와 주민등록 전입신고를 한 임차

인에 대해서만 가능하다.

명도소송을 제기하기 전에는 현 점유자의 점유상태를 바꾸지 못하게 하는 '점유이전금지가처분' 신청을 먼저 내야 한다. 점유이전금지가처분을 하는 이유는 만약에 현재 점유자가 소송중이나 직후에 원고 몰래 다른 사람을 들어와 살게 하면 원고가 승소해도 새로운 불법점유자를 상대로 다시 명도소송을 제기하여야 하기 때문이다.

점유이전금지가처분신청 때는 판사가 정하는 공탁금을 걸어야 한다. 공탁금은 보통 부동산 감정가의 5% 정도이다. 법원에서 가처분결정이 내려지면 집행관에게 신청하여 가처분결정을 실행하면 된다.

명도소송은 대략 3~4개월 정도 걸리며, 변호사에게 의뢰할 경우 수임료 등을 포함한 비용이 200만 원에서 300만 원가량 들어간다. 따라서 승소가 명백한 명도소송은 낙찰자가 직접 원고로서 재판에 참가하는 것이 비용을 아끼는 길이다.

명도소송 대상 임차인이 낙찰 부동산을 점유하고 있는 경우 합의가 이뤄지지 않으면 최악의 경우 즉시항고와 재항고에 6개월, 명도소송에 6개월이 걸려 낙찰에서 인도받기까지 1년 이상 걸릴 수도 있다. 따라서 인도명령이나 명도소송을 통해 인수하기보다는 합의를 통해 원만히 해결하는 것이 바람직하다. 인도명령을 통한 강제인도집행은 비용과 물의가 따르게 되고 명도소송도 비용과 시간이 소요되기 때문이다.

10. 경매와 리노베이션의 만남

— 리노베이션을 통해 경매 수익 극대화시키기

많은 사람들이 부동산 재테크 방법으로 경매를 선택하고 있다. 경쟁이 심해서인지 이제는 경매를 통해서 예전과 같은 높은 투자 수익을 올리기 힘든 것이 현실이다. 그러나 아직까지도 경매는 다른 어떤 부동산 재테크보다 많은 투자 수익을 올릴 수 있는 방법이다.

여기에 리노베이션이 만나면 찰떡 궁합이 된다. 시세보다 싸게 산 경매 물건을 리노베이션하여 물건의 가치를 높이면 그만큼 높은 투자 수익을 올릴 수 있는 것은 당연한 일이라고 할 수 있다.

예를 들어 최저가보다 높은 가격을 써내고 낙찰을 받았다고 하더라도 리노베이션을 통해서 얼마든지 투자 수익을 극대화할 수 있다. 감정가보다 싼 가격에 낙찰받았다고 거기에서 만족하면 투자 수익도 만족하는 선에서 머물고 만다. 특히 임대사업을 생각한다면 적극적으로 경매받은 물건의 리노베이션을 검토해야 한다.

경매를 통해 리노베이션을 하는 것은 당장 임대 수익뿐만 아니라 건물의 자산 가치도 상승시킨다. 경매에서 뿐만 아니라 새로운 부동산 재테크 방식으로 떠오른 리노베이션! 다음 장에서는 리노베이션을 통한 재테크 방법을 알아본다.

아파트 취득 방법

우리나라에서 20호 이상의 공동주택을 신축해 판매하려면 주택건설 촉진법과 주택공급에 관한 규칙에서 정한 절차에 의해 판매하는 '분양 제도'가 제정되어 시행되고 있다. 투자자가 아파트를 구입하는 방법에는 기본적으로 신축 아파트를 분양받는 방법과 분양권을 구입하는 방법, 완성된 아파트를 구입하는 방법 등 세 가지 방법이 있다. 신축 아파트를 분양받는 방법은 제도에 따라 다음과 같이 구분된다.

1. 청약저축에 가입하여 순위에 따라 국민주택을 분양받는 방법(일반분양)
2. 청약예금이나 청약부금에 가입하여 순위에 따라 민영주택을 분양받는 방법(일반분양)
3. 도시 근로자에게 분양하는 근로복지주택을 분양받는 방법
4. 단기 임대주택에 입주해 임대기간 종료 후 분양을 받는 방법
5. 도시 근로자에게 임대하는 근로복지 임대주택에 입주해 임대기간 종료 후 분양을 받는 방법
6. 지역조합에 가입하여 분양받는 방법
7. 직장조합에 가입하여 분양받는 방법
8. 재건축 대상 아파트를 구입하여 재건축 아파트를 분양받는 방법
9. 재개발지역의 주택을 구입하여 재개발 아파트를 분양받는 방법
10. 도시지역 내 철거민의 도시개발공사 입주권을 구입하여 도시개발공사 아파트를 분양받는 방법(명의 변경 횟수 제한)

11. 택지개발지역 내 철거민의 입주권을 구입하여 분양받는 방법(명의
    변경 횟수 제한)
12. 택지개발지역 내 철거민으로부터 공동주택용지 대토를 구입하여
    속칭 '대토아파트'를 분양받는 방법

4

리노베이션을 통한 부동산 재테크

헌 집 주고 새집 얻고 돈도 벌기

1. 리노베이션이란?

— 리노베이션을 통한 재테크 방안 세 가지

리노베이션(renovation)은 흔히 리모델링이라고 불리기도 한다. 무엇이라고 불리든 간에 건축물의 개수나 보수와 관련된 일반적인 행위를 통틀어 쓰는 말로 이해하면 될 것이다. 증축, 개축, 재축, 이전, 대수선 및 용도 변경 등이 모두 리노베이션에 속한다고 할 수 있다.

본래 리노베이션은 노후된 건축물의 본래 기능을 회복시키거나 개선시키기 위해서 개수나 보수를 하는 것을 뜻한다. 하지만 요즘은 기존의 단순한 개수나 보수와는 달리 건물을 정보화, 첨단 시대에 걸맞도록 혁신적인 새로운 기능의 추가 및 변경 등을 하기 위해서 실시하고 있다. 리노베이션은 간단한 내부 개조에서부터 용도변경에 의해서 건물의 성능과 기능까지 완전 탈바꿈시키기에 '제2의 건축' 혹은 '건축물의 재창조' 라고 불린다.

현재 국내 콘크리트 건축물의 수명은 대략 15~20년으로 잡는다. 기존에는 건축물의 수명이 다하면 대부분 재건축이라는 형태로 개발하였다. 하지만 날이 갈수록 강화되는 신규 건축에 대한 법적 제한과 재건축에서 필연적으로 발생하는 환경 문제 등을 해결하면서도 노후된 건축물의 기능과 안전성을 확보하는 방법이 필요하게 되었다. 리노베이션은 재건축보다 기존 건축물의 재생에 초점을 두기 때문에 자원의 고갈 및 건축 폐기물의 발생을 막고 환경친화적인 개발이라는 점에서 시간이 지날수록 건축의 한 방법으로 자리를 잡을 것이 분명하다.

현재 리노베이션의 확산은 눈에 띄게 두드러지고 있다. 정부에서도 재건축에서 발생하는 여러 가지 문제 때문에 점차 리노베이션에 대한 지원을 강화하는 추세이다. 정부는 그동안 양적 공급에 치우쳐왔던 주택 및 건설 정책을 기존 건물의 유지관리를 위한 정책으로 선회하고 있다. 정부의 제도, 세제, 금융 등 적극적인 지원 움직임이 보이는 가운데 리노베이션 전문업체의 활성화, 건축물 소유주의 인식변화 등으로 리노베이션은 움직일 수 없는 부동산 시장의 한 흐름이 되었다.

지금까지는 보통 10년 이상 된 낡은 일반주택과 오래된 상가 등이 리노베이션의 주된 대상이었다. 그러나 최근에는 주거, 상가 및 사무용 등의 일반용도 건물뿐만 아니라 병원과 호텔 등으로 리노베이션 대상이 확대되는 추세이다.

이제는 수익을 중요시하는 건물뿐만 아니라 일반 주택에 이르기까지 리노베이션 대상이 확대되고 있다. 특히 대량으로 공급된 노후 고층 아파트의 경우 향후 10년 이내에 리노베이션이 필요할 것으로 예측되고 있다. 리노베이션을 할 때는 아파트의 개별 공간뿐만 아니라 단지 내 공용 공간도 그 대상이 되고 있다. 특히 토지 이용에 제한을 받는 도심에 위치한 건축물 또는 고층 아파트도 적극적으로 리노베이션을 도입하는 추세이다.

리노베이션의 방법에는 건축물의 외관만 수선하는 방법과 건축물의 내부와 외부를 동시에 개수, 보수하는 방법이 있다. 또한 증축과 개축을 통해 건물을 전반적으로 고치는 방법도 있다. 이처럼 작게는 주택의 인테리어 개선 등 내부 개조에서 크게는 건축물의 용도 및 규모 변경에 따른 구조를 바꾸고 건물의 추가 건축 및 설비의 전면 개수와 보수 등 그 범위가 넓고 다양하다.

그리고 건물이 노후화한 경우가 아니더라도 첨단 시설 및 정보통신설비, 자동제어설비, 에너지 절약형 냉난방 설비,

고속 엘리베이터, 방범 시스템 등 최신 편의시설을 설치하는 리노베이션도 성행하고 있다. 큰 공사를 벌이지 않고 리노베이션하는 방법으로는 건축물의 골조인 내력벽, 바닥, 기둥 등을 그대로 둔 채 내부 공간과 외관을 바꾸는 것이 가장 일반적인 리노베이션의 방법이다.

우리나라의 리노베이션은 아직 초기 단계라고 할 수 있다. 하지만 리노베이션은 짧은 기간 동안에 폭넓은 사람들에게 알려졌다. 이제는 노후된 아파트, 주택 및 건물의 기능 개선 범주를 넘어 건물 내외 공간의 디자인만을 위해서도 리노베이션이 이루어지고 있다.

리노베이션을 통해서 건물은 재창조된다. 리노베이션을 하면 우선 건물의 기능성이 향상될 뿐만 아니라 쾌적한 공간으로 탈바꿈한다. 노후된 건물의 경우 리노베이션을 통해 안전성이 향상되며, 공간과 설비 등의 개선으로 건물의 유지·관리 비용을 절감할 수 있다. 특히 리노베이션을 통해 주변 건물과의 차별화를 꾀하는 경우 건물의 이미지 제고로 자산가치 증대, 임대가 상승 및 사업수지 향상 등 수익 면에서도 상당한 효과를 볼 수 있다. 리노베이션은 이처럼 불편하고 활용성이 떨어지는 공간이 유용한 공간으로 거듭나게 할 뿐만 아니라 자산의 가치도 함께 증식시키는 방법이다.

외환 위기 이후 건축법규의 완화로 소자본을 투자하여 건물의 시설 및 용도를 변경, 직접 시설을 활용하거나 임대를 주는 등 수익성을 높이기 위한 방법으로 리노베이션이 활용되고 있다. 또한 경매나 공매를 통해 싼 값에 건물을 구입해 리노베이션을 통해 내 집, 내 건물을 마련하는 자산가치 증식방법으로도 이용되고 있다.

2. 리노베이션과
일반 공사와의 비교

— 외장만 바꿔도 가치가 달라진다

리노베이션의 가장 큰 장점은 공사비용이 저렴하다는 것이다. 보통 리노베이션을 하게 되면 신축비용의 30~50%만 투자를 하고도 신축의 효과를 볼 수 있다. 공사 범위를 철저히 설정한다면 더 적은 비용으로 공사를 할 수도 있다. 보통 아파트의 경우 평당 80만 원에서 90만 원 정도, 단독주택은 평당 120만 원 정도면 리노베이션이 가능하다.

신축의 경우 인허가에 따른 절차가 복잡하고 그에 따르는 부대 비용도 적지 않다. 반면에 리노베이션을 할 경우 신고만으로 공사가 가능한 경우가 많고 인허가에 따른 기간 및 절차도 간소하다.

신축에 비해 공사기간이 짧다는 것도 리노베이션의 큰 장점이다. 통상 단독주택을 신축할 경우 3~5개월 정도가 소요되지만 리노베이션은 2~3개월이면 충분하다. 공사기간이 신축에 비해 많게는 6개월 이상 적게는 2개월 정도 단축된다고 보면 된다. 또한 신축 공사시 해야 하는 기초 및 골조공사가 없으므로 민원이 발생할 소지도 적다. 근린상가의 경우 공기 단축에 따라 임대수익 감소를 최소화할 수 있고 단독주택 역시 이주비가 적게 든다. 리노베이션을 하게 되면 내부와 외부 공간을 제한적으로 리노베이션을 할 수 있어서 거주자가 생활하면서도 공사의 진행이 가능하다.

증축이 아니라면 처음 신축 당시의 건축법이 적용되므로 경우에 따라 좀더 효율적이고 자유로운 공간 구성이 가능하다. 예를 들면, 건축한 지 20년이 넘는 건물의 경우 기존 연면적을 최대한 활용할 수도 있다. 만약 이런 건물을 신축할 경우 현행 건축법에 따라 건폐율, 용적률, 도로에서의 건축제한 및 주차장 확보 등 강화된 현행 건축법의 규제를 받아야 하지만 리노베이션을 하면 기존 공간을 효율적으로 이용할 수 있다.

건물의 효용가치, 타당성 등을 세밀하게 분석한 뒤에 조사하면 리노베이션이 끝난 뒤에 대부분 재산가치 상승으로 이어지므로 유력한 부동산 재테크의 수단이 될 수도 있다.

보통 리노베이션을 통해 외장만 바꿔도 건물의 가치가 달라진다. 주변에 새 건물이 들어서면 오래된 낡은 건물은 임대 수요가 떨어지면서 덩달아 임대료도 떨어진다. 그러나 건물 외장만 리노베이션을 해도 상황은 달라진다.

새 건물일수록 임대료가 높아지는 것은 당연하다. 리노베이션을 통해 낡은 건물을 신축 건물처럼 바꿔 놓으면 임대료는 신축 건물의 75% 선까지 받을 수 있다. 낡은 건물은 보통 매매시 땅값만 계산되지만 리노베이션을 한 후에 매각하면 건물 값을 신축 건물 대비 30% 정도까지도 받을 수 있다.

건물의 외장공사는 날씨가 따뜻해지는 3~5월까지가 적기이다. 겨울철에 하는 외장공사는 공사 후 날씨가 풀리면 하자가 생길 가능성이 있다. 3월부터 임대 수요가 많아지는 점도 공사 적기의 이유 중에 하나이다. 공사를 진행하면서 예비 수요자에게 앞으로 바뀔 건물의 모습을 설명하면 임대하기가 훨씬 수월하다.

지은 지 15~20년 된 업무용 빌딩이나 상가건물, 여관, 소규모 호텔 등이 외관만 수선하는 리노베이션을 한 후 가치를 높일 수 있는 건물들이다. 대로변에 있는 낡은 건물을 헐고 새로 건축하면 가치가 더 높아지지만 건물을 새로 지으려면 평당 200만 원에서 250만 원의 비용이 들어간다. 리노베이션은 그만한 비용을 감당할 수 없는 경우에 적은 비용으로 새 건물과 같은 효과를 볼 수 있는 방법이다.

상가건물은 건물 밖에 붙어 있는 간판을 정리하는 데 초점을 맞춰야 한다. 지저분한 느낌을 주는 간판을 떼어낸 후 알루미늄 동판 등으로 깔끔하게 처리하고 건물 외장을 산뜻하게 바꾸면 임대 수요층을 끌어들이기 쉽다. 숙박업소의 외장은 고객유치와 밀접한 관계가 있다. 여관이나 소규모 호텔의 외벽을 드라이비트로 처리하면 비용이 적게 들고 공사기간도 2개월 정도로 짧은 편이다.

참고로 드라이비트는 신세대 분위기를 자유롭게 연출할 수 있는 마감재이다.

외장을 고치기로 결정하면 주소지의 구청을 찾아가 도시계획확인원 토지대장과 건물대장을 확인해야 한다. 건물이 미관지구, 상업지구, 일반 주거지구 등 어느 지구에 속해 있느냐에 따라 외장 리노베이션 계획을 달리 잡아야 한다. 지구의 성격에 따라 건물에 유치할 수 있는 업종이나 리노베이션 범위가 지구범위에 따라 달라지기 때문이다.

주변 조사도 필수이다. 주변 건물의 임대 현황, 임대료, 주변에서 임대수요가 많은 업종 등을 꼼꼼히 조사해야 한다.

자금 동원 능력도 계산에 넣어야 한다. 외장 리노베이션 공사비용은 보통 신축비용의 20% 수준이다. 그러나 리노베이션 공사비용은 주문자의 요구에 따라 크게 달라질 수 있다. 어떤 자재를 얼마만큼 쓰느냐에 따라 공사비용은 천차만별이다. 외장 리노베이션에 많이 들어가는 자재가격을 사전 조사하여 알아두면 공사비용을 예상하는 데 도움이 된다.

보통 리노베이션은 전문 업체에 맡기는 것이 일반적이다. 그러나 공사금액이 1억 원을 넘을 경우 리노베이션 업체에 하자보증증권을 요구해야 한다. 그 이유는 공사가 끝난 후 하자가 발생했을 때, 만약 시공업체가 부도나더라도 보증회사가 공사비용의 3% 범위 안에서 다른 시공업체를 선정, 하자보수를 해주기 때문이다.

3. 리노베이션에서 반드시 고려해야 할 몇 가지 사항

— 리노베이션도 투자이다

리노베이션을 통해 재테크에 성공하려면 리노베이션을 시행하려는 물건의 상태를 면밀하게 파악해야 한다. 특히 부동산의 종류에 따라 리노베이션의 방식과 목적도 달라지게 된다.

최근에 리노베이션의 추세를 간단히 알아본다.

단독주택이라면 적극적으로 리노베이션을 고려해 봐야 한다. 최근 들어 평당 건축비는 젖혀두고 철거 비용만 해도 평당 20만 원 이상이 든다. 신축 공사비의 10% 정도가 철거비용으로 들어가는 셈이다.

이런 경우 잘 따져보아야 한다. 주택의 구조체가 튼튼하다면 굳이 신축 공사를 할 필요 없이 부분적인 리노베이션을 통해 '새집 같은 헌 집'을 얻을 수 있다. 이런 단독주택들은 평당 300만 원에서 400만 원 선에 구입해야 투자 수익이 보장된다. 서울 시내의 오래된 단독주택들이 몰려 있는 중곡, 구기, 구파발, 도봉산이나 북한산, 관악산이나 불암산, 수락산, 우면산 등지는 평당 가격이 싸면서도 주변에 잘 보존된 산이 있어 자연환경도 좋아서 단독주택 리노베이션 지역으로는 적격이라고 할 수 있다.

단독주택을 리노베이션하면서 지금까지는 단지 주거용으로만 쓰이던 주택을 용도변경하여 사무실이나 주거와 상점 복합으로도 활용할 수 있다. 요즘은 단독주택을 사무실 용도로 리노베이션하는 경우를 흔하게 볼 수 있다. 이럴 경우 투자 수익이 극대화되는 것은 물론이다.

이때 리노베이션 대상 단독주택은 기존에 살고 있던 주택일 수도 있고 새로 매입하거나 임차한 단독주택일 수도 있다. 사실 대부분의 단독주택 리노베이션은 공사 전에 음식점이나 카페 등 근린생활시설로 용도변경하는 것이 일반적인 추세이다. 이때 업종의 선택은 그 지역 상권 특성에 영향을 받는다. 즉 대학가 주변 등 젊은 층이 많이 모이는 지역인가 아니면 오피스 타운 등 직장인들이 주된 영업 대상인가에 따라 업종이 결정된다.

노후된 기존 상가를 리노베이션을 통해 개선하는 것도 일반적인 추세이다. 임차인 입장에서 설비가 잘 갖춰져 있고 보기에도 깨끗한 새 건물로 옮기고 싶은 것은 당연하다. 이럴 때 임대 수요가 없다고 무작정 건물을 비워두는 것보다는 리노베이션을 통해 상가의 환경을 개선하여 보기도 좋고 임대도 잘되는 건물로 바꾸는 것이 바람직하다. 상가 리노베이션에서는 주로 외관의 재료를 바꾸거나 설비를 교체하는 것이 주된 공사이다. 하지만 경우에 따라서는 층수를 늘리는 등 증축을 하기도 한다.

앞에서 알아본 것처럼 요즘은 리노베이션을 통해 건물의 가치도 높이고 수익도 올리는 것이 일반적인 추세이다. 하지만 막상 리노베이션을 결정하기란 쉽지 않다. 기존의 신축 등과는 달리 아직까지 리노베이션은 생소하고 신축 공사에서는 믿을 만한 건축업자에게 공사를 맡기면 되었지만 리노베이션에서는 건축주가 신경써야 할 것도 많고 처리해야 할 일도 많기 때문이다.

리노베이션을 결정했다면 어떤 과정을 밟아야 하는지를 알아본다.

1. 공사의 범위를 결정하고 공사한 부분을 어떤 용도로 사용할 것인가를 결정한다. 용도에 맞게 공사 범위를 정하면 공사비용과 기간을 최대한 단축시킬 수 있다.

2. 용도와 공사의 범위를 정했으면 업체를 선정해야 한다. 이때 무작정 공사비용을 싸게 제시하는 업체보다는 견적상의 아이템과 물량이 정확한지를 따져보아야 한다. 또한 시공 능력을 고려하고 공사하자이행보증증권을 발급하는 업체를 선정한다.

3. 업체가 선정되면 구체적으로 공사 범위와 용도를 다시 한 번 검토해야 한다.

● 구조안전진단을 통해 철거 가능한 벽과 기둥 등을 확인하고, 보강 방안을 마련한다.

● 용도변경시 정화조 증설, 주차장 면적 확보 등이 필요한지 여부를 사전에 해당 시 · 군 · 구청에 문의해야 한다.

● 리노베이션을 하는 건물들은 대부분 설계도면이 없는 경우가 많다. 공사업체에 실측을 의뢰해 평면도, 단면도 등을 받고 이를 기준으로 정확한 견적을 받아야 한다.

4. 특히 외장재 선택을 잘 해야 원하는 리노베이션의 효과를 얻을 수 있다. 요즘 많이 쓰이는 외장재의 종류와 특징은 다음과 같다.

● 외단열 시스템은 드라이비트라고도 불린다. 벽 등의 구조체에 스티로폼이나 불연성 암면을 대고 유리섬유인 메쉬를 붙인 후 외부 마감재로 처리하는 단열공법이다. 드라이비트는 시중의 외장재 중 가장 저렴하게 시공할 수 있는 외장재이고, 공사 기간도 짧다. 또한 30% 이상의 에너지 절감

효과와 방수, 방습, 균열 방지 등을 할 수 있어 좋다. 건물의 곡선면이나 요철 부분 등 시공이 어려운 곳도 시공할 수 있고 다양한 색상 처리와 그래픽, 몰딩 처리 등을 통해 독특한 분위기를 연출할 수도 있다. 그러나 외부 충격에 약하고 때가 잘 타서 유지·관리가 용이하지 않다는 단점이 있다.

외부 충격이 잦은 1층에는 드라이비트 시공을 피하는 것이 좋다.

● 금속 패널류는 곡면 처리 및 색상의 균일성이 높아 주로 고층 빌딩의 리노베이션에 많이 사용된다. 알루미늄 복합 패널, 알루미늄 시트 패널, 세라믹판, 법랑, 불소도장 아연강 패널, 세라믹 패널 등 종류가 다양하다.

알루미늄 복합 패널은 무게가 나가지 않아서 기존 건물에 하중을 적게 주며, 표면 색상이 균일하고 가공과 시공이 쉽다. 하지만 충격에 약하고 표면 오염이 될 경우 유지·관리가 어렵다는 단점이 있다.

알루미늄 시트 패널은 로스(loss)분을 현장에서 재활용할 수 있다는 장점이 있으나 스프레이코팅방식으로 표면 색상이 균일하지 못하다는 단점이 있다.

법랑은 외부 오염에 강하지만 코팅부분 손상에 의한 녹물이 발생할 가능성이 높다.

● 석재는 외부 모양이 중후하고 외부 충격에 강하며, 마모되지 않아 사용 연수가 높다는 장점이 있다. 또 종류도 다

양해 취향에 맞는 외관과 색상으로 처리할 수 있다. 그러나 건물에 하중을 많이 주고 비싸다는 단점이 있다. 요즘은 값싸고 가벼운 인조석을 많이 사용한다.

석재를 선택할 때는 제품 카탈로그나 샘플만 보고 선택하지 말고 직접 자재 공장 등을 방문해 직접 확인한 뒤에 선택하는 것이 좋다.

●사이딩류에는 비닐 사이딩과 시멘트 사이딩이 주로 사용된다.

비닐 사이딩은 PVC수지에 나뭇결 무늬와 목재판재 모양으로 표면 처리한 것이다.

시멘트 사이딩은 고강도 시멘트 보드로 처리된 외장재이다.

사이딩은 주로 단독주택이나 전원주택, 근린상가 등에 사용된다. 사이딩류는 소재가 가벼워 건물 구조에 무리를 주지 않는다. 시공시에 건식 공법으로 시공하므로 다른 외장재에 비해 공기가 단축된다는 것도 장점이다. 그러나 빗물이나 먼지에 쉽게 오염되므로 물 청소를 자주 해주어야 한다.

5. 인허가 절차를 밟아야만 한다. 건물 구조를 변경하기 위해서는 반드시 인허가 절차가 필요하다. 그리고 공사 기간중에 혹시 있을지도 모르는 이웃들과의 마찰을 피하기 위해 사전에 대비를 해야만 한다.

4. 리노베이션이
가장 필요한 곳, 경매 물건

— 경매 물건으로 가장 확실하게 투자 수익을 올리는 방법

경매 물건을 통해 투자 수익을 올리고 싶다면 리노베이션을 통해 건물의 투자 가치를 높이고 용도를 변경해야 한다. 새 건물을 매입하는 것보다 법원 경매를 통해 낙찰받으면 초기 구입비가 훨씬 적게 들어간다. 특히 지하철 역세권에 위치한 건물을 낙찰받아 리노베이션을 하게 되면 확실한 투자 수익을 보장받을 수 있다. 하지만 입찰 전에 해당 물건이 있는 지방자치단체를 방문하여 증축이나 용도변경이 가능한지 여부를 반드시 확인해야 한다.

경매를 통해 낙찰받은 상가 건물에서만 높은 투자 수익을 기대할 수 있는 것은 아니다. 단독주택이나 다세대주택을 낙찰받은 뒤에 리노베이션을 통해 높은 투자 수익을 올릴

수도 있다. 아파트의 경우에는 낙찰가율이 최초 감정가격의 80%를 웃돌아 매입에 따른 비용을 빼고 나면 실익을 기대하기 힘들다. 하지만 낙찰 가격이 싸고 개조도 쉬운 단독주택이나 다가구주택을 경매를 통해 낙찰받은 뒤에 리노베이션을 하면 건물 자체의 가치도 높이고 임대 수익 등의 투자 수익도 기대할 수 있다. 게다가 단독주택이나 다세대주택은 리노베이션을 하면 구조상 낙찰자 본인의 주거 문제까지 해결할 수 있다는 점을 감안하면 확실한 재테크 수단이라고 할 수 있다.

단독주택이나 다세대주택을 경매로 낙찰받은 뒤에 리노베이션을 할 때 주의해야 할 사항들을 알아본다.

1. 단독주택이나 다가구주택의 리노베이션은 출발부터 아파트와는 달라야 한다. 미관과 편리함보다는 주변 상권과 주민들의 라이프 스타일을 주의 깊게 검토한 뒤에 용도에 맞게 리노베이션을 해야 한다.

도로변에 접한 단독주택의 경우 1층을 근린시설이나 사무실 용도로 개조하는 것도 한 가지 방법이다. 담을 허물고 마당에 주차장을 만들고 지하 통로를 도로까지 연결하여 지하실까지 근린시설로 만드는 것도 투자 수익을 극대화하는 방법이다. 방을 많이 만들 수 있는 낡은 여관이나 사무실이라면 원룸이나 독신자용 코쿤 하우스로 개조하는 것도 좋은 방법이다.

이 경우에도 사전에 시장 조사를 철저히 해야 투자에 실패하지 않는다. 임대 수요와 유동 인구가 많은 대학가나 학원 밀집지역, 공장 주변이 적당하다.

카페나 음식점, 의류매장 등 상업용 시설로 바꾸려면 지역 상권이 형성되어 있거나 앞으로 발전 가능성이 있는 곳을 선택해야 한다.

2. 주변 상권과 발전 가능성만이 고려 대상은 아니다. 경매 입찰에 나서기 전에 해당 물건의 노후 정도와 사업성을 검토해야 한다. 가격이 지나치게 싼 경우에는 오래된 건물로 수리비가 오히려 낙찰 가격을 넘어설 수도 있다. 또 내력벽이 부실할 때는 리노베이션 자체가 불가능할 수도 있다. 그래서 반드시 입찰 전에 건물 자체의 증축과 개축이 가능한지를 따져보아야 한다. 규제 요건은 없는지도 살펴보아야 한다. 오래된 단독주택이 다닥다닥 붙어 있는 지역인 경우 도로에 시유지나 구유지가 있을 수도 있다. 이때는 땅을 추가로 매입해야 증축과 개축이 가능하다. 증축과 개축이 가능한지는 토지대장과 건축물관리대장, 도시계획확인원을 통해 확인할 수 있다.

5. 상가 리노베이션

— 투자를 해야 수익을 올리는 것은 당연한 일

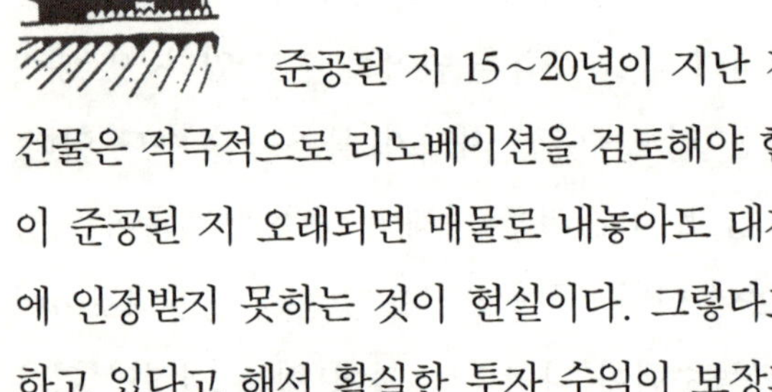

준공된 지 15~20년이 지난 건물 특히 상가 건물은 적극적으로 리노베이션을 검토해야 한다. 사실 건물이 준공된 지 오래되면 매물로 내놓아도 대지 가격 정도밖에 인정받지 못하는 것이 현실이다. 그렇다고 건물을 소유하고 있다고 해서 확실한 투자 수익이 보장되는 것도 아니다. 낡은 상가 건물에는 일반적으로 임대 수요가 없다. 이런 경우에는 리노베이션을 통해 건물의 자산 가치를 높여야 한다. 그래야만 임대 수요가 많아져 수익도 기대할 수 있다.

리노베이션이 마치 단순히 주거환경을 쾌적하게 만드는 건축 공업으로 알려진 것이 현실이다. 하지만 상가 등을 전면 개조해 수익을 높이는 것은 이미 알 만한 사람들은 다 아는 부동산 재테크 방식이다. 1999년 5월, 건축법 개정으로 건축물 용도변경이 쉬워지면서 낡고 노후한 주택이나 건물을 용도변경하는 사례가 늘어나는 추세이다.

상가 리노베이션을 할 때 참고해야 할 사항 몇 가지를 소개한다.

1. 상가를 리노베이션하는 경우 가장 일반적인 방식은 건물 개조를 한 뒤에 달라진 주변 상권의 변화에 맞게 점포의 용도를 바꾸는 방법이다. 이 경우에도 낡은 건물을 소유하고 있을 때와는 비교할 수 없을 만큼 임대 수요가 늘어나는 것이 사실이다. 하지만 이것은 엄밀하게 말하자면 소극적인 방법이라고 할 수 있다. 시간이 지나면 건물은 낡게 되고 임대 수요와 수익이 떨어지는 것은 당연한 일이다. 또한 주변에 신축 건물이 들어서면 수요와 임대 수익이 줄어드는 것은 당연한 일이다. 이럴 때 조금 더 과감한 결정을 하는 것이 좋다. 상가를 고집하지 말고 용도를 변경하는 것이다.

2. 요즘 상가 리노베이션의 가장 큰 특징은 4층과 5층의 상가 일부를 주거용인 원룸으로 바꾸는 것이다. 소형 주택의 부족이 심각해지면서 전세금과 매매가격이 오르자 원룸 수요가 늘어나고 있는 추세이다. 이럴 때 상가의 일부를 원룸으로 바꿔 임대하면 일반 점포로 임대를 할 때보다 수익성을 높일 수 있다.

특히 준공 후 5년이 넘은 건물이지만 연면적이 1000m²(300평)를 넘지 않는 상가인 경우에는 건물 일부를 원룸으로 리노베이션해도 준공 당시의 주차장 면적 기준이 적용된다. 따라서 이 같은 조건에 해당하는 상가 건물의 경우에는 적극적으로 원룸 등으로 리노베이션을 하는 것이 좋다.

3. 원룸 수요는 대학생들과 직장인들에 의해서 만들어진다. 하지만 원룸은 일반적으로 보증금이 2,000만 원에서 3,000만 원에 이르기에 부담이 가는 것도 사실이다. 원룸이 부담스러운 직장인이나 학생들을 겨냥해 상가를 리노베이션하면서 상가 건물의 일부를 '세미텔'로 바꾸고 있다.

세미텔은 면적이 1.5~2평으로 접는 침대와 책상을 설치해 주거용으로도 쓸 수 있고, 초미니 사무실로도 사용할 수 있다. 연면적이 500m²(150평)를 넘지 않고 공동 화장실과 주방을 설치하면 상가 내의 사무실도 세미텔로 바꿀 수 있다.

4. 수익성을 높이기 위해서는 공실률을 줄여야 한다. 따라서 원룸이나 세미텔의 위치는 역세권 지역이나 유흥가 주변이 적당하다. 지역에 따라 다르지만 보증금 100만 원에 25만 원에서 30만 원의 월세를 받을 수 있다.

세미텔은 지역에 따라 원룸에 비해 1.5배 이상 수익성이 높은 것으로 알려져 있다.

5. 낡은 여관도 원룸으로 개조하여 투자 수익을 올릴 수 있다. 특히 요즘 숙박업소들이 대형화, 첨단화하면서 낡은

숙박업소들은 경쟁력을 잃어버린 상태이다. 이런 경우, 숙박업소의 위치가 역세권이나 오피스 타운에 위치해 있다면 원룸으로 개조하는 것이 훨씬 많은 투자 수익을 올릴 수 있다.

원룸은 보통 미니 주방과 화장실을 갖춘 형태로 4~5평이면 적당하다.

6. 재건축이 어렵다면
리노베이션도 대안이다

— 리노베이션으로도 충분한 수익을 기대할 수 있다

오피스텔, 호텔, 병원 등 전문 빌딩에 대한 리노베이션은 유행처럼 널리 퍼진 상태이다. 특히 이런 건물의 경우 헐고 새로 짓는 것보다는 리노베이션을 통해 시설의 현대화를 이루는 것이 보다 유리하다는 사실을 일반인들은 이미 알고 있다. 특히 비용 대비 수익성과 영업을 계속하면서도 공사를 할 수 있고 공사기간을 단축할 수 있다는 점에서 낡은 건물에 대한 리노베이션은 각광을 받고 있는 상태이다.

전문 빌딩 리노베이션에 못지 않게 단독주택 리노베이션도 활발하다. 특히 단독주택은 붐이라고 할 만큼 리노베이션이 높은 인기를 얻고 있다. 그러나 리노베이션은 전문 빌딩과 단독주택에서만 가능한 것으로 잘못 알려져 있다.

아파트, 연립주택, 다세대주택 등 공동주택에 대한 리노베이션은 아직 초보 단계이다. 이처럼 아파트나 다세대주택 등 공동주택의 리노베이션이 지지부진한 것은 바로 재건축 때문이다. 재건축을 하면 가격이 상승해 확실한 시세 차익을 올릴 수 있고 여기에 새 아파트로 이주할 수 있기에 굳이 리노베이션을 선택할 필요가 없었다.

그러나 이제는 상황이 많이 달라졌다. 정부가 자원 낭비와 환경 오염 등을 방지하기 위해 재건축 아파트 용적률 강화, 소형 평형 의무제 부활 등 규제를 강화하면서 재건축 추진 자체가 힘들어졌을 뿐만 아니라 수익성에도 의심이 가기 시작한 것이다. 실제로 재건축의 수익성이 하락하면서 재건축을 추진중이었던 많은 아파트들이 재건축을 포기하는 사례가 늘어나고 있다. 정부 방침대로라면 소형 평형 의무제 부활로 조합원이 평균 3,350만 원을 추가로 부담해야 하고 특히 현재 중형 아파트의 경우에는 재건축 추진 자체가 힘들어졌기 때문이다. 최근에는 대형 건설사들도 수익성 저하를 이유로 재건축 사업을 포기하고 있다.

그렇다고 언제까지 낡은 주택에서 살 수는 없는 일이다. 이런 이유로 공동주택 시장에서 리노베이션이 뜨고 있다. 실제로 공동주택 소유주의 절반 가량이 재건축 추진이 불가능할 경우 리노베이션을 추진하겠다는 의사를 갖고 있다.

정부는 재건축을 규제하는 대신 리노베이션은 적극 권장하는 추세이다. 정부는 '공동주택관리령 및 관리규칙 개정안'을 통해 리노베이션 활성화 방안을 내놓았다. 그 동안 리노베이션 사업을 가로막고 있던 세대별 통합 문제도 '공동주택관리령 및 관리규칙 개정안'에 따라 해결의 열쇠를 찾았다.

따라서 리노베이션 시장은 과거 어느 때보다 활성화될 것으로 기대된다.

재건축조합을 결성해 재건축을 추진중이던 아파트도 용적률 강화로 수익성이 떨어지자 조합원들이 협의하여 리노베이션을 선택하는 사례도 늘고 있다. 아파트 리노베이션은 발코니 교체, 출입구 교체와 보안 기능 강화, 도색 등 간단한 작업을 통해 생활의 쾌적성 확보는 물론 가격이 오르는 등 수익성 면에서도 이득을 보고 있다. 그러나 현재 진행되는 아파트 등 공동주택의 리노베이션은 단지를 형성하는 주택 전체에 이뤄지기보다는 개별 가구, 집 전체보다는 가장 불편하고 노후된 부분에 한해서 이뤄지고 있다. 대상 공동주택도 노후 아파트에 한정되어 진행되고 있는 실정이다.

공동주택의 리노베이션은 분명 한계가 있다. 그러나 리노베이션은 분명히 수익의 증가를 가져온다.

투자 대비 수익률은 비교적 큰 편이다. 만약 공동주택 전체에 대하여 리노베이션을 할 경우에는 상황이 조금 더 달라진다.

공동주택 전체에 대하여 리노베이션을 하게 되면, 비록 개별 가구의 부분에 걸친 리노베이션이라고 할지라도 가격 상승 폭이 커 수익 상승률도 높아진다. 또 매매도 활발하게 이뤄진다.

요즘은 리노베이션에 대한 인식이 널리 퍼지면서 리노베이션의 범위도 넓어지고 있다. 개별난방 시스템을 중앙난방으로 교체하거나 보안 장비가 부착된 현관으로 바꾸고, 도색 작업은 물론 단지 공용시설도 새로 건설한다. 심지어는 낡은 아파트라는 이미지를 제고하기 위해 아파트의 이름을 다시 짓는 경우도 있다.

똑같은 아파트 단지 안에 똑같은 평형의 아파트라고 할지라도 리노베이션 여부에 따라 가격에서는 많은 차이가 난다. 보통 3,000만 원에서 5,000만 원의 차이가 나는 것으로 알려져 있다. 이처럼 가격 차이를 눈으로 확인할 수 있게 되면서 리노베이션 시장도 활성화되고 있다.

한국건설산업연구원은 일반 개수와 보수를 포함한 리노베이션 시장 규모를 10조 원 이상인 것으로 평가한다. 앞으로 10년 안에 리노베이션 시장이 20조 원 이상이 될 것이라는 전망도 나오고 있다. 이처럼 시장 전망이 밝게 나오면서 과거에는 중소 전문업체가 독점하던 리노베이션 시장에 대형 건설업체들이 잇달아 참여하고 있다. 대형 건설업체들은 시장 선점을 위해 현재 치열한 경쟁을 벌이고 있는 중이다.

금융과 조세지원, 제도상의 미비점을 보완한 '공동주택관리령 및 관리규칙 개정안'과 리노베이션의 긍정적인 기능에 대한 인식의 확산, 대형 건설업체들의 잇다른 참여로 리노베이션은 이제 날개를 달았다고 할 수 있다.

그러나 발전을 가로막는 요소도 존재한다. 그것은 다름 아닌 공동주택 소유자들의 '재건축에 의한 시세 차익' 기대이다. 재건축에 의한 시세 차익 기대는 이미 정부의 잇다른 규제와 공사비 상승 등으로 불가능하거나 예상보다 훨씬 적은 것으로 판명된 상태이다.

리노베이션을 통해 늘어나는 면적에 대해 취득세와 등록세를 100% 부과하면서 공사비의 10%에 해당하는 부가가치세를 2중으로 부과하는 것도 개선해야 할 제도이다. 공사비 조달을 위한 장기 저리 금융지원과 정부 정책자금의 무상지원, 수직과 수평 증축허용, 주민 동의 등도 리노베이션 사업의 활성화를 위해 반드시 해결해야 할 과제이다.

수익률을 끌어올리는 것도 리노베이션 활성화를 위해서 반드시 필요하다. 특히 재건축과의 비교 대비 수익률이 확보되어야 한다. 시세 차익은 주민 동의와도 밀접한 연관이 있다. 수익률이 낮으면 주민 동의를 받기가 어려워질 수밖에 없다. 따라서 시세와 리노베이션 비용을 합쳐 동일 평형 신축아파트보다 가격이 높아야만 수익을 기대할 수 있다.

7. 아파트 리노베이션

— 아파트 리노베이션 방안

지금까지는 아파트 리노베이션이 아파트 개별 가구를 대상으로 추진되어 왔지만 최근에는 단지 전체로 확산되는 양상이다. 현재 이뤄지는 아파트 리노베이션은 소형 평형을 수요가 많은 중·대형 평형 아파트로 개조하는 방안과 사실상 재건축이 어려운 중층 아파트의 주거환경과 외장 등을 바꾸는 리노베이션이 활기를 띠고 있다. 이처럼 아파트 리노베이션이 점차 그 열기가 확산되는 데에는 다 이유가 있다.

먼저, 지방자치단체가 재건축 관련 규제를 강화하여 재건축으로 얻을 수 있는 수익이 줄어들었다는 점이 가장 큰 이유이다. 리노베이션 비용이 보통 평당 80만 원에서 120만 원으로 재건축보다 50~70%까지 공사비용이 적게 들어가는 것도 리노베이션의 장점이며, 2~5년이 걸리는 재건축 기간에 비해서 6개월에서 1년 정도로 공사기간을 단축할 수 있는 점도 리노베이션의 장점이다. 또 일조권과 조망권 침해 등 공사에 따른 환경 훼손 시비가 없다는 점도 리노베이션의 장점이다. 마지막으로 정부가 최근에 내놓은 공동주택 리노베이션 활성화 대책도 리노베이션 열기를 부채질하고 있다.

정부는 공동주택을 리노베이션할 경우 조합 설립을 허용하고 리노베이션 자금을 국민주택기금에서 지원토록 하는 안 등을 내용으로 하는 주택건설촉진법 개정안을 입법 예고했다.

리노베이션 사업이 미래형 수익모델로 부상하면서 시장을 선점하기 위한 업체들의 움직임도 빨라지고 있다. 리노베이션 시장의 확대가 예상되면서 대형 건설업체들의 아파트 리노베이션 공동사업 추진도 활발해지고 있다. 어쨌든 리노베이션 시장은 앞으로 대폭 확대될 것이 분명하다.

리노베이션에 대한 관심과 열기가 높아지고 있지만 아직까지도 리노베이션은 우리에게 생소하기만 하다. 특히 이미 리노베이션이 일반화된 상가 건물과 단독주택을 제외한 아파트 등 공동주택의 경우에는 어떻게 리노베이션을 할 것인지, 리노베이션의 범위는 어떻게 정해야 할지 불분명하다. 그래서 구체적인 아파트 리노베이션 방안이 필요하다.

아파트 리노베이션의 일반적인 방안은 개별 가구의 성능과 주거환경을 개선하는 것이다. 바로 내부 수리이다. 바닥재나 싱크대 교체와 같은 단순한 개수나 보수에서 베란다 확장, 거실 구조변경 등 아예 내부구조를 뜯어고치는 데까지 확대되고 있다. 이처럼 아파트 내부 리노베이션을 통해서도 성능과 주거환경 개선뿐만 아니라 주택의 가치를 높여 가격을 올리고 손쉬운 매매를 할 수 있도록 만들어준다. 실제로 내부 수리가 잘된 아파트는 같은 평형이라도 10% 이상 값이 비싸다. 전세도 평형에 따라 1,000만 원에서 2,000만 원 정도 더 받을 수 있고 세입자를 구하기도 쉬워진다.

내부 수리의 경우 공사비는 수리범위와 사용하는 자재에 따라 천차만별이다. 자재품질에 따라 차이가 나지만 평균 평당 130만 원에서 250만 원 정도 들어간다. 공사기간은 아파트가 45일 정도 걸린다.

실내 리노베이션은 맞춤가구나 수납가구 등 실용성이 돋보이는 가구를 활용하면 생각보다 큰 성과를 볼 수도 있다.

목공 공사도 중요하다. 몰딩과 벽면 프레임·창틀·방문·붙박이형 수납장 등 목공 공사로 성능은 물론 주거환경 개선까지 할 수 있다.

발코니 새시는 이중으로 바꾸고 거실바닥은 주로 나무로

깔도록 한다. 나무는 밝은 톤에 나뭇결만 있는 무늬나 호두 나무처럼 짙은 색상이 유행이다.

벽지는 어느 가구와도 잘 어울리는 아이보리 단색이나 세미클래식 톤으로 마무리한다.

부엌은 가구 완제품을 사거나 수납과 동선 등의 기능을 강조한 맞춤 가구를 사용해도 좋다.

침실은 가장 편안하게, 잠만 자는 곳으로 그 성격이 변했다. 따라서 옷장, 화장대, TV, 기타 수납 용품들을 모두 침실에서 몰아낸다.

욕실은 욕조를 없애고 샤워 부스로 만든다.

아파트 구조를 리노베이션하는 경우도 있다. 그러나 구조 변경 특히 아파트의 구조 자체에 영향을 끼칠 수 있는 내력벽 철거는 법으로 금지되어 있다. 특히 발코니나 거실의 확장을 원하는 경우가 가장 많은데, 이때는 아파트 구조 자체에 심각한 영향을 미치게 마련이다. 따라서 특히 다음과 같은 아파트 구조 자체를 리노베이션할 때는 사전에 건물 전체에 미치는 안전성 등을 잘 알아보고 공사를 추진해야 한다.

1. 거실의 날개벽

거실을 넓게 쓰기 위해 거실의 날개벽의 철거를 원하는 경우가 많다. 거실 앞의 날개벽을 없애고 전망창을 설치하는 경우에는 지반 하중 작용시 벽에 응력 집중현상을 일으켜 건물 전체에 피해를 줄 수 있으며 상층으로 올라가면 날개벽에 균열현상이 생길 수도 있다. 날개벽을 철거하고 거실 바닥과 베란다의 바닥 높이를 같게 하여 거실 면적을 넓히는 경우 슬래브 넓이의 증가로 진동이 생기게 되고, 과도한 하중과 처짐 증가로 구조체에 손상을 주게 된다. 이러한 구조적인 문제점 외에도 기능상의 문제점으로 소음과 단열상의 문제 그리고 프라이버시 침해까지 가져올 수 있다.

2. 내력벽

내력벽이란 건물 하중을 기초에 전달하는 벽이다. 거실과 안방 사이의 내력벽을 헐어내고 기둥과 보를 설치하게 되면 횡적 하중이 작용하게 되어 구조체의 응력 전달상 큰 문제가 발생할 수 있다. 내력벽을 임의 변경한 아파트의 경우 위층의 하중에 의해 아래층의 거실 문이 잘 안 닫힐 수 있다.

가로 방향의 전단벽을 변경하는 경우, 아파트에서 세로 방향의 벽체는 많이 설치되어 있지만 가로 방향의 벽체는 건축적인 측면에서 제한을 받기 때문에 그 수량이 매우 적고 벽체의 길이가 짧은 것이 특징이다. 하중이 작용하는 흐름은 물과 같이 약한 곳으로 흐르는 특징이 있기 때문에 횡하중 때문에 가로 방향 전단벽의 있고 없음은 구조체 전체 안전에 결정적인 역할을 한다.

이와 같이 건물 전체 안전에 영향을 끼치는 벽체를 없애는 경우 처음 구조계획 설계에서부터 고려가 된다면 아무런 문제가 발생되지 않는다. 그러나 임의대로 구조를 변경한 아파트에서 발생하는 모든 문제의 사후 책임은 변경한 당사자에게 있고 당사자뿐만 아니라 아파트에 공동으로 거주하는 주민들에게까지 피해를 줄 수 있기 때문에 아파트 구조변경 시에는 전문가에게 정확한 안전진단을 받은 후 결정해야 한다.

8. 낡은 단독주택도
   황금알을 낳을 수 있다

— 낡은 단독주택 리노베이션 활용 방안

리노베이션에 앞서 목적을 정해야 한다. 실제 거주자라면 기능성 및 편의성을 증진시킬 수 있는 리노베이션에 중점을 두어야 한다. 임대 수익을 얻고자 한다면 사업성 및 수익성을 높일 수 있는 리노베이션을 해야 한다.

1. 실제 거주자를 위한 리노베이션

노후 단독주택의 공통적인 문제점은 단열이 제대로 되지 않아 외풍이 심하고 배관 설비 등이 낡고, 건물에 균열이 생겨 구조상 안전 문제가 발생한 경우가 많다는 것이다. 외풍을 차단하는 방법으로는 단열성이 뛰어난 드라이비트로 시공하고 주변환경과 어울리는 색상으로 외장 마감을 하는 것이다. 특히 창문이 오래된 경우에는 복층 유리(페어글래스)로 교체하는 것이 좋다. 배관 및 상하수도 설비는 전면 개·보수해 열효율을 높이고 누수 등을 차단해야 한다. 심한 균열이 있을 경우에는 전문가와 상의해 보수보강을 하는 것이 가장 안전하다.

또한 주거환경이 변함에 따라 공간을 효율적으로 활용하는 것이 중요한데, 공간이 부족할 경우에는 증축을 해야 한다. 증축의 경우 85m²(25.7평) 이내면 신고로도 가능하지만 그 이상일 경우에는 건축허가를 받아야 한다. 따라서 사전에 공사 면적을 반드시 확인해야 한다. 특히 내력벽 철거를 통한 공간 재배치를 할 때에는 내력벽의 벽 면적을 30m² 이상 수선, 변경하는 것과 기둥·보·지붕틀 각각의 3개 이상을 수선, 변경하는 경우 등 공사 규모가 커지면 반드시 신고를 해야 한다.

마감 자재는 다양하고 산만한 색상보다는 전체적으로 통일감을 줄 수 있는 색상을 선택하는 것이 좋은데, 전체적인 분위기를 결정하는 기본 색상을 먼저 정하고 부분적으로 강조하는 색을 주는 것이 좋다. 또한 비싼 자재보다는 관리가 쉬우며, 교체시 비용 등을 감안해 결정해야 한다. 단독주택 리노베이션 비용은 주택의 구조, 공사 범위 및 규모, 현장 여건에 따라 다르며 특히 마감재 선택에 따라 공사비 차이가 난다. 그러나 대개 평당 70만 원에서 140만 원 정도면 무난하게 공사를 할 수 있다. 주택을 신축할 경우 평당 220만 원에서 310만 원이 소요되는 점을 감안한다면 리노베이션이 훨씬 저렴하다. 예산을 정할 때에는 예비비로 공사비의 10% 정도를 더 산정해 두는 것이 좋다.

리노베이션을 할 때는 함께 공간을 사용하는 가족들의 요구도 중요하다. 따라서 가족들과 함께 각자가 원하는 내장 스타일이나 불편한 점을 서로 확인해 공사범위 및 규모를 짜는 것이 좋다. 이를 기초로 예산을 정하고 시공사를 선정해야 한다. 특히 시공사를 선정할 때는 단순히 전체 공사비가 싼 업체를 선택할 것이 아니라 상세 내역을 서로 비교하고, 동일 자재라 할지라도 정품인지의 여부 등을 비교한 후 결정하는 것이 좋다. 또한 공사 완료 후 보수 여부를 확인하고, 공사하자이행보증증권을 발행하는 업체를 선정하는 것이 가장 안전하다.

2. 사업성과 수익성을 올릴 수 있는 리노베이션

건축법상 건축물은 시설군, 용도군, 세부용도군으로 분류되어 있다.

시설군은 건축 기준이 강한 순서대로 영업과 매시설군, 문화와 집회시설군, 산업시설군, 교육과 의료시설군, 주거와 업무시설군, 기타 시설군 등 6개군으로 분류하고 있다.

건축 기준이 약한 시설군인 기타 시설군에서 주거와 업무시설군으로 용도변경할 경우에는 신고를 해야 하지만 강한 시설군에서 약한 시설군으로 용도변경할 경우에는 임의 변경이 가능하다. 즉 단독주택은 주거와 업무시설군에 해당되므로 근린생활시설이다. 따라서 단독주택은 보다 낮은 시설군인 일반 상가나 식당가 등으로 용도변경이 가능하다. 이 때는 건축물대장을 해당 지방자치단체에 신고만 하면 된다.

단독주택을 기타 시설군으로 바꿔 수익을 올리려고 할 때 가장 중요한 것은 주변 상권 분석이다. 상권 분석을 통해 상가, 업종 분포, 주 수요층에 대한 조사가 선행되어야 한다. 또한 임대료 및 공실률에 대한 사전 조사를 마쳐야 한다. 이와 같은 조사를 기반으로 리노베이션 범위 및 예산 등을 산정하고 최종적으로 수익률 및 미래가치 등을 확인한 후 공사를 진행해야 한다.

금융기관 및 오피스 밀집지역은 고급 식당가나 분위기 있는 컨벤션 카페 등으로 리노베이션하는 것이 좋다. 유동 인구와 배후 주택지의 규모에 따라 생활 밀착형 근린상가나 소규모 근린생활시설 등으로 계획을 세운다.

공사범위는 사전 조사된 업종 및 수요층에 적합해야 하며, 공사비는 수익률에 근거해 산정한다. 수익률을 높이기 위해서는 리노베이션에 적정한 비용이 들어가야만 한다. 공사비는 먼저 공사범위를 정해야 산정할 수 있다. 일반적인 공사 범위는 비내력벽 및 도로면에 접한 벽체는 구조 보강을 한 후 철거를 하고 강화 유리로 마감을 하는 것이 좋다. 또한 공용 화장실 공간을 확보해야 하며 분할 상가별로 상하수도, 기본 전기 및 통신 시설을 해야 한다.

식당가 등으로 변경할 때에는 가스 라인을 제공해야 한다. 그리고 주차공간 등을 확보할 수 있으면 더욱 좋다. 공사비는 평당 50만 원에서 70만 원 정도면 가능하고, 실내 인테리어는 임차인들이 직접 하는 경우가 많으므로 외장재 및 기본 마감재에 지나치게 많은 비용을 들일 필요는 없다.

이처럼 수익을 위해 단독주택을 리노베이션할 때는 먼저 관련 법규에 용도변경이 가능한지 여부를 사전에 꼼꼼하게 확인해야 한다. 해당 관청에 신고나 허가 없이 용도변경할 때에는 공사 중지 명령을 받을 뿐 아니라 건축물관리대장 변경이 불가능하므로 주의해야 한다.

다음으로는 주변 상권 분석을 통해 유치 업종을 선정하고 이에 맞는 내·외부 리노베이션 공사를 해야 한다. 공사 진행시에는 시공사가 견적서상에 제품을 시공하는지 여부와 잔금을 주기 전에 하루 정도는 시공된 부분을 직접 사용해 하자가 있는지 등을 확인하는 것이 좋다.

9. 다가구주택 리노베이션

— 임대 수익도 올리고 부동산의 가치도 높이자

 건축법 개정으로 관심을 모으고 있는 것이 다가구주택이다. 다가구주택을 다세대주택으로 용도변경하여 가구별로 구분등기가 가능해짐에 따라 환금성이 높아졌고 다방, 음식점 등으로도 용도변경이 가능해졌다. 즉 다가구주택의 경우 최소한 2가구 이상에서 10가구로 구성되어 있어 임대사업자 등록이 가능하다는 장점이 있다.

다가구주택은 단독주택으로 분류가 되고 구분등기가 안된다. 또한 한 건물에 19가구 이하가 거주할 수 있는 주택으로 각 가구별로 분양이 불가능하다. 건물 규모는 660m²(200평), 3층 이하여야 한다. 그러나 다세대주택은 공동주택으로 분류되고 아파트와 같이 구분등기가 가능하고 가구별로 분

양도 할 수 있으며 건축물대장에도 가구별로 호수가 달라 소유자들이 다르게 명기될 수 있다. 건립 가구 수 제한은 없지만 층수(4층 이하)와 연면적 660m²(200평)으로 제한을 받는다.

1. 주의 사항

먼저 모든 다가구주택을 다세대주택으로 용도변경할 수는 없다. 각 가구를 분리하는 벽체 두께가 다세대주택의 방화벽 기준인 19cm를 넘지 못하면 용도변경이 불가능하다. 물론 건물을 리노베이션을 해 기준에 맞추면 다세대주택으로 바꿀 수 있다. 또한 지방자치단체나 토지공사, 주택공사 등이 단독주택지로 분양한 땅에 지어진 다가구주택은 바꿀 수 없다. 따라서 일산, 분당, 평촌 등 신도시 단독택지 내의 다가구주택은 용도변경 자체가 불가능하다. 그리고 다세대주택으로 용도변경시 가장 큰 문제는 주차장 확보인데, 1994년 5월 이전에 지어진 다가구주택에 한해서는 별도의 주차장 확보 없이도 다세대주택으로 용도변경이 가능하다. 그러나 1994년 5월 이후의 다가구주택의 경우는 주차장 시설기준을 충족시켜야 한다.

2. 용도변경 절차

다가구주택을 다세대주택으로 용도변경해 임대사업을 하면 높은 수익을 올릴 수 있다. 그러나 용도변경 전에는 반드시 먼저 해야 할 일들이 있다.

단독으로 된 다가구주택의 건축물대장을 집합건축물대장으로 전환 신청해야 한다. 이때 먼저 다가구주택에 거주하는 세입자에게 건축물대장 전환사실을 내용증명 등의 방법으로 반드시 알려야 한다. 이것은 경매시 전세보증금을 보호하기 위한 조치이다. 이에 따라 주소지 변경 사실을 건물주가 등기 전에 통보토록 의무화하고 건축물대장 변경 신청시 세입자에게 통보했다는 확인서를 첨부해야 한다. 또한 해당 시·군·구청 지적과에서는 이 사실을 해당 동사무소에 통보하고 동사무소는 세입자에게 이를 알려야 한다. 이와 같이 건축물대장 기재 내용을 변경한 후 등기소에서 구분 등기 신청을 하면 된다.

3. 수익성

먼저 주변의 임대 현황을 조사해야 한다. 학원가와 대학 등 교육시설 밀집지역과 역세권이어서 직장인들이 많이 찾는 곳이 유망하다. 기본적으로 임대 수요가 많은 곳이 높은 수익을 올릴 수 있다. 하지만 이때 유의해야 할 점은 공사비 대비 수익성을 철저하게 따져보아야 한다. 현재 공사비 대비 적정한 수익성을 확보할 수 없고 앞으로의 개발 가능성도 낮다면 공사 진행 여부를 재검토해야 한다.

10. 허름했던 농가가 별장으로 변한다

— 농가를 전원주택으로 탈바꿈시키는 리노베이션 방안

　　도시를 떠나 자연 속의 전원주택에서 생활하는 것은 모든 도시인들의 소망이다. 그러나 비용이 너무 많이 들어가는 것이 흠이다. 하지만 생각보다 적은 돈을 들이고도 전원주택을 마련할 수 있다. 가장 싸게 주택을 구입한 뒤에 리노베이션을 하면 아주 저렴한 비용으로 전원주택을 마련할 수 있다.

1. 전원주택을 손에 넣는 방법

　　전원주택을 마련하는 가장 일반적인 방법은 단지형 전원주택이다. 단지형 전원주택은 동호인끼리 조합을 결성하는 방법과 사업자가 선개발 후분양 방식으로 개발하는 방법이 있다. 그러나 이 방법은 가격이 비싼 것이 단점이다. 가격이 비싼 단지형 전원주택의 대안으로 먼저 준농림지를 매입해 신축하는 방식이 있다. 이것은 동호인이나 사업자가 개발하는 전원주택 단지처럼 이미 조건을 갖춘 곳을 찾는 것이 아니라 개별적으로 전원주택을 구입하는 방법이다.

이 방법을 사용하면 교통 여건, 건축물 구조, 자금계획 등을 자신의 조건에 맞게 선택, 결정할 수 있다. 그러나 이 방법을 통해 전원주택을 마련하는 것은 세심한 주의가 필요하다.

● 모든 준농림지가 건축허가가 나지 않는다는 점에 유의해야 한다. 준농림지 계약 전에 해당 지역 건축과에 건축 가능지역인지 여부와 도로계획 등을 면밀히 확인해야 한다.

● 전원주택을 신축하면 전용 부담금, 대체농지 등이 부과되고 인허가 비용이 추가적으로 발생하는 등 절차가 번거롭고 건축비가 많이 소요된다는 단점이 있다.

이상의 방법마저 번거롭고 가진 돈에 비해 벅차다면 마지막으로 가장 실속 있는 전원주택 구입방법이 있다. 바로 농가주택을 구입하는 방법이다. 농가주택은 인·허가에 따른 절차상 번잡함이 있지만 기타 부대비용이 저렴하다는 장점이 있다. 농가주택은 땅값만으로 구입해 리노베이션을 통해 전원주택을 마련할 수 있다.

2. 농가주택 구입 요령

농가주택을 구입하려면 지방자치단체가 운영하는 빈집 정보 센터를 이용하면 편리하다. 빈 농가 정보는 해당 시·군 건축계 등에서 얻을 수 있다. 하지만 각 건축계에서 얻을 수 있는 정보는 빈 농가의 소재지와 집 구조밖에 없기 때문에 그 밖에 등기부상의 권리관계, 지목 현황 등은 본인이 직접 확인해야 한다.

권리관계뿐만 아니라 건축물의 골격 등 상태를 파악하는 것도 중요한 체크 포인트이다. 농가를 철거하고 신축하는 데 소요되는 리노베이션 비용은 건축물의 상태에 따라 많은 차이가 나므로 사전에 충분히 확인해야 한다.

경매를 통하면 시세의 절반 이하의 가격으로 농가주택을 구입할 수 있다. 그러나 농가주택의 경우 정확한 시세 파악이 어려우므로 현장 확인을 통해 감정가와 시세 등을 파악해야 한다. 또한 농가주택의 경우 대지소유자와 건축소유주가 다른 경우가 많으므로 지상권 설정 여부를 확인해야 한다. 이런 수고를 통해서 권리관계, 지상권 설정 여부 등을 꼼꼼히 확인한다면 가장 저렴하게 농가주택을 구입할 수 있다.

3. 리노베이션의 지침 포인트

● 농가주택을 구입해 리노베이션할 경우 가장 먼저 해야 할 점은 기본 골격인 기둥과 서까래 등이 튼튼한 주택을 고르는 것이다. 또한 지붕이 새지 않는지, 난방, 방음, 방수 상태 등을 확인해야 적은 비용으로 리노베이션을 할 수 있다.

● 농가주택의 경우 일반적으로 외부 단열이 안 되는 경우가 많으므로 벽체 보강 공사와 함께 단열재로 보강을 하는 것이 필수이다. 또한 오래된 창문이나 문을 분위기에 맞게 교체를 해야 한다.

● 거실 공간이 중요하다. 방을 한 칸 헐어내어 탁 트인 거실 공간을 확보해야 한다.

● 화장실을 수세식으로 개조해야 하고, 부엌을 입식으로 바꾸며, 보일러를 기름 보일러 등으로 교체해야 한다.

5

적어도 이것만은 알아두어야 한다

모르면 기껏 한 수고가

물처럼 새어나간다

1. 부동산 거래
이것만은 알고 시작하라

— 부동산을 구입할 때의 바른 순서

부동산 거래에는 큰돈이 오고 간다. 따라서 거래를 하다가 문제가 생길 경우에는 커다란 손해를 볼 수 있다.

부동산 거래 사고 중 가장 빈번하면서도 심각한 것은 잔금까지 치르고 나서 소유권이전등기를 하지 못하는 경우이다. 소유권이전등기를 했더라도 실제 구입한 부동산을 사용하지 못하는 경우도 있다.

소유권이전등기를 못 하는 경우는 대부분 등기부상의 소유권자와 계약서를 작성한 매도자가 다른 경우에 발생한다. 따라서 계약할 때는 등기부상 소유권자와 계약서 작성자가 일치하는지 주민등록증이나 기타 신분증을 통해 반드시 확인해야 한다. 만약 동일인이 아닌 경우에는 부동산 매도에 대한 위임장 등을 확인해야 한다. 간혹 계약할 때 소유자의 배우자나 아들이 대리로 계약서를 작성하는 경우가 있다. 이런 경우에도 정당한 매도위임장 등이 있어야 계약이 유효하다.

부득이하게 미등기전매자와 거래하는 경우에는 원 소유자와 매도자 사이에 작성된 매매계약서 등을 확인해야 한다. 원 소유자는 반드시 잔금 지급 이전에 만나보아야 한다.

잔금까지 지불한 이후에 소유권이전등기가 불가능한 사실을 발견할 때도 있다. 이런 일을 방지하기 위하여 계약서 작성시 잔금 지급은 소유권이전등기신청과 동시에 이루어질 것을 명시하는 것이 바람직하다.

거래대상 부동산에 경매나 가압류, 소유권이전가등기 등이 있는 경우도 있다. 이때는 소유권이전등기를 했더라도 경매 등이 실행될 경우 경락자 등에게 소유권이 넘어간다. 따라서 계약서 작성과 잔금지급 직전에는 등기부등본을 열람해서 이들 등기가 갑구에 존재하는지의 여부를 확인해야 한다. 특히 등기부에 저당권이 복잡하게 설정된 부동산을 거래하는 경우에는 조심해야 한다. 이와 같은 사고를 방지하기 위해서는 계약과 동시에 소유권이전가등기를 하고 계약과 잔금 지급 사이의 기간을 짧게 잡는 것이 좋다.

매도자가 소유권을 취득한 후 몇 년 이상이 지난 나대지는 반드시 해당 토지를 답사해 토지 위에 건물이나 나무 등이 있는지를 확인해야 한다. 왜냐하면 만약 토지상에 건물이나 나무, 묘지 등이 있는 경우에는 법정지상권이 발생되어 토지를 매수하더라도 장기간 사용할 수 없기 때문이다. 토지가 인근 주민들의 공동경작지나 도로 등으로 사용되고 있는 경우도 매수하지 않는 것이 좋다.

소유자가 장기간 관리하지 않고 나대지로 방치한 토지는 토지 사기의 위험이 높다. 장기간 소유권이전이 되지 않다가 매도된 토지나 확인되지 않는 이유로 가격이 저렴한 토지를 구입할 경우에는 옛날 소유자를 만나보거나 관계 전문가의 도움을 받아야 한다. 수복지역의 토지나 부동산소유권이전등기에관한특별법에 의해서 소유권이전이 된 토지의 경우에도 이와 유사한 사고가 종종 발생되므로 이들 토지의 거래는 특별히 조심해야 한다.

주택이나 건물도 나이를 먹는다. 나이를 많이 먹으면 하자가 생기기 마련이다. 거래를 할 때는 해당 부동산의 하자 부분 검토를 꼼꼼하게 해야 한다. 추후 개축이나 보수에 소요되는 비용이나 기간으로 인해 손해를 입을 수도 있다.

부동산 거래 후 하자로 인해 손실이 발생되는 사례는 대체로 토지 위에 주택 등 건물이나 축대 등 구축물에 하자가 있는 것을 모르고 구입하는 경우이다. 또한, 건축물이 자연재해 등 불의의 재해가 발생될 위치에 있는 것을 발견하지 못하는 경우에는 더 큰 손실이 발생할 수도 있다.

거래 대상 건축물에 대한 하자는 건물 구조에 문제가 있는 경우와 기타 건물 기능에 문제가 있는 경우로 나뉜다.

구조적인 하자는 건축물의 기초나 기둥 등이 잘못 건축된 경우에 발생되는 것으로 벽이 갈라지거나 바닥이 내려앉는 등 심각한 피해가 발생하게 되며 자칫하면 해당 건축물을 철거해야만 하는 경우도 있다. 기타 구조적인 하자로 가장 흔하게 발생되는 것은 지하층이나 벽면에 균열이 발생하여 빗물이 새는 것이다. 이 경우 대부분 부분적인 방수공사로 하자를 처리할 수 있지만 지하실 전체를 방수공사해야 하는 경우가 생길 수도 있다.

기능적인 하자란 창문이나 수도관 등 건물의 부대 설비의 노후나 불량을 말한다. 기능적 하자는 대부분 간단한 수리로 문제를 해결할 수 있으나 하수도나 수도관이 파열되는 등 심각한 문제가 발생되는 경우 상당 기간 동안 공사를 해야 한다. 이와 같은 건축물의 하자를 방지하기 위해서는 눈으로 직접 확인하면서 세심하게 점검해야만 한다.

제 값을 주고 사는 것도 중요하다. 거래 후 수익을 내기보다는 손해를 입는 가장 큰 이유는 해당 지역의 부동산 거래 시세를 확실하게 알지 못하거나 가까운 장래에 발생할 부동산가격 변동을 예측치 못했기 때문이다. 거래에서의 손실은 대부분 거래하는 부동산에서 멀리 떨어진 곳에 사는 소유자들이 많이 입는다.

부동산 시세에 대한 정확한 판단은 사는 사람뿐만 아니라 파는 사람에게도 반드시 필요하다. 그래서 부동산 시세 조사가 필요하다. 부동산 시세 조사란 주변 지역의 부동산의 최근 거래가격을 기준으로 적정 거래가격을 판단하는 것이다. 가까운 부동산 중개업소를 찾아가 상담하거나 부동산 전문잡지, 지역 정보신문 등에 게재된 부동산 매물 가격과 최근의 부동산 거래 사례를 정확하게 조사해서 부동산 매도 가격이나 시기를 결정해야 한다.

이 밖에도 부동산 거래시 경제적인 손실을 방지하기 위해서는 다음과 같은 사항들을 주의해야 한다.

● 일반적으로 신개발 지역과 같이 부동산시세가 형성되지 않거나 급격하게 변화하는 지역의 부동산 거래에서는 판단 잘못으로 경제적 손실이 발생할 가능성이 높으므로 주의해야 한다.

● 거래대상 주택이나 건물들에 비싼 정원수나 정원석 등이 있는 경우에는 계약 이전에 해당 시설들의 거래 여부를 확인해 가격 산정에 반영해야 한다.

● 주택이나 상가 등의 구입시에는 세입주의 보증금이나 임대료와 관리비를 계약 전에 조사해야 한다.

● 부동산 투자를 목적으로 부동산을 구입할 경우에는 가장 먼저 환금성을 검토해야 한다. 환금성이 높은 부동산이란 해당 지역 내의 다른 부동산과 조건들이 유사한 평범한 부동산을 말한다.

지금까지 밝힌 올바른 부동산 매매 순서를 정리하면 다음과 같다.

1. 부동산을 구입할 때의 올바른 절차

투자 자금 조달계획이나 투자 기간 등 투자와 관련된 전반적인 사항을 결정한다.

▼

투자 목적과 자신의 능력 등을 감안한 아파트나 단독주택, 투자용 임야 등 투자 대상을 결정한다.

▼

투자 대상 지역을 결정한다.

▼

구입 대상 부동산을 선정한다. 이때는 3개 이상 봐두는 것이 좋다.

▼

구입 대상 부동산에 대한 권리분석과 입지분석, 개별분석 등을 한다.

▼

가장 적정한 부동산부터 거래금액과 거래조건 등을 협의하여 구입할 대상 부동산을 확정한다.

매도자와 매매계약을 체결한다.

중도금을 지급한다. 이때는 중도금 지급 날짜 이전에 각종 권리분석을 다시 한 번 한다.

잔금을 지급한다. 잔금 지급과 명의이전, 건물명도는 동시에 이루어지도록 한다.

소유권이전등기 등 명의이전을 한다. 이때 등록세를 낸다.

건물 명도를 한다. 매도자가 살고 있던 건물의 경우에는 매도자가 이사가는 것을 반드시 확인해야 한다.

취득세와 기타 세금을 납부한 뒤에 부동산에 대한 보수 및 관리를 한다.

2. 부동산을 처분할 때의 올바른 절차

매도가격 결정, 매각 자금의 재투자와 처리 문제, 기타 투자 전반에 걸친 매각 계획을 세운다.

대상 부동산을 구입할 수 있는 수요계층을 대상으로 한 매각 전략을 수립한다.

최적의 매각 시점을 결정한다.

▼

제값을 받고 빠른 시일 안에 매각하기 위한 건물의 보수 등 매각 부동산을 관리한다.

▼

대상 부동산을 구입할 수 있는 가장 적정한 매각 홍보를 한다.

▼

매수 대상자가 나타나면 매매금액, 계약금, 중도금, 잔금 액수 및 시기 등 매매 조건을 협의한다.

▼

매매계약을 체결한다.

▼

중도금을 수령한다.

▼

잔금을 수령한다.

▼

명의이전을 해준다.

▼

건물명도를 해준다.

▼

양도소득세 사전 신고제도를 이용해 세금 납부액을 줄인다.

외국인이 부동산을 취득하는 방법

1998년 6월 25일부터 전면 개정 시행된 외국인 토지법에 따라 국내 거주에 관계 없이 외국인도 내국인과 동일하게 토지를 취득할 수 있다. 토지 취득 및 이용 개발에 따르는 규제도 내국인과 동일하게 적용된다. 부동산 취득 절차는 다음과 같다.

1. 거주 외국인인 경우에는 외환관리법상의 신고절차가 필요 없다.

(1) 부동산 매매계약을 체결한다

(2) 그 후 60일 이내에 관할 시·군·구청에 토지취득신고를 한다.

(3) 소유권 이전등기를 한다. 이것으로 취득 절차가 마무리된다.

2. 비거주 외국인인 경우에는 조금 복잡하다.

(1) 부동산 매매계약을 체결한다.

(2) 부동산 취득자금 국내 반입시 외환관리법에 따라 본국(외국인의)에서 가져온 돈으로 구입한다는 것을 증명해야 한다. 이때 외국환은행장에게 부동산 취득신고를 한다.

(3) 부동산 매매대금을 지급한다.

(4) 부동산이 토지일 경우 관할 시·군·구청에 외국인 토지법에 따른 토지취득신고를 한다.

(5) 토지 이외의 부동산 및 제권리 취득의 경우에는 외국인 토지법에 따른 신고절차가 필요 없다. 부동산 등기의 등록번호는 개인의 경우 서울 출입국관리사무소에서, 법인은 토지소재지 시·군·구청 지적과에서 발급받을 수 있다.

3. 우리나라는 부동산 거래 관행상 토지와 건물을 분리하여 매매하지 않는 것이 통상적이고 또한 아파트는 토지와 건물을 분리하여 양도하지 못하도록 되어 있다. 따라서 외국인이 건물만을 취득하는 경우에도 외국인 토지법령상의 신고절차를 거쳐야만 한다.

2. 부동산에 대한 권리 이해

— 부동산 권리는 등기에서 나온다

부동산 권리는 등기를 해야 보호받을 수 있
다. 부동산에 관한 권리는 물권(物權)이라고 하며 지상권과
전세권, 지역권을 용익물권, 저당권을 담보물권이라고 부르
기도 한다.

소유권을 취득하거나 점유권을 제외한 기타 물권을 취득
할 경우 반드시 등기를 해야 그 효력이 발생하며 제3자에게
대항하여 권리를 행사할 수 있다. 예외적으로 상속이나 공
용징수, 판결, 경매, 기타 법률의 규정에 의한 부동산에 관
한 물권의 취득은 등기를 하지 않더라도 발생할 수 있지만
등기를 하지 않으면 이 권리를 처분하지 못한다.

부동산을 구입했을 때는 반드시 소유권이전등기를 해야

하며 부동산에 대한 전세권을 보호받기 위해서는 전세권설정등기를 해야 한다. 이들 등기는 반드시 등기권리자와 등기의무자의 공동 신청이 원칙이다. 등기에 관한 절차는 부동산등기법에 나타나 있다.

모든 물권은 등기를 해야 보호받을 수 있다. 하지만 등기부에 기재된 권리 관계가 반드시 명확한 것은 아니다.

현재 부동산 등기부는 '공시력'은 인정하지만 '공신력'은 인정하지 않는다. 다시 말해 부동산 등기부는 등기소라는 국가기관이 각종 권리 관계를 정리하여 국민에게 알려줄 뿐, 등기부에 기입된 권리관계가 법률상 정당한지 여부는 보장하지 않고 있다. 따라서 잘못 기입된 부동산 등기부를 믿고 거래를 한 사람은 피해를 준 당사자를 상대로 손해 배상을 받을 수는 있지만 등기소를 상대로 손해를 배상받을 수는 없다.

또 한 가지 유의해야 할 것이 있다. 부동산에 관한 권리 중에는 유치권이나 법정지상권과 같이 등기하지 않더라도 보호받는 권리가 있다. 이들 권리들은 반드시 직접 현장 답사를 통해서 확인해야 한다.

거래 대상 부동산 관련 권리는 소유권과 전세권, 지상권, 저당권, 임차권, 점유권 등이 있다.

1. 소유권

소유권을 보유한 사람을 통상 소유권자 혹은 소유자라고 부른다.

소유권이란 부동산을 사용하고 수익을 올리거나 처분할 수 있는 권리이다. 일반적으로 부동산에 대한 가장 포괄적인 권리이다.

원칙적으로 1개의 부동산에는 배타적인 권리로 1개의 소유권만 인정한다. 하지만 하나의 부동산에 여러 명의 소유자가 있는 경우가 있다. 여러 명의 소유자가 각각 해당 부동산에 대한 일정한 공유지분을 갖고 있는 형태의 공동소유를 '공유(共有)'라고 한다. 공유지분을 가진 소유자들은 각각 자신이 가진 지분만큼만 소유권을 행사할 수 있다.

기타 공동소유 형태에는 합유와 총유가 있다.

가장 흔하게 볼 수 있는 공동소유 형태는 아파트에 대한 소유 형태이다. 아파트에 대한 등기부등본을 발급받아 분석해보면 토지부분에 대해서는 전체 아파트단지 면적 중 내 소유에 속한 토지의 공유지분이 표기되어 있다. 이 밖에도 아파트의 건물부분에 대해서는 동 호수와 건물 면적이 명시되어 있지만 소유자 부분에는 공유지분의 표시가 없다. 이는 아파트나 고층빌딩 등과 같이 하나의 건물을 여러 구역으로 나누어 각각 소유할 수 있도록 건축된 건물은 '구분소유'라는 형태의 소유권이 인정되기 때문이다. 소유권은 하나의 부동산에 대해서 1개의 소유권만 인정되는 것이 원칙이지만 하나의 건축물이더라도 사실상 구획되어 사용할 수 있는 경우에는 구분소유를 인정한다. 구분소유권은 공유와 다르게 취득과 처분을 자유롭게 할 수 있다.

2. 저당권

부동산 소유자는 부동산을 담보로 은행 등에서 융자를 받으면서 저당권을 설정해준다.

저당권이란 법률상 소유권 중 일부분의 처분권을 저당권자가 갖는 것을 의미한다. 저당권자는 융자를 받아간 사람이 빌려간 돈을 기한 내에 갚지 않으면 해당 부동산을 강제로 처분해서 빌려준 돈을 받을 수 있다. 굳이 본인이 돈을 빌리지 않더라도 담보 대출 형식으로 저당권을 설정해줄 수도 있으며, 전 소유자가 융자를 받으면서 설정된 저당권 역시 등기부에서 완전히 말소하지 않으면 계속 유효하다. 이와 같이 유효한 저당권은 언제든지 저당권자가 실행할 수 있다. 따라서 저당권이 설정된 부동산을 구입할 때는 소유권을 이전받기 전에 반드시 설정된 저당권을 말소해야 한다. 때에 따라서는 전 소유자가 은행으로부터 받은 융자금액을 승계받고, 즉 채무 승계를 하고 저당권을 그대로 존속

시키는 경우도 있다. 이 경우에는 구입 대금에서 융자금액 부분을 제외하고 대금을 지급해야 한다.

요즈음은 저당권을 설정할 때는 대부분 '근저당' 방식을 취한다. 근저당이란 본래의 융자 금액이 아닌 저당권이 보장하는 채권의 최고 금액을 설정하는 형태이다.

채권의 최고금액이란 은행에서 빌려준 금액뿐만 아니라, 앞으로 발생할 이자나 기한 내에 돈을 갚지 않아서 법원 경매로 넘길 때 소요되는 소송비용이나 경매비용 등 장래에 발생할 비용까지 모두 합한 금액을 말한다. 따라서 근저당이 설정된 경우 저당권의 대상이 되는 융자 금액, 즉 채무액은 등기부등본만 가지고는 판단할 수 없다. 대부분 실제 융자금액은 채권최고액보다 낮은 경우가 많다.

3. 지상권

토지 소유자는 자신의 토지를 남들이 사용할 수 있도록 빌려줄 수 있다. 장기간 이용을 목적으로 토지를 빌린 사람은 자신의 권익을 보호받기 위하여 지상권을 설정하는 것이 바람직하다.

콘크리트건물과 같은 견고한 건물을 지을 목적으로 지상권을 설정하면 최소한 30년 이상의 기간을 보장받을 수 있다.

최근 지하철이 건설된 도시지역에서는 토지등기부등본에 구분지상권이 설정된 경우를 볼 수 있다. 구분지상권이란 토지의 지하나 지상의 일정 범위를 이용할 수 있는 권리를 의미한다. 지하철이 통과하는 토지에는 대부분 구분지상권이 설정되어 있다.

권리의 내용상 지상권이 설정된 토지를 구입할 경우 약정된 기간이 지날 때까지는 해당 토지를 사용할 수 없다. 다만, 은행에서 나대지를 담보로 융자를 해주며 저당권을 설정할 때는 해당 토지상에 지상권을 설정해 놓는 경우가 대부분이다. 이런 경우 소유권이전등기 이전에 저당권과 지상권을 동시에 해지하여야만 한다. 그러나 저당권이 설정된 토지에 견고한 건물이 들어서 있는 경우에는 지상권이 말소된 이후에도 관습법상 법정지상권이 존속할 수 있다.

4. 전세권

농경지를 제외한 토지나 건물 등을 현재의 용도대로 사용할 수 있는 권리를 전세권이라고 한다. 전세권자는 후순위의 권리자보다 전세금을 우선변제받을 권리가 있다.

전세권은 부동산등기부에 등기가 되어야 인정을 받을 수 있다. 일반적으로 건물을 전세로 얻고 '전세권설정등기'를 하지 않으면 전세권자로서 권리를 행사할 수 없다. 하지만

주택의 경우에는 전세권등기를 하지 않더라도 주택임대차
보호법에 의하여 전세권등기를 한 것과 유사한 보호를 받을
수 있다. 그러나 전세권과 주택임대차보호법에 의한 주택
임차권의 보호 범위는 차이가 있다.

5. 지역권

통행이나 수로의 이용 등 일정한 목적을 위하여 타인의 토
지 일부 또는 전부를 편익에 이용할 수 있는 권리를 지역권
이라고 한다. 이때 지역권의 대상이 된 토지를 승역지라고
하며 지역권 설정으로 인해 이익을 받는 토지를 요역지라고
한다. 한 번 설정된 지역권은 요역지 소유자가 바뀌더라도
계속 승계되는 특성을 가지고 있다. 이와 같은 지역권은 대
부분 관습법 형태로도 인정되고 있어 등기부 등을 통해서도
손쉽게 발견할 수 없다.

6. 점유권과 등기되지 않는 물권

점유권이란 해당 부동산이라는 공간을 현재 차지하고 있
는 사람에게 주어진 권리를 말한다. 점유권자가 부동산을
차지할 정당한 권리가 있는가의 여부에 관계 없이 현재 부
동산을 차지하고 있으면 점유권을 인정한다. 주택의 소유권

자가 그 주택에 살고 있으면 소유권자가 동시에 점유권자가 된다. 반대로 임대차 권리가 이미 없어진 임차인이 계속 이사를 가지 않고 버티고 있더라도 점유권은 인정한다. 현재의 점유자가 정당한 권리 없이 계속 점유를 하고 있는 경우에는 반드시 명도소송 등과 같은 법률적인 절차를 거쳐야지 임의대로 현재의 점유권을 침해할 수 없다.

7. 이 밖에도 등기되지 않았지만 인정되는 권리 중 대표적인 것은 유치권과 법정지상권, 관습법상 지상권, 분묘기지권 등이다.

● 유치권이란 타인의 물건 또는 유가증권을 점유하고 있는 사람이 그 물건 또는 유가증권에 관하여 생긴 채권의 변제를 받을 때까지 그 물건이나 유가증권을 유치할 수 있는 권리를 의미한다.

주택을 건축한 건축업자는 건축비를 받을 때까지 해당 주택에 상주하며 유치권을 주장할 수 있다. 유치권자는 채권의 변제를 받기 위하여 유치대상 부동산을 경매할 수 있다. 유치권은 등기를 해야 하는 권리가 아니므로 해당 부동산을 점유하고 있는 동안만 존속된다. 대부분 유치권자는 자신의 건축비 등을 상환받을 때까지 건물에서 퇴거하지 않는다. 따라서 유치권이 설정된 부동산을 구입할 경우에는 대상 부동산의 소유권 이전뿐만 아니라 유치권자가 퇴거하는 것을 조건으로 계약을 체결해야 한다. 유치권은 등기 대상 권리가 아니므로 유치권이 있는지 여부를 확인하기 위해서는 반드시 대상 부동산을 방문해서 확인해야 한다.

●저당물의 경매로 인하여 토지와 그 지상건물이 다른 소유자에게 속한 경우에는 등기를 하지 않아도 토지소유자는 건물소유자에 대하여 법정지상권을 설정한 것으로 간주한다. 또한 건물과 토지의 소유자가 다를 경우 건물소유자는 등기를 하지 않아도 관습상 지상권을 갖는다. 그러므로 토지를 구입할 경우에는 반드시 토지상에 타인 소유의 건물이나 수목이 있는지 현장 확인을 해야 한다. 타인 소유의 건물 등이 있는 경우 잔금 이전에 철거를 하거나 건물소유주로부터 철거 확인을 받아야 한다. 그렇지 않으면 해당 토지를 이용할 수 없게 될 가능성이 높다.

●조상을 공경하는 우리나라에서는 내 허락 없이 내 땅에 무단으로 설치된 묘지를 마음대로 없앨 수 없다. 즉 묘지에 대해서는 관습법상 분묘기지권이라는 권리가 인정되고 있다. 따라서 묘지가 설치된 토지는 묘지 이장 조건으로 구입해야 한다.

8. 임차권

　부동산을 소유하거나 사용 혹은 수익할 권리를 가진 사람이 상대방, 즉 임차인에게 부동산을 사용, 수익할 수 있게 해주고 임차인은 임대인에게 임대료를 지급할 것을 약정할 경우, 임차인에게는 임차권이 발생한다. 임대차는 임대인과 임차인 간에 발생한 채권·채무관계로서 다른 권리들과는 달리 제3자에게 대항할 수 없다. 그러나 부동산임대차의 경우에는 등기를 할 경우 제3자에게 대항할 수 있다.

　다만, 주택의 경우에는 등기를 하지 않더라도 점유와 주민등록전입, 확정일자날인이라는 세 가지 요건을 갖출 경우 임대차등기를 한 것과 유사한 대항력이 인정된다. 그리고 후순위 권리자나 일반채권자보다 임대보증금을 우선변제 받을 수 있다. 그러나 반드시 마지막 사항을 이행한 날짜가 뒤에 설정되는 권리보다 앞서야 제3자에 대한 대항력과 우선변제력을 갖추게 된다.

　확정일자날인까지 받지 못했더라도 점유와 주민등록전입을 한 경우 주택임대차보호법에서 정한 소액보증금은 최우선변제를 받을 수 있다.

　임차권등기명령제도도 있다. 임차권등기명령이란 임대차가 종료된 후 보증금을 반환받지 못한 임차인이 임차주택의 소재지를 관할하는 지방법원·지방법원지원 또는 시·군

법원에 임차권등기명령을 신청하면 해당 법원에서 행하는 명령을 말한다(주택임대차보호법 제3조의 3 참조). 임차권등기 명령의 집행에 의한 임차권등기가 되면 임차인은 해당 주택 에서 퇴거하더라도 종전부터 있던 대항력이나 우선변제권 을 유지할 수 있게 된다. 만약 임차권등기명령의 집행에 의 해서 임차권등기가 되어 있는 주택을 임차한 임차인은 우선 변제권을 주장할 수 없으며, 매수자의 경우에도 현재 임차 인이 해당 주택에 거주하지 않아도 임대보증금을 변제해야 한다.

현장 확인 체크리스트

1. 단지 규모, 대지 지분, 조망권, 소음 발생 여부, 방향, 건축 연도, 건설 회사 지명도, 교통 및 주차 여건, 상하수도, 전기, 가스, 난방, 도배, 장판 등 세부 사항을 확인한다.

2. 지역 및 주변 환경과 상습 정체 등 교통 사정, 환경 친화시설이 존재하는지의 여부, 해당 지역에 대한 사회적 인식, 주민의 소득 수준, 지역 성장단계 등의 우호적 환경과 환경 오염시설, 범죄발생률, 저지대 침수지역 등 비우호적 환경 등을 확인한다. 악취시설, 소음 발생시설, 침수가 잦은 저지대, 변전소, 고압선 통과 지역 등은 피하는 것이 좋다

3. 지하철, 버스 등 대중교통수단을 쉽게 이용할 수 있는지, 주변에서 간단한 생필품이나 의약품 등을 구입할 수 있는지, 시장을 이용하기가 불편하지 않은지 검토한다.

4. 학교, 유치원 등 자녀들의 이용 시설은 불편함이 없는지 확인하고 학교와 학군도 확인해 둬야 한다. 갑자기 아픈 경우에 대비하여 가까이에 병원이 있는지 확인한다.

3. 등기부상에 이런 권리가 있는
부동산은 피해야 한다

― 등기가 모든 권리를 보호해주지는 않는다

등기된 물권이 가등기나 가압류 등 각종 등기가 되어 있는 경우 그 권리 행사에 커다란 제한을 받게 된다. 주의해야 할 몇 가지 사항을 살펴본다.

1. 가압류

금전채권 또는 금전으로 환산할 수 있는 채권을 위하여 채무자의 재산을 확보하여 장래의 강제집행의 불능 또는 곤란을 초래하지 않도록 보전할 것을 목적으로 법원은 가압류명령을 할 수 있다. 가압류명령에 의해 성립되는 등기부에는 가압류등기가 기재된다. 가압류등기는 보전소송의 일종으

로 채권자가 대상 부동산에 대해 경매 등 강제집행에 착수
할 때까지 채무자가 재산을 은닉하거나 도망가더라도 강제
집행이 가능하도록 채무자의 재산을 한동안 확보하여 강제
집행을 가능하게 하려는 제도이다.

가압류등기는 장래 경매 등 강제집행을 예정하고 있는 것
으로, 가압류등기가 된 부동산을 구입하거나 임대 계약을
한 사람은 해당 부동산이 경매되더라도 대항하지 못한다.
일반적으로 가압류등기의 말소를 위해서는 법원이 가압류
명령을 할 때 명시한 정지 조건이 충족되거나 가압류명령에
포함된 공탁 금액을 법원에 공탁해야 한다. 이것을 해방공
탁이라고 한다.

2. 압류등기

압류란 넓은 의미로는 특정의 물건 또는 권리에 대하여 개
인의 사실상 또는 법률상의 처분을 제한하기 위한 국가기관
에 의한 강제적 행위를 말한다. 좁은 의미로는 금전 채권에
대한 강제집행의 제1단계로 집행기관이 채무자의 재산을 확
보하고 채무자의 처분권을 제한하는 강제적 행위를 의미한
다. 압류등기는 징수관(세무서장, 지방자치단체의 장)의 체납
처분이 있거나 집행법원 경매개시결정 또는 강제관리개시
결정 등의 사유가 발생한 경우에 징수관 또는 법원이 소관

등기소에 압류등기를 촉탁하여 이루어진다.

압류등기가 된 부동산의 소유자는 대상 부동산의 처분권을 잃게 되며 권리자는 압류 부동산의 매각대금으로부터 변제 또는 배당을 받게 한다. 압류등기된 부동산 등기부의 소유자는 사실상 대상 부동산을 매각하거나 임대할 권리가 없다. 압류등기가 된 부동산을 구입할 경우 소유권을 넘겨받지 못하게 될 가능성이 아주 높다.

3. 가등기

본등기를 하는 데 필요한 형식적 또는 실질적 요건이 완비되지 아니하였을 경우에 장래 실행될 본등기의 순위 보전을 위해 하는 등기이다. 장차 본등기를 하면 그 대항력은 가등기 시점으로 소급하여 가등기 이후의 제3자의 본등기보다 우선하게 한다. 가등기가 된 경우는 본등기가 이루어지지 않는 한 가등기 자체만으로는 아무런 법률상의 효력도 없으나 순위 보전의 효력을 가지고 있으므로, 가등기가 이루어진 뒤에 본등기를 하면 가등기 시점부터 본등기 시점 사이에 이루어진 모든 등기는 모두 효력을 잃거나 후순위가 된다.

부동산 거래시 계약금부터 잔금 지급까지의 기간이 길거나 계약금이나 중도금이 떼이는 것을 방지하기 위해 계약과 동시에 소유권이전청구권가등기를 하는 경우도 있다. 가등기가 되어 있는 부동산을 구입하거나 전세를 얻을 때는 반드시 해당 가등기를 말소하는 조건으로 구입해야 한다.

4. 예고등기

등기원인의 무효 또는 취소로 인한 등기의 말소 또는 회복의 소가 제기된 경우에, 이것은 제3자에게 경고하기 위하여 소송이 계류중인 법원이 직권으로써 이를 등기소에 촉탁하여 행하게 한 등기를 의미한다. 예비등기의 일종이며 분쟁대상 부동산에 관하여 법률행위를 하려고 하는 제3자를 보호하기 위한 제도이다.

예고등기는 단순히 경고하는 효력만을 가진 등기이므로 예고등기 후에도 대상 부동산을 구입할 수 있다. 소유권을 넘겨받더라도 소송 결과 소유권이전등기가 유효로 판정될 경우에는 아무런 문제가 발생하지 않을 수도 있다.

예고등기된 부동산은 구입하지 않는 것이 바람직하나 만약 구입해야 할 경우라면 반드시 사전에 법원의 재판기록을 열람하고 당사자를 직접 만나보는 등 조사를 거쳐 소유권을 정상적으로 이전받을 수 있는지 판단해야 한다.

5. 가처분

권리의 실현이 소송의 지연이나 강제집행을 면하기 위한 채무자의 재산은닉 등으로 위험에 처해 있을 경우에, 그 보전을 위하여 그 권리에 관한 분쟁의 소송적 해결 또는 강제집행이 가능하게 되기까지 잠정적 · 가정적으로 행하여지는 처분 · 가압류와 유사한 보전소송의 일종이다.

가처분은 명령을 발하는 소송절차와 그 집행절차로 구분된다. 가처분에는 민사소송법상 분쟁 대상물에 관한 가처분과 임시의 지위를 정하는 가처분이 있다.

가처분으로 부동산의 양도나 담보를 금한 때에는 그 금지의 취지가 기입된다. 처분금지가처분등기가 되어 있는 부동산을 구입한 사람은 가처분등기가 말소되면 그때부터 가처분의 제한을 받지 않는 소유권자가 된다. 그러나 만약 가처분권리자의 승소판결이 확정되었을 때에는 가처분권리자는 가처분등기된 이후에 부동산을 구입한 사람의 소유권이전등기를 단독으로 말소할 수 있다. 따라서 가처분등기가 되어 있는 부동산을 구입할 경우 해당 부동산의 소유권을 잃을 가능성이 크다.

6. 환 매

넓게는 매도인이 일단 매각한 목적물에 대하여 대가 상당
의 금액을 매수인에게 지급하고, 이것을 다시 구입하는 제
도를 의미한다. 재매매의 예약, 매도담보, 해제권 유보매매
등이 관련 경우이다. 부동산을 매각한 사람이 매매등기와
환매등기를 동시에 해놓은 경우 매도인은 정해진 기간 동안
에는 언제든지 원칙적으로 매수인이 지급한 대금과 비용을
반환하고 다시 매도인 명의로 소유권을 반환받을 수 있다.

7. 신 탁

위탁자와 수탁자의 특별한 신탁 관계에 터 잡아 위탁자가
특정한 부동산의 소유권을 수탁자에게 이전하거나 기타의
처분을 하고 수탁자로 하여금 일정한 사람의 이익을 위하여
또는 특정의 목적을 위하여 그 재산권을 관리 처분케 하려
는 법률 관계를 말한다. 신탁등기를 하는 때에는 신탁원부
의 번호를 기재하고 신탁에 관한 소유권이전의 등기와 동일
순위의 사항란에 이를 기재하며 횡선으로 등기부를 분계한
다. 따라서 신탁을 원인으로 소유권이전을 받은 수탁자는
본래 소유자인 위탁자와 체결된 신탁계약의 범위 안에서만
자유롭게 권리를 행사할 수 있다. 신탁등기가 된 부동산을

구입하거나 세를 얻을 경우에는 매도인(또는 임대인)이 부동산을 처분할 권리를 갖고 있는지 면밀하게 확인해야 한다.

8. 경 매

민사소송법상의 강제집행으로 법원에서 채무자의 부동산을 압류·매각하여 그 대금으로 채권자에게 빚을 갚아주는 절차를 말한다. 매도인이 다수자 중에서 매수신청을 시키고 최고가격의 신청인에게 매도하는 매매방법을 의미하기도 한다. 이에 대별하기 위하여 국가기관인 법원에서 행하는 경매를 공매라고도 한다.

법원 경매는 채권자의 부동산 경매 신청에 따라 법원이 채무자의 부동산에 대한 경매개시결정을 하고 이에 대한 등기를 촉탁한다. 따라서 경매등기가 있는 부동산은 소유자의 의사에 관계 없이 강제 매각이 예정되어 있다고 할 수 있다. 경매등기가 된 이후에 부동산을 구입하거나 세를 얻은 사람은 자신의 권리를 보호받지 못한다.

절대로 임대차 계약을 하면 안 되는 집

1. 소유권이전청구 보존가등기가 된 집은 절대 계약을 하면 안 된다. 가등기 권리자가 본등기를 하게 되면 본등기는 가등기 순위를 물려받게 된다.

2. 담보가등기가 된 집이 경매되면 세입자는 담보가등기권자가 변제를 받은 후에야 보증금을 배당받을 수 있다. 만약 집주인이 돈을 갚지 않아 주택이 경매되면 세입자는 주택을 비워줘야 하고 담보가등기 권리자가 변제를 받고 난 다음에야 보증금을 배당받을 수 있다. 단, 소액보증금의 세입자는 담보가등기권자보다 먼저 일정액을 변제받을 수 있다.

3. 가처분등기가 된 집은 두 사람이 소유권 분쟁을 벌이면서 현재의 소유자가 주택을 다른 사람에게 양도하거나 대여하지 못하도록 법원에 임시 보존한 것이다. 따라서 가처분등기가 설정된 후 전입한 세입자는 아무런 보호를 받을 수 없다. 이 경우에는 소액보증금 최우선 변제도 그 효력을 갖지 못한다.

4. 예고등기가 된 집은 매매, 증여, 상속 등이 진행된 주택에 대해 무효 또는 취소 소송이 신청될 경우 법원에서 직권으로 행하는 것이다. 다시 말해 말소소송이 제기되었다는 사실을 널리 알려 제3자가 불의의 피해를 당하지 않도록 하는 예비등기의 한 종류이다. 예고등기는 등기 자체로는 아무런 효력이 없지만 예고등기 후에 일어난 매매, 전세 계약 등은 소송을 제기한 사람이 승소할 경우 무효가 되고 세입자는 보호를 받을 수 없다.

4. 부동산 거래에 대한 제한

— 부동산은 거래가 모두 적법한 것은 아니다

부동산 거래는 원칙적으로 다른 재산권 행사와 마찬가지로 자유이다. 따라서 부동산을 거래할 때는 거래 상대방을 선택하거나 거래 방법 등에 특별한 제한이 없는 것이 원칙이다.

다음과 같은 내용의 부동산 거래를 하면 처벌까지 받는다.

● 미등기전매 행위는 처벌을 받는다. 미등기전매란 부동산을 구입하여 자신의 이름으로 등기를 하지 않고 다른 사람에게 파는 행위를 말한다. 부동산 매매 계약만 체결한 상태에서 다른 사람에게 파는 경우에도 일단 자신의 이름으로

등기하지 않고 곧바로 다른 사람에게 등기를 넘기면 미등기 전매에 해당한다. 만약 미등기전매를 할 경우에는 3년 이하의 징역이나 1억 원 이하의 벌금을 부과받을 수 있다.

● 다른 사람 명의로 부동산을 구입하거나 구입하려고 하는 사람은 부동산실권리자명의등기에관한법률에 의해 5년 이하의 징역이나 2억 원 이하의 벌금형을 부과받을 수 있다. 이것이 바로 부동산 실명제이다.

다른 사람 명의로 부동산을 구입하는 경우 실제 소유자와 이름만 빌려주는 사람 사이에는 소위 '명의신탁약정'이 성립된다. 이와 같은 명의신탁약정은 무효이며 명의신탁 행위를 도와주는 사람도 같은 처벌을 받을 수 있다.

다음과 같은 경우에는 거래를 하더라도 무효가 될 가능성이 높다.

● 미성년자나 한정치산자와 거래를 할 경우 거래 자체가 무효가 될 가능성이 높다. 만 20세 미만의 미성년자와의 거래는 법정대리인(대부분 부모)의 동의가 없으면 거래가 무효가 된다. 미성년자 소유의 부동산을 구입할 때는 사전에 보호자의 동의를 받아야 한다.

한정치산자, 즉 심신이 박약하거나 재산의 낭비로 자기나 가족의 생활을 궁박하게 할 염려가 있는 자에 대하여 법원이 한정치산자로 선고한 사람의 경우 역시 법원에서 정한 법정대리인의 동의가 없을 경우 거래 계약 자체가 무효이다.

● 대리인과의 거래는 반드시 대리권한을 증명하기 위해 인감증명서가 첨부된 위임장을 첨부해야 한다. 배우자라고 할지라도 위임장과 인감증명서를 첨부하지 않을 경우 나중에 계약 무효를 주장하면 대항하기 어렵다.

● 선량한 풍속이나 기타 사회질서에 위반한 사항을 내용으로 하는 부동산의 거래는 무효이다. 당사자의 궁박, 경솔 또는 무경험으로 인하여 현저하게 불공정한 부동산 거래 역시 무효이다. 예를 들어 시세가 1억 원인 아파트를 매수자가 시세를 잘 모르는 것을 악용해 1억 5,000만 원에 매각한 경우 불공정한 거래로서 매수자는 무효를 주장할 수 있다.

농지거래와 토지거래 허가지역에서는 자유로운 거래에 제한을 받는다.

● 농지를 구입할 경우에는 소유권이전등기 이전에 농지의 소재지를 관할하는 읍장 또는 면장(도시 지역의 경우에는 시장이나 구청장)으로부터 농지취득자격증명을 발급받아야 한다. 농지는 원칙적으로 농업인만이 소유할 수 있다. 농업인이란 1000m^2(303평) 이상의 농지에서 농작물 또는 다년성

식물을 경작 또는 재배하거나 1년 중 90일 이상 농업에 종사하는 사람 등을 말한다.

이때 농지란 논이나 밭, 과수원 등으로 실제 이용하고 있는 토지와 농업생산에 필요한 시설의 토지를 말하는 것으로 토지대장의 지목이 아닌 실제 이용 현황을 기준으로 한다.

● 토지거래허가지역에서 일정 면적 이상의 토지를 거래할 경우에는 계약 체결 이전에 관할 구·시·군청에서 토지거래허가를 받아야 한다. 토지거래허가지역에서 토지거래는 원칙적으로 불가능하며, 일정한 기준에 합당한 토지거래만 허가를 받아 거래할 수 있다.

이때 토지란 건축물이 없는 나대지 상태의 토지뿐만 아니라, 주택에 포함된 토지나 기타 상가 등 건물에 포함된 토지도 포함한다.

신중히 판단해서 임대차 계약을 맺어야 하는 집

1. 근저당권이 설정된 집에 전세를 들려면 채권최고금액과 전세보증금을 합한 금액이 주택의 예상 경락가보다 적어야 한다. 근저당권은 원금과 이자, 손해배상(자연손해금), 위약금 등을 합산해 채권최고금액을 정하고 그 한도 내에서 담보하는 물권이다. 보통 채권최고금액은 은행 등 금융기관에서 빌릴 경우 원금의 130%, 개인에게서 빌릴 경우 원금의 150% 선에서 정해진다. 근저당이 설정되어 있더라도 안전한 집은 채권최고금액과 계약하려는 전세 보증금을 더한 값이 주택의 예상 경락가보다 적은 집이다. 이때 예상 경락가는 시세의 70~80% 선이다.

2. 저당권이 설정된 이후 전세 계약을 했을 때 주택이 경매되면 임차인은 대항력이 없어 집을 비워줘야 하며, 보증금은 경락대금 변제 순서에 따라 배당받는다.

3. 압류등기나 가압류등기가 된 후에 세를 든 임차인은 주택이 경매되면 집을 비워줘야 한다. 보증금도 저당권 변제 후에나 배당받을 수 있다. 압류등기는 법원의 확정 판결이 난 주택을 경매에 붙이기 위해 보전하는 수단이고, 가압류등기는 채무자의 주택을 경매하기 위해 소송을 걸 때 소송기간 동안 채무자가 자기의 재산을 도피, 은닉하지 못하도록 하는 등기이다. 소액우선변제권이 적용되는 경우라면 일정액은 먼저 보상받을 수 있다.

5. 부동산 이용에 대한 제한

— 부동산 재산권 행사는 제약이 있을 수 있다

토지는 국토이용계획에 의해 이용이 제한되고 있다. 부동산은 환경 보호나 지역의 균형적인 발전 또는 특정한 시설을 보호하기 위하여, 기타 각종 개발을 위하여 이용이 제한되고 있다. 우리나라 국토의 대부분은 국토이용관리법에 의한 국토이용계획에 의해 도시지역과 준도시지역, 농림지역, 준농림지역, 자연환경보전지역의 5개 지역으로 지정되어 있다.

1. 도시지역

도시계획법상의 도시계획에 의하여 당해 지역의 건설·정

비·개량 등을 시행하였거나 시행할 지역과 택지개발예정지구, 국가산업단지, 지방산업단지, 전원개발사업구역 및 예정구역(수력발전소 및 송·변전시설부지를 제외한다. 이하 같다)으로 지정하여 개발하였거나 개발할 지역을 의미한다.

도시지역이 도시계획구역인 경우에는 도시계획법에 의하여 토지이용이 제한된다. 국가산업단지 또는 지방산업단지인 경우에는 산업입지및개발에관한법률에 의해, 택지개발예정지구인 경우에는 택지개발촉진법에 의해, 전원개발사업구역 및 예정구역인 경우에는 전원개발에관한특례법에 의해 각각 토지이용이 제한된다.

2. 준도시지역

도시지역에 준하여 토지의 이용과 개발이 필요한 주민의 집단적 생활근거지, 국민여가선용과 관광휴양을 위한 체육 및 관광휴양시설용지, 농공단지, 집단묘지, 기타 각종 시설용지 등으로 이용되고 있거나 이용될 지역을 의미한다.

준도시지역 중 취락지구로서 개발계획이 수립된 경우에는 개발계획에서 정하는 대로 이용해야 하며, 개발계획이 수립되지 않은 경우에는 일정한 대기오염물질배출시설이나 폐수배출시설, 위험물의 제조·취급시설, 용적률 200%를 초과하는 공동주택의 건축 등의 행위가 제한된다.

　준도시지역 중 산업촉진지구 안에서는 해당 지구의 개발계획에 의해 이용 행위가 제한되며, 농공단지로 지정된 경우에는 산업입지및개발에관한법률에 의해 이용이 제한된다. 또한, 준도시지역 중 체육·휴양지구나 집단묘지지구, 시설용지지구 안에서도 대부분의 경우 해당 개발계획에 따라 토지를 이용해야 한다.

3. 농림지역

　농업진흥지역 및 보전임지 등으로서 농임업의 진흥과 산림의 보전을 위한 지역을 의미한다. 농림지역이 농업진흥지역에 속할 경우에는 농지법에 따라, 보전임지에 속할 경우에는 산림법에 따라, 초지조성지구 및 단지조성지구인 경우에는 초지법에 따라 토지이용이 제한된다.

4. 준농림지역

　농업진흥지역 외의 지역의 농지 및 준보전임지 등으로서 농임업의 진흥과 산림보전을 위하여 이용하되, 개발용도로도 이용할 수 있는 지역을 의미한다.
　준농림지역에서는 환경오염의 우려가 있거나 부지가 일정 규모 이상인 공장·건축물·공작물, 기타 시설의 설치 등 국토이용관리법시행령에서 정하는 토지이용행위를 할 수 없다. 다만, 농림부장관이 농업진흥이나 농지보전에 필요하다고 인정하는 지역에서는 농지법에 의하여 행위를 제한할 수 있도록 규정하고 있다.

5. 자연환경보전지역

자연경관 · 수자원 · 해안 · 생태계 및 문화재의 보전과 수산자원의 보호 · 육성을 위하여 필요한 지역을 의미한다.

자연환경보전지역에서는 원칙적으로 건물을 건축하거나 토지의 형질변경, 입목의 벌채 등 대부분의 행위가 제한된다. 또한, 해당 지역이 자연공원법에 의한 공원구역이나 공원보호구역, 수도법에 의한 상수원보호구역, 문화재보호법에 의하여 지정된 사적 · 명승 또는 천연기념물과 그 보호구역인 경우에는 각각 자연공원법 · 수도법 또는 문화재보호법에 의해서 토지이용이 제한된다.

도시지역의 토지이용 제한은 더욱 엄격하다. 도시지역의 토지는 2중 3중으로 이용이 제한되고 있다. 도시지역의 토지이용 제한사항은 다음과 같다.

● 도시지역 안의 토지이용은 허가를 받아야 한다. 원칙적

으로 도시지역으로 지정된 지역 안에서는 건축이나 토지의 형질을 변경하는 행위, 토지 분할 등의 행위는 시장이나 군수의 허가를 받아야 한다.

● 대부분의 도시지역 토지는 용도지역으로 지정되어 이용이 제한된다. 도시지역 안에 있는 토지는 도시계획에 의해 주거지역과 상업지역, 공업지역, 녹지지역 중 한 가지 용도지역으로 지정된다. 이들 지역 안에서 건축 등 행위제한은 건축법에서 상세히 규정하고 있다.

주거지역은 다시 전용주거지역과 일반주거지역, 준주거지역으로 구분한다.

전용주거지역은 저층 중심의 양호한 주거환경을 보호하기 위한 지역이며, 일반주거지역은 일상의 주거기능을 보호하기 위하여 필요한 지역이며, 준주거지역은 주거기능을 주로 하되 상업 기능의 보완이 필요한 지역이다.

상업지역은 중심상업지역과 일반상업지역, 근린상업지역, 유통사업지역으로 구분한다.

중심상업지역은 도심 · 부도심의 업무 및 상업 기능의 확충을 위하여 필요한 지역이며, 일반상업지역은 일반적인 상업 및 업무 기능을 담당하게 하기 위하여 필요한 지역이고, 근린상업지역은 근린지역에서의 일용품 및 서비스의 공급을 위하여 필요한 지역이며, 유통상업지역은 도시 내부나 지역간 유통기능의 증진을 위하여 필요한 지역이다.

공업지역은 주로 중화학공업·공해성공업 등을 수용하기 위하여 필요한 전용공업지역과 환경을 저해하지 아니하는 공업의 배치를 위하여 필요한 일반공업지역, 경공업 및 기타 공업을 수용하되 주거 기능의 보완이 필요한 준공업지역으로 구분한다.

녹지지역은 도시의 자연환경·경관·수림 및 녹지를 보전하는 보전녹지지역, 주로 농업적 생산을 위하여 개발을 유보하는 생산녹지지역, 녹지공간의 보전을 해하지 아니하는 범위 안에서 제한적 개발이 불가피한 지역인 자연녹지지역으로 구분한다.

● 특정한 지역은 '지구'로 지정되어 건축이 제한되고 있다. 도시계획에 의해서 용도지역과 별도로 일정한 지역을 정해서 '지구'로 지정하여 건축 등의 행위를 제한하고 있다. 예를 들어 도시의 자연풍치를 유지할 필요가 있는 지역은 '풍치지구'로 지정하여 토지이용을 제한하고 있으며, 도시의 미관을 유지하기 위하여 필요한 지역은 '미관지구'로 지정하여 토지이용을 제한하고 있다. 기타 문화재 및 중요 시설물의 보호와 보존을 위하여 필요한 때에는 '보존지구'로 지정하여 토지이용을 제한하고 있다.

● 특정한 목적을 위해서 '구역'을 지정하여 토지의 개발이나 이용을 제한하고 있다. 구역제의 가장 대표적인 것은 개발제한구역(그린벨트)이다. 개발제한구역은 도시의 무질

서한 확산을 방지하고 도시주변의 자연환경을 보전하여 도시민의 건전한 생활환경을 확보하기 위하여 또는 국방부장관의 요청이 있어 보안상 도시의 개발을 제한할 필요가 있다고 인정되는 지역을 대상으로 지정한다.

● 기타 도시의 무질서한 시가화를 방지하고 도시의 계획적·단계적인 개발을 도모하기 위한 '시가화조정구역'이나 토지이용을 합리화하고 도시의 기능·미관 및 환경을 효율적으로 유지·관리하기 위한 '상세계획구역'이 지정되고 있다.

뿐만 아니라 토지는 특정한 시설 보호를 위해 토지이용이 제한되기도 한다.

● 가장 대표적인 것은 군사시설보호구역이다. 군사시설보호법에 의하면 군사시설의 최외곽 경계선으로부터 1km 이내에서 보호구역을 설정할 수 있으며, 보호구역 안에서의 건축행위는 관할부대장이 인정하는 경우 이외에는 제한한다.

● 토지이용 제한이 가장 심한 경우는 상수원보호구역이다. 수도법과 수도법의 하위법령인 상수원관리규칙에 의하여 상수원보호구역 안에서는 원칙적으로 건축이 금지되고 있으며, 기존 주택의 증개축 등에만 건축을 허가한다.

● 학교환경위생정화구역도 대표적인 제한 규정이다. 학

교보건법에 의해 지정되는 학교환경위생정화구역(학교 경계선으로부터 200m 이내)에서는 여관이나 유흥시설, 공해시설 등 학교보건위생에 해로운 행위나 시설이 제한된다.

● 국도나 고속도로 주변 토지의 경우에는 접도구역이나 연도구역으로 지정될 경우 일정한 건축행위가 제한되며(도로법, 고속국도법), 항만지역은 항만지구로 지정되어 토지이용 행위가 제한되는 등 각각의 개별법에서 토지이용행위를 규제하는 사례들을 손쉽게 찾아볼 수 있다.

이상에서 살펴본 토지이용 제한사항은 토지이용계획확인서를 보면 알 수 있다. 우리나라의 대부분의 토지들은 국토이용관리법이나 각각의 개별 법률에 의해서 이용이 제한되고 있으므로 토지를 구입할 경우에는 가장 먼저 해당 토지가 어떤 법률에 의해 어떤 제한을 받고 있는지 확인해야 한다.

● 구입하려는 토지가 어떤 제한을 받고 있는가를 알아보기 위해서는 가장 먼저 해당 토지 소재지의 구청이나 시·군청의 민원실을 방문해 토지이용계획확인서를 발급받아야 한다. 토지이용계획확인서를 발급받아 보면 구입할 토지가 도시계획이나 국토이용계획상 어떤 지역에 속해 있으며, 토지거래허가지역에 포함되는지 여부 등이 나타나 있다.

● 토지이용계획확인서에 표기된 용도지역이나 각종 이용

제한에 대한 구체적인 내용을 알기 위해서는 해당 용도지역 등을 규율하는 각각의 법률 조문이나 해당 지방자치단체의 조례 등을 찾아보아야 한다.

공유지를 살 때의 계약방법

민법 제264조에 의거 공유자는 다른 공유자의 동의 없이 그 공유물을 처분하거나 변경하지 못하도록 되어 있다. 물론 토지 공유자 중 한 사람과 계약을 한 상태에서 그 계약의 이행과 소유권 이전이 순조롭게 된다면 아무 문제도 없을 것이다. 하지만 그렇지 못한 경우를 대비하여야 하므로 공유자 전원이 아닌 공유자 중 한 사람과 계약을 하는 경우에는 나머지 다른 공유자의 부동산 매도용 인감증명과 위임장을 첨부하여 공유자 전원의 동의가 있는지를 확인한 후 계약을 체결해야 한다.

6. 부동산등기부 보는 방법

— 서류를 통해 물건을 확인하는 능력을 키워라

부동산등기부는 주택이나 토지 등 모든 부동산의 권리관계가 기재된 공적인 장부로, 부동산을 사고 팔거나 임대할 경우에는 반드시 해당 부동산에 대한 등기부등본을 열람해 각종 권리관계를 확인해야 한다.

등기부등본에는 토지등기부와 건물등기부, 그리고 집합건물등기부 등이 있다. 따라서 대지와 건물이 함께 거래되는 단독주택 같은 부동산을 거래할 경우에는 토지등기부와 건물등기부를 각각 열람해야 한다. 아파트나 연립주택 등 공동주택의 경우에는 집합건물등기부 하나에 토지와 건물에 대한 사항이 함께 수록되어 있다. 집합건물등기부에는 표제부가 거래대상 부동산이 포함된 전체건물에 대한 표제부와 거래대상 건물에 대한 표제부로 각각 구분되어 있다.

등기부는 반드시 해당 부동산을 표시하는 표제부, 소유권과 기타 소유권관련 권리관계가 수록된 갑구, 저당권 등 소유권 이외의 권리관계가 수록된 을구로 구분되어 있다. 저당권이나 전세권 등 소유권 이외의 권리관계가 없는 부동산의 경우에는 을구가 없는 경우도 있다.

갑구에는 원칙적으로 해당 부동산 소유자의 변동내역이 모두 수록되어 있다. 따라서 갑구상에 소유권을 이전받은 사람이 여러 명일 경우 가장 나중에 소유권을 이전받은 사람이 현재의 소유자이다. 갑구에는 소유권 이외에 가등기나 가압류·가처분 등에 관한 사항들이 기재되며, 이들 등기내용은 해당 부동산소유권을 직접적으로 제한하는 사항들이다. 만약 갑구에 가등기나 가압류등기가 기재되어 있는 경우에는 반드시 해당 등기사항을 말소하고 난 이후에 거래해야 한다.

을구에는 소유권 이외에 저당권이나 전세권, 지상권, 임차권 등의 등기사항이 기재된다. 이들 사항은 부동산의 이용이나 수익권 등 소유권의 일부 권한을 제한하는 내용들이다. 이들 권리가 있다고 해서 부동산 거래가 방해되지는 않는다.

부동산등기부등본에 기재되는 내용 중 소유권을 제외한

모든 사항들은 그 효력이 끝나면 반드시 말소등기를 해야
한다. 예를 들어 가압류등기가 해제된 경우에는 반드시 해
제된 날짜에 가압류말소등기를 기재하게 된다. 또한, 지상
권설정기간이 지나 지상권의 효력이 종료된 이후에도 반드
시 지상권사항을 말소하는 등기가 기재된다.

등기부상에 여러 개의 권리가 복잡하게 기재되어 있는 경
우 일반인들은 아직도 유효한 등기내용을 판단하기가 쉽지
않다. 이 경우, 여러 가지 등기사항 중 해당 등기내용에 대
한 말소등기가 없는 등기내용은 현재까지 유효한 권리사항
으로 판단하면 큰 무리가 없다.

부동산등기부의 표제부에는 해당 부동산의 주소 등 표시
사항과 더불어 상단에 해당 등기부의 구성내역과 해당 장수
가 표시되어 있다. 따라서 거래시 상대방이 발급받은 등기
부등본을 검토하는 경우에는 반드시 표제부에 표시된 등기
부 내역과 발급받은 등기부등본의 구성내역, 장수가 일치하
는가를 확인해야 한다. 또한 거래 상대방이 제시한 등기부
등본이 복사된 것일 경우에는 반드시 다시 한 번 등기부등
본을 열람하거나 발급받아 확인해야 하는 것은 필수이다.

7. 기타 부동산 관련 서류 보는 법

— 생각보다 어렵지 않은 부동산 관련 서류 보는 법

1. 토지대장과 지적도란 무엇인가?

우리나라에서는 토지관리와 취득세 등 세금을 쉽게 징수하기 위해 거의 모든 토지에 대해서 면적과 토지등급, 지목, 경계선 등이 표시된 토지대장과 지적도를 작성해 관리하고 있다. 또한, 임야의 경우에는 이와 유사한 임야대장과 임야도를 작성해 관리하고 있다.

토지대장과 임야대장은 토지에 대한 기초사항들이 수록된 것이다. 따라서 해당 토지의 소재지와 면적, 지목, 토지등급, 소유자에 대한 사항들이 수록되어 있다.

지적도와 임야도에는 해당 토지의 행정구역과 지번, 경계선, 지목 등이 수록되어 있어 토지의 형상이나 위치, 접면도로 폭 등을 파악할 수 있다.

토지대장에 수록된 면적과 지목, 토지등급은 취득세나 등록세 등 각종 지방세를 산정할 때 기초가 되는 사항이다. 또한, 현행 건축법에서는 주택이나 각종 건축물을 건축하려면 반드시 해당 토지의 지목이 '대지'이어야 하며, 기타 각종 행정절차에서 토지의 종류를 구분하는 기준으로 토지대장상의 지목을 원용하고 있다.

지적도와 임야도는 해당 토지의 경계선을 표시하기 위해 지적공사라는 공공단체에서 측량한 일종의 측량도면이다. 따라서 내 땅과 옆집의 땅 사이의 불분명한 경계선을 알아보려면 반드시 지적도나 임야도를 기준으로 해야 한다. 또한, 해당 토지상에 건축허가를 받으려면 반드시 지적도를 기준으로 건축설계도를 작성해야 한다.

토지대장이나 지적도 등은 해당 토지가 소재한 지역의 구청이나 군청 혹은 시청에서 관리하며, 일반인들이 직접 열람하거나 등본을 발급받을 수 있다.

2. 토지대장, 지적도 보는 방법과 거래시 주의사항

토지대장과 지적도는 토지의 기초적인 사항, 즉 물리적인 사항을 국가에서 확인해주는 공적인 장부이다. 토지에 대한 면적이나 경계선 등 각종 분쟁이 발생할 경우에는 일단 토지대장과 지적도에 수록된 내용을 기초로 판단한다. 따라서 모든 토지 거래시에는 반드시 해당 토지에 대한 토지대장과 지적도, 혹은 임야대장과 임야도를 확인해야 한다.

만약 토지대장에 수록된 면적이나 지목 등의 내용과 해당 토지의 등기부등본에 기재된 내용이 각각 다를 경우에는 토지대장에 수록된 내용을 맞는 것으로 추정한다. 다만, 소유자나 기타 권리관계에 대한 사항들은 등기부등본에 기재된 내용을 기준으로 한다.

지적도에는 해당 토지와 주변토지의 형상과 지목 등이 상세하게 수록되어 있어 토지의 형상이나 접면도로 상태 등을 개괄적으로 파악할 수 있다. 간혹 토지 거래시 매도인이 지적도가 아닌 청사진으로 작성한 측량도면을 제시할 경우가 있다. 이들 측량도면은 측량사무소에서 작성되는데 부정확한 것이 많으므로 반드시 지적도를 다시 한 번 확인해야 한다.

지적도상의 경계는 0.5mm의 미세한 선으로 세밀하게 그려져 있어 복사과정에서 일부 현황과 틀리게 복사될 수 있다. 또한, 지적도등본을 정교하게 변조해서 다시 복사한 경우 육안으로 확인할 수 있는 방법이 없다. 따라서 지적도는 반드시 본인이 직접 열람하는 것이 좋으며, 불가피할 경우에는 반드시 해당 관청에서 발급한 지적도등본 원본을 가지고 확인해야 한다.

3. 건축물관리대장 보는 방법과 거래시 주의사항

각 구·시·읍·면 사무소에서는 과거부터 재산세 징수를
위해 거의 모든 건물에 대해서 총층수와 면적, 소유자나 관
리자 등 건축물의 현황이 표시된 건축물관리대장 또는 가옥
대장 등을 작성해 관리해왔다. 지난 1992년도부터는 국가차
원의 효율적인 건축물관리를 위해 이외에 건축설계도면까
지 포함한 건축물대장을 작성하여 관리하고 있다.

건축물대장을 통해서 확인해야 하는 사항들은 건물의 층
수와 용도, 연면적, 각 층 면적, 신축과 증축 날짜, 구조, 지
붕의 종류, 특수설비, 부속건물에 대한 내용 등이다. 또한,
미등기 건물의 경우에는 건축물관리대장에 기재된 소유자
가 실제 소유자인 것으로 추정할 수 있다.

새로운 건축물대장에는 이외에 해당 지역의 용도지역이나
지구, 건축허가일, 건물의 건폐율과 용적률, 대지면적, 높
이, 건물의 배치도·평면도 등 현황도면 등이 수록되어 있
다. 또한, 아파트나 연립주택 등 공동주택의 경우에는 별도
로 건물의 전용면적이나 총면적 등이 수록된 집합건축물대
장이 작성되고 있다.

건축물대장에 수록된 면적과 층수, 용도 등은 취득세나 등
록세·재산세 등 각종 지방세를 산정할 때 기초가 되는 사
항이다. 또한, 현행 건축법 등에서는 건물의 이용은 해당 건

물의 용도에 알맞도록 할 것을 규정하고 있으므로 각종 건물을 구입할 때는 반드시 사전에 확인해야 할 사항이다.

1992년 이전에 작성된 가옥대장이나 건축물관리대장 등은 해당 건물이 소재한 지역의 구청이나 시청 혹은 읍·면 사무소에서 관리하며, 일반인들이 직접 열람하거나 등본을 발급받을 수 있다. 또한, 새로이 작성되고 있는 건축물대장은 구·시·군청에서 수수료를 내고 발급받을 수 있다.

건축물대장은 주택이나 상가 등 건물의 기초적인 사항, 즉 물리적인 사항을 국가에서 확인해주는 공적인 장부로서 건물의 면적이나 층수, 용도 등에 관한 각종 분쟁이 발생할 경우에는 일단 건축물대장에 수록된 내용을 기초로 판단하게 한다. 예를 들어 건축물대장에 수록된 면적이나 용도 등의 내용과 해당 건물의 등기부등본에 기재된 내용이 다를 경우에는 건축물대장에 수록된 내용을 맞는 것으로 추정한다. 따라서 거래 계약시에는 반드시 대장상에 기재된 면적, 용도 등을 확인해야 한다. 다만, 소유자나 기타 권리관계에 대한 사항들은 등기부등본에 기재된 내용을 기준으로 한다.

건축물대장에 포함된 건축물 현황도면에는 건축물의 배치도, 각 층의 평면도와 부설주차장의 도면 등 건축물과 그 대지의 현황을 표시하는 도면이 포함되어 있어 해당 건물을 세밀하게 측량하지 않고도 개략적인 사항을 파악할 수 있으며, 이용계획수립시 직접 활용할 수 있다. 다만, 건축 후 소유자가 임의로 부분적인 개축을 한 경우에는 도면과 실제 현황이 다를 수 있음을 유의해야 한다.

4. 토지이용계획확인서 보는 방법과 거래시 주의사항

토지를 구입할 때에는 해당 토지상에 적용된 도시계획사항이나 국토이용계획사항들을 확인해 토지 구입 후 자신의 구입목적을 달성할 수 있는지 사전에 검토해야 한다. 이러한 확인이 손쉽도록 부동산 소재지를 관할하는 구·시·군청의 민원실에서는 도시계획은 물론 국토이용계획 등 토지에 관한 각종 행정 규제 사항과 해당 토지에 관한 도시계획이나 개발계획 등의 수립 여부에 관한 사항이 기재된 '토지이용계획확인서'를 발급해주고 있다. 시장·군수 또는 구청장은 민원인의 확인신청을 받은 때에는 당해 지역이 용도지역 등의 경계부근에 위치하여 계획도면상 그 경계가 확실하지 아니한 경우를 제외하고는 그 신청인에게 토지이용계획확인서를 발급해주어야 한다.

토지이용계획확인서에는 국토이용계획과 도시계획에서 정한 용도지역에 관한 사항, 그리고 용도지구와 도시계획시설, 도시개발사업, 도시계획입안사항과 도시계획도면, 토지거래규제사항 등이 수록되어 있다. 용도지역이나 용도지구에 관한 사항은 해당 토지상에 건축할 수 있는 건축물의 종류를 제한하는 사항으로 예를 들면, 주거전용지역으로 기입된 지역에서는 공해배출공장을 건축할 수 없으며, 전용공업지역에서는 단독주택을 건축할 수 없다.

도시계획시설란에는 도로나 공원 등 도시계획시설용지에 해당 토지가 편입되어 있는지 여부가 기입되는 것으로 예를 들면, 대상 토지가 공원용지에 얼마 정도 편입되거나 수용될 것인지, 도로에 몇 미터 정도 접해 있는가 하는 사항 등이 기입된다. 특히 건축법상 도로에 접해 있지 않은 토지상에는 건축이 불가능한 경우가 대부분이며, 도시계획시설용지로 편입되는 부분 역시 건축이 불가능하므로 주의 깊게 살펴보아야 한다.

도시개발사업란에는 해당 토지가 토지구획정리지구나 재개발지구 등에 속해 있는지의 여부가 기입되며, 도시계획구역란에는 개발제한구역이나 시가지정비구역 등 도시계획구역에 속해 있는지의 여부가 기입된다. 이들 각 지구나 구역에서는 다른 토지에 비해 이용제한이 큰 경우가 대부분이다. 만약 해당란에 지구나 구역이 표시되어 있는 경우에는 반드시 토지이용 제한 관계를 다시 확인해야 한다.

도시계획입안사항란에는 발급 당시 계획중인 도시계획사항이 기재되며, 이들 사항은 비록 도시계획이 확정되지는 않았으나 가까운 장래에 수립될 예정인 것들이다. 기타 사항란에는 도시계획이 수립되었으나, 아직 지적고시가 되지 않아 계획으로서 효력이 발생하지 않은 사항들이 기입된다.

토지이용계획확인서에 첨부된 지적도나 임야도 또는 도시계획도면에는 토지의 일부가 용도지역이나 도시계획시설용지로 편입되는 경우 개략적인 상황을 빨간선으로 표시한다. 여기에 표시된 도면은 관계 공무원이 도시계획도면을 참조해 부정확하게 작성한 것으로, 건축 등 토지이용을 위해서는 별도의 절차를 거쳐 재확인해야 한다.

이러한 사항 이외에 관할 구·시·군청에서는 토지이용계획확인서에 토지거래허가지역이나 군사시설보호구역 등 토지이용시 중요한 제한사항들을 표시해 주기도 하나, 한 장의 토지이용계획확인서에 해당 토지에 관한 이용규제사항들이 모두 표시되는 것은 아니다.

토지이용계획확인서는 앞에서 말한 것과 같이 국토이용계획이나 도시계획수립사항만을 표시한 것으로, 일반인들은 여기에 기입된 내용만으로는 구입할 토지상에 어떤 건물을 건축할 수 있는지 알 수 없다. 따라서 발급받은 토지이용계획확인서에 한 가지라도 해당 내용이 기입되어 있을 경우에는 반드시 관련 공무원이나 중개업자 등 전문가들과 상의하는 것이 좋다.

건축을 목적으로 토지를 구입하는 경우에는 해당 구·시·군청의 건축과를 찾아가면 대부분의 제한 내용을 알아볼 수 있다.

8. 뗄 수 없는 관계
부동산과 세금

— 기껏 한 고생 끝까지 지키기

부동산을 구입할 때 내는 세금에는 다음과 같은 것들이 있다.

1. 취득세

일반적으로 부동산을 구입하면 취득세(2%)와 등록세(3%), 그리고 등록세의 20%에 해당하는 교육세와 취득세의 10%에 해당하는 농어촌특별세를 부담해야 한다. 결국 부동산을 구입하는 사람은 부동산의 과세시가표준액(또는 실거래가격)의 5.8%에 달하는 세금을 부담해야 한다. 여기에 국민주택채권을 별도로 부담해야 하므로 부동산 투자자는 반드시 사전에 세금에 대한 고려를 해야 한다.

취득세는 부동산을 매매 또는 교환 방식으로 구입했거나 상속이나 증여 또는 기부를 받은 경우, 건물을 건축(신축 및 증축, 개축)한 경우 및 토지의 지목을 사실상 변경함으로써 그 가액이 증가한 경우에 그 부동산을 사실상 취득한 사람에게 부과되는 세금으로 지방세법에서 규율하고 있다.

사실상 취득이란 당해 부동산의 배타적인 사용수익권을 취득하는 것을 의미하고, 공부상의 등기나 등록 여부와는 관계 없다.

부동산을 취득한 사람은 취득일부터 30일 이내에 대상 부동산이 소재한 지역의 관할 구·시·군청에 자진해서 신고하고 납부해야 한다.

취득일이란 매매의 경우에는 계약서상의 잔금지급일을 의미한다. 계약서상 잔금지급일 이전에 잔금을 지급하거나 소유권이전등기를 끝마친 경우에는 그 중 먼저 행위가 이루어진 때를 취득시기로 보고 있다.

취득세는 일반적인 경우에는 1000분의 20(2%)이며, 고급주택이나 별장·골프장·고급오락장·법인의 비업무용 토지의 경우에는 1000분의 150(15%)이 부과된다.

취득세를 계산하는 기준 금액인 과세표준은 부동산의 거래에 있어 실제 취득가액을 알 수 없는 경우가 많고, 또 이에 대하여 과세당국이 일일이 실제 취득가액을 추적할 수도 없는 노릇이므로 취득자의 신고에 의한 가액을 원칙으로 하고 있으며, 신고가액이 시가표준액에 미달하는 경우에는 시가표준액에 의하도록 규정하고 있다. 또한 법인장부 등에 의하여 실제 거래가액이 입증되는 경우에는 원칙에 입각하여 사실상의 취득가액을 과세표준으로 보도록 규정하고 있다.

시가표준액이란 납세자의 취득신고가 없거나 사실상의 취득가액을 입증하기 어려운 때 또는 신고가액이 시가표준액에 미달하는 경우 취득세 과세표준액을 결정하는 기준이 되는 가액으로서 행정자치부의 시가표준액 결정 및 조정지침에 의하여 각 시 · 군 · 구에서 고시하는 부동산(토지 및 건축물)의 가액을 말한다.

토지의 시가표준액은 개별공시지가에 부동산의 소재지 지방자치단체의 장이 결정 고시한 과세표준액 적용비율을 곱하여 산정한 가액이다. 건물의 경우에는 매년 1월 1일을 기준으로 도지사의 승인을 얻어 시장 · 군수가 결정한다. 그러나 실제적으로는 매년 행정자치부의 건물시가표준액 조정지침에 의하여 일률적으로 신출되는데 매년 정해지는 건물 제곱미터당 기준가액에 구조지수와 용도지수, 위치지수, 경과연수별 잔가율, 가감산율, 면적을 곱하여 산출한다.

취득세가 15%로 중과세되는 별장이란 주거용에 사용할 수 있도록 건축된 건축물(주거와 주거 외의 용도로 겸용할 수 있도록 건축된 오피스텔이나 이와 유사한 건축물로서 사업자등록증 등에 의하여 사업장으로 사용하고 있음이 확인되지 아니하는 건축물을 포함한다)로서 상시 주거용에 사용하지 아니하고 개인 또는 그 가족(법인의 경우에는 그 임직원)이 휴양이나 피서 또는 위락 등의 용도로 사용하는 건축물과 그 부속토지를 의미한다. 다만, 그 부속된 토지의 경계가 명확하지 않은 경우에는 그 별장용 건축물의 바닥면적의 10배에 해당하는 토지를 그 부속토지로 본다.

취득세가 중과세되는 고급주택이란 다음의 조건 중 한 가지에 해당하는 주택과 그 대지를 의미한다. 주택을 취득한 날부터 30일 이내에 주거 외의 용도로 사용하거나 고급주택이 아닌 용도로 사용하기 위하여 용도변경공사에 착공하는 경우에는 예외로 한다.

● 1구의 건물의 연면적(주차장 면적 제외)이 $331m^2$를 초과하는 것으로서 그 시가표준액이 2,500만 원을 초과하는 주거용 건물

● 1구의 건물의 대지면적이 $623m^2$를 초과하는 것으로서 그 건물의 시가표준액이 2,500만 원을 초과하는 주거용 건물

● 1구의 주택에 엘리베이터나 에스컬레이터 또는 $67m^2$ 이상의 풀장 중 1개 이상의 시설이 설치된 주거용 건물(공동주택 제외)

● 1구의 건물의 연면적(공용면적을 제외한다)이 245m²를 초과하는 주거용 공동주택(여러 가구가 한 건물에 거주할 수 있도록 건축된 다가구용 주택을 포함하되, 이 경우 한 가구가 독립하여 거주할 수 있도록 구획된 부분을 각각 1구의 건물로 본다)

기타 취득세가 중과세되는 골프장이란 회원제 골프장용 부동산으로서 체육시설의설치 · 이용에관한법률시행령 제20조의 규정에 의한 구분 등록대상이 되는 모든 토지와 건축물을 의미한다.

취득세가 중과세되는 고급오락장이란 카지노장이나 자동도박기설치장 등 지방세법시행령으로 정하는 오락장용 건축물과 그 부속토지를 의미한다. 다만, 그 부속된 토지의 경계가 명백하지 않은 경우에는 그 건축물의 바닥면적의 10배에 해당하는 토지를 그 부속토지로 보고 있다.

2. 등록세

등록세는 재산권, 기타 권리의 취득이나 이전, 변경, 소멸에 관한 사항을 공부에 등기 또는 등록할 때에 부과하는 세금으로 지방세법에서 규율하고 있다. 부동산등기의 경우에는 보존등기나 분할등기, 소유권이전등기 신청자가 등기 신청 이전까지 부동산 소재지 관할 구 · 시 · 군청에 납부해야 하며 납부한 영수증을 첨부해야 등기가 가능하다.

　등록세의 과세표준은 등기자의 신고에 의한 등기 당시의 가액으로 한다. 다만, 신고가 없거나 신고가액이 시가표준액에 미달하는 경우에는 시가표준액을 과세표준으로 한다. 앞에서 설명한 취득세 과세표준이 실거래가격에 의하여 결정되는 경우에는 동 규정에 의한 실거래가격을 시가표준액에 상관없이 등록세 과세표준으로 한다.

　부동산등기에 대한 등록세율은 다음과 같이 세분되어 있다.

(1) 유상취득의 경우
　• 농지 : 부동산가액의 1000분의 10
　• 기타 : 부동산가액의 1000분의 30
(2) 소유권의 보존 : 부동산가액의 1000분의 8
(3) 공유 · 합유 및 총유물의 분할 : 분할로 인하여 받은 부동산가액의 1000분의 3
(4) 소유권 이외의 물권과 임차권의 설정 및 이전
　• 지상권 : 부동산가액의 1000분의 2
　• 저당권 : 채권금액의 1000분의 2
　• 지역권 : 요역지가액의 1000분의 2
　• 전세권 : 전세금액의 1000분의 2
　• 임차권 : 월 임대차금액의 1000분의 2

(5) 상속으로 인한 소유권의 취득

• 농지 : 부동산가액의 1000분의 3

• 기타 : 부동산가액의 1000분의 8

(6) 상속 이외의 무상으로 인한 소유권의 취득 : 부동산가액의 1000분의 15

(7) 경매신청·가압류·가처분 및 가등기

• 경매신청·가압류·가처분 : 채권금액의 1000분의 2

• 가등기 : 부동산가액의 1000분의 2

(8) 신탁재산등기 : 부동산가액의 1000분의 10

(9) 기타 부동산등기 : 매1건당 3,000원

(10) 기타 세율 : 지방세법 제131조 내지 제150조에서는 기타 선박이나 항공기 등 과세객체별 세율을 규정하고 있다.

3. 취득세·등록세에 대한 부가세

(1) 부가세(등록세에 대한 부가세 부문)

지방세법의 규정에 의한 등록세의 납세의무자와 지방세법의 규정에 의한 재산세의 납세의무자, 지방세법의 규정에 의한 종합토지세의 납세의무자는 지방세법의 규정에 의한 등록세액의 100분의 20 또는 재산세액의 100분의 20, 종합토지세액의 100분의 20에 해당하는 교육세를 납부해야 한다.

등록세액과 재산세액, 종합토지세액에 부과되는 교육세는

시장·군수 또는 그 위임을 받은 공무원이 지방세 부과·징수의 예에 의하여 이를 부과·징수하는 것으로, 통상 해당 세금을 납부할 때 함께 납부해야 한다.

(2) 농어촌특별세(취득세에 대한 부가세 부문)

지방세법에 의한 취득세의 납세의무자와 조세감면규제법 또는 지방세법에 의하여 양도소득세나 법인세특별부가세·취득세 또는 등록세의 감면을 받는 자, 지방세법에 의한 종합토지세의 납세의무자로서 납부세액이 500만 원을 초과하는 자의 경우에는 농어촌특별세를 납부해야 한다(농어촌특별세법 참조).

농어촌특별세는 다음 각호의 과세표준에 해당 세율을 곱하여 계산한다.

① 조세감면규제법 및 지방세법에 의하여 감면을 받는 양도소득세·법인세특별부가세·취득세 또는 등록세의 감면세액 : 100분의 20

② 지방세법에 의하여 납부하여야 할 취득세액 : 100분의 10

③ 지방세법에 의하여 납부하여야 할 종합토지세액의 경우

• 세액이 500만 원 초과 1,000만 원 이하인 경우 : 500만 원을 초과하는 금액의 100분의 10

• 세액이 1,000만 원을 초과하는 경우 : 50만 원 + 1,000만 원을 초과하는 금액의 100분의 15

농어촌특별세의 납세지는 당해 본세의 납세지로 하며, 조세감면규제법 및 지방세법에 의하여 감면을 받는 소득세·법인세·취득세 또는 등록세의 감면세액에 의한 농어촌특별세는 당해 세금을 신고·납부하는 때에 그에 대한 농어촌특별세도 함께 신고·납부하여야 하며, 신고·납부할 본세가 없는 경우에는 당해 본세의 신고·납부의 예에 따라 신고·납부하여야 한다.

취득세액에 대한 농어촌특별세는 당해 본세를 신고·납부하는 때에 그에 대한 농어촌특별세도 함께 신고·납부하여야 하며, 종합토지세액에 대한 농어촌특별세를 종합토지세의 부과·징수시 함께 부과한다.

4. 부동산을 구입할 때 내야 하는 그 밖의 세금

(1) 증여세와 자금출처조사

일반적으로 증여란 당사자 일방인 증여자가 대가와 관계없이 무상으로 재산을 상대방에게 준다는 의사를 표시하고 상대방이 증여받은 것을 승낙함으로써 성립하는 민법상의 계약의 일종이다. 증여를 받은 자(수증자)는 증여를 받은 날(수증일)부터 3월이 되는 날까지 자신의 주민등록 소재지 관할 세무서에 자진해서 신고하고 납부해야 한다. 만약 세액이 일정액을 초과할 경우에는 1/4(최소 1,000만 원)을 신고기

한 내에 우선 납부하는 연부연납이나 물납제도 있다. 신고
기한 내에 신고하고 납부하지 아니하면 약 30%의 가산세를
부과한다(상속세및증여세법에서 규율하고 있음).

증여세는 재산을 무상으로 취득한 경우뿐만 아니라 직계
존비속 또는 배우자간에 재산을 양도하거나 제3자 명의로
재산을 등기하면 세법상 증여로 보아 증여세를 내야 하는
특수한 경우가 있으므로 부동산 등의 거래시 유의할 필요가
있다.

다음의 경우는 세법상의 증여로 보아 증여세를 과세한다.

① 배우자 상호간 또는 직계존비속간에 재산을 양도하는
경우(대가를 지급한 경우는 제외)

② 재산을 특수관계에 있는 사람에게 양도한 후 3년 안에
당초 양도자의 배우자나 직계존비속에게 다시 양도하는 경
우(대가를 지급한 경우는 제외)

③ 특수관계가 있는 사람끼리 시가의 70% 이하 또는
130% 이상의 가액으로 재산을 양도하거나 시가와 대가와의
차액이 1억 원 이상인 경우

④ 채무를 면제받거나 다른 사람이 빚을 대신 갚아줌으로
써 경제적인 이익을 얻은 경우

⑤ 보험료를 내지 않는 사람이 보험금을 타게 되는 경우

⑥ 세금을 내지 않을 목적으로 실질적인 소유권이 없는 제

3자의 명의로 재산을 등기, 등록 또는 명의개서한 경우

⑦ 다른 사람의 재산신탁으로 신탁재산이나 그 재산에서 생긴 이익을 받은 경우

⑧ 기업의 합병 또는 증자 · 감자로 인하여 주주가 받는 이익

증여세의 세율은 다음과 같다.

● 1억 원 이하 : 과세표준의 100분의 10

● 1억 원 초과 5억 원 이하 : 1,000만 원 + 1억 원을 초과하는 금액의 100분의 20

● 5억 원 초과 10억 원 이하 : 9,000만 원 + 5억 원을 초과하는 금액의 100분의 30

● 10억 원 초과 50억 원 이하 : 2억 4,000만 원 + 10억 원을 초과하는 금액의 100분의 40

● 50억 원 초과 : 18억 4,000만 원 + 50억 원을 초과하는 금액의 100분의 45

증여받은 재산의 가액은 증여 당시의 시가로 평가하며, 그 시가를 산정하기 어려울 때에는 다음과 같은 방법에 의한다.

● 토지 : 개별공시지가(지정지역은 배율방법에 의하여 평가한 가액)

● 건물 : 시가표준액(지정지역은 국세청장이 평가하여 고시

한 가액. 현재 지정지역으로는 아파트와 빌라, 상업용 건물, 아파트 이외의 주택이다).

● 선박 : 시가표준액

● 시설물 ·구축물 : 다시 건축하거나 취득할 경우에 소요되는 금액에서 설치일부터 증여일까지의 감가상각비 상당액을 공제한 금액

● 기타 : 상속세및증여세법 참조

증여가 친족간에 이루어진 경우에는 증여받은 재산의 가액에서 다음 금액을 공제(증여재산 공제)한 금액을 기준으로 증여세를 부과한다(10년에 한 번만 적용된다).

● 직계존비속으로부터 증여받을 때 : 3,000만 원(미성년자의 경우 1,500만 원)

● 배우자로부터 증여받을 때 : 5억 원(30억 원 한도 ; 1997. 1. 1 이후부터 적용)

● 그 이외의 친족으로부터 증여받을 때 : 500만 원

재산을 취득하거나 채무를 상환한 사람의 연령 · 소득상황 등을 감안하여 자력으로 취득하거나 상환한 것이 아니고 증여를 받은 것으로 여겨질 때에는 재산 취득자금 또는 채무상환자금 출처에 대한 안내문을 받게 되는데, 이 경우에는 재산 취득자금 또는 채무상환자금 출처에 관한 자료를 세무

서에 내야 한다. 자금출처조사에서 결국 본인의 자금원천을 최대한 입증하고 입증하지 못하는 금액 부분만을 증여로 추정하여 증여세가 부과된다.

　당해 취득재산의 자력취득 여부를 판단하기 위해서는 취득자의 직업, 성별, 연령, 소득 및 재산상태를 종합적으로 고려하며 여러 가지 요인을 종합하여 보아도 당해 재산을 자력으로 취득하였다고 인정하기 어려운 경우란, 다음 각호의 규정에 의하여 입증된 금액의 합계액이 취득재산의 가액에 미달하는 경우를 말한다. 다만, 자금입증 근거의 불일치 현실을 반영하여 일반적인 경우 취득가액의 20%(취득재산가액이 10억 원을 초과하는 경우 그 초과하는 금액에 대하여는 5%)에 상당하는 금액과 2억 원 중 적은 금액에 미달하는 경우에는 제외한다.

　① 신고 또는 과세받은 소득금액의 입증

　② 신고하였거나 과세받은 상속 또는 수증재산의 가액 입증

　③ 재산을 처분한 대가로 받은 금전이거나 부채를 부담하고 받은 금전으로 당해 재산의 취득에 직접 사용한 금액의 입증

　④ 국세청장이 연령, 세대수, 직업, 재산상태, 사회 경제적 지위 등을 참작하여 정한 기준에 따라 조사한 결과 자금출처가 입증되는 것으로 인정하는 금액

　세무서장은 증여세 과세를 위한 조사 결정을 직접조사결

정과 간접조사결정으로 구분하여 실시하고 있다. 세무서장
은 주민등록등본에 의한 간접조사 결과 다음의 기준금액을
초과하지 않는 자가 취득한 재산에 대해서는 직접조사를 하
지 않고 간접조사, 즉 자금출처조사를 면제한다.

▶ 세대주별 · 연령별 기준금액

연령별 · 세대주별	기준금액
40세 이상 세대주	주택 취득의 경우 4억 원, 주택 이외의 경우 1억 원
40세 이상 비세대주	주택 취득의 경우 2억 원, 주택 이외의 경우 1억 원
30세 이상 40세 미만 세대주	주택 취득의 경우 2억 원, 주택 이외의 경우 5,000만 원
30세 이상 40세 미만 비세대주	주택 취득의 경우 1억 원, 주택 이외의 경우 5,000만 원
30세 미만의 세대주 및 비세대주	주택 취득의 경우 5,000만 원, 주택 이외의 경우 3,000만 원

또한, 기준금액 이상인 자 중 3년간 소득 및 부동산 양도
금액이 취득금액의 70% 이상인 경우에는 전산출력이 배제
된다. 위의 기준에 해당되어 간접조사를 하는 경우 과세당
국은 과세자료 전 주민등록등본 및 소득세대장 등에 의하여
처리하되 당해 납세의무자를 호출하거나 증빙자료 제시를
요구할 수 없다.

(2) 상속세

사람의 사망으로 일정한 사람이 그 사람의 재산 등을 포함하여 권리, 의무를 포괄적으로 승계받은 경우 상속을 받은 날부터 6개월 이내에 상속세를 납부해야 한다(상속세및증여세법 참조).

상속세 계산 공식은 다음과 같으며, 세율은 증여세율과 같다.

세액 = [상속재산 + 5(3)년 이내 증여재산 − (공과금/장례비/채무) − 기초 인적공제 등] × 세율

① 공과금 : 상속개시일 현재 피상속인이 부담하여야 할 공과금

② 장례비 : 최소 500만 원에서 1,000만 원 한도. 사망일부터 장례일까지의 장례에 직접 소요된 비용으로 묘지구입 · 비석 · 상석구입 비용 등은 제외

③ 채무 : 상속개시일 현재 피상속인이 부담하여야 할 확정채무

상속세의 기초공제와 인적공제는 다음과 같다.

● 기초공제 : 2억 원

● 배우자공제 : 5억 원에서 30억 원(법정지분 내 실제 상속받은 순재산기준으로 공제)

● 자녀공제 : 1인당 3,000만 원

● 미성년자 공제 : 20세까지의 연수에 500만 원을 곱한 금액

● 장애인 공제 : 75세까지의 연수에 500만 원을 곱한 금액

● 연로자 공제 : 60세 이상. 3,000만 원을 공제하며 배우자와 중복 불가

● 금융상속 공제 : 20%(2억 원 한도. 2,000만 원 미만은 2,000만 원 공제)

(3) 인지세

계약서 등 증서의 작성시에는 인지세 납세의무가 있다. 부동산의 취득과 관련하여 증서를 작성하는 경우, 다음의 세액에 해당하는 인지를 증서에 첨부하고 인장 또는 서명으로 소인하면 한다.

증서의 기재 금액별 인지세액은 다음과 같다.

● 500만 원 초과 1,000만 원 이하 : 1만 원

● 1,000만 원 초과 2,000만 원 이하 : 2만 원

● 2,000만 원 초과 3,000만 원 이하 : 3만 원

● 3,000만 원 초과 5,000만 원 이하 : 4만 원

● 5,000만 원 초과 1억 원 이하 : 7만 원

● 1억 원 초과 5억 원 이하 : 15만 원

● 5억 원 초과 10억 원 이하 : 25만 원

● 10억 원 초과 : 35만 원

부동산을 보유할 때는 다음과 같은 세금을 내야 한다.

1. 재산세

건축물이나 선박, 항공기를 소유하고 있는 사람은 매년 5월 1일에 부과되는 재산세를 6월 16일부터 6월 30일까지 재산의 주소지 관할 구·시·군청에 납부해야 한다.

재산세가 부과되는 건축물이란 주택과 점포·사무실·공장·창고·수상건물 등 지붕과 벽 또는 기둥이 있는 건물과 주택을 제외한 건축물에 부속 또는 부착된 풀장과 스케이트장 등의 구축물, 승강기, 20kW 이상의 발전시설 등 특수한 부대시설을 의미한다.

여기서 주택이란 상시 주거용으로만 사용되는 건물로서 1동의 건물이 주거와 주거 이외의 용도로 사용되고 있는 경우에는 주거용도에 쓰여지고 있는 부분에 대해서만 주택으로 본다. 그리고 아파트나 연립주택, 다세대주택, 다가구주택의 경우에는 1세대가 독립하여 구분 사용할 수 있도록 구획된 전용면적 부분을 1가구의 주택으로 본다. 특수한 부대설비 중 교환시설, 구내의 변전·배선 시설 및 건물의 냉·난방, 급·배수, 방화, 방범 등의 자동관리를 위하여 설치하는 인텔리전트빌딩 시스템 시설은 과세 대상에서 제외한다.

원칙적으로 재산세 과세기준일 현재 재산세 과세대장에

재산의 소유자로 등재되어 있는 사람은 재산세를 납부할 의무가 있다. 다만, 소유권의 귀속이 불분명하며 소유자를 알 수 없는 경우에는 사실상의 소유자에게 납세의무가 있다.

재산세의 과세표준은 과세시가표준액으로 하며, 종류와 표준액에 따라 다음과 같이 구분되어 부과한다.

(1) 주택 : 과세표준액에 따라 다음과 같이 1000분의 3에서 1000분의 70까지의 누진세율 적용

● 과세표준 1,200만 원 이하 : 1000분의 3

● 과세표준 1,200만 원 초과 1,600만 원 이하 : 3만 6,000원＋1,200만 원 초과 금액의 1000분의 5

● 과세표준 1,600만 원 초과 2,200만 원 이하 : 5만 6,000원＋1,600만 원 초과 금액의 1000분의 10

● 과세표준 2,200만 원 초과 3,000만 원 이하 : 11만 6,000원＋2,200만 원 초과 금액의 1000분의 30

● 과세표준 3,000만 원 초과 4,000만 원 이하 : 35만 6,000원＋3,000만 원 초과 금액의 1000분의 50

● 과세표준 4,000만 원 초과 : 85만 6,000원＋4,000만 원 초과 금액의 1000분의 70

(2) 주택 및 중과세 대상 이외의 건축물 : 과세시가표준액의 1000분의 3

(3) 중과세 대상 건축물

● 사치성 재산(골프장, 별장, 고급오락장용 건축물) : 과세시가표준액의 1000분의 50

● 대통령령으로 정하는 도시 내에서 도시계획법, 기타 관계법령의 규정에 의하여 지정된 주거지역 및 당해 지방자치단체의 조례로 정하는 지역 내의 대통령령으로 정하는 공장용 건축물 : 과세시가표준액의 1000분의 6

● 대도시 내에서 공장을 신설 또는 증설하는 경우 : 최초의 과세기준일로부터 5년간 1000분의 50(일반세율의 5배)

2. 종합토지세

종합토지세는 토지의 과다보유 억제로 지가 안정과 토지소유의 저변 확대를 도모하기 위해 종전의 토지분 재산세와 토지과다보유세를 통합하여 1990년부터 시행된 세제로서, 전국의 모든 토지를 소유자별로 합산한 후 토지의 이용 상황이나 조세부담의 형평 등을 감안하여 종합합산이나 별도합산, 분리과세로 구분하여 누진세율을 적용하는 대인 종합과세 제도이다.

매년 6월 1일 현재 토지를 소유하고 있는 사람은 해당 토지 소재지 구·시·군청에서 발급하는 종합토지세 고지서를 가지고 해당 연도 10월 16일부터 10월 31일까지 종합토지세를 납부해야 한다.

종합합산 과세대상 토지는 전국의 모든 토지 중 종합토지세가 비과세되는 토지와 일부 경감되는 토지의 경감비율에 해당하는 토지 및 별도합산과 분리과세 대상으로 구분되는 토지를 제외한 모든 토지가 해당된다.

여기서 주거용 건축물의 부속토지는 모두 종합합산 과세대상이 되며(시 지역의 경우 일정부분 초과 토지는 분리과세 대상), 공장용 건축물의 경우 입지기준면적 초과이내의 토지는 분리과세되지만, 초과토지는 종합합산 과세대상이 된다. 또한, 지상 건축물이 없는 나대지와 위법 시공 건축물의 부속토지·잡종지 등도 종합합산 과세대상이며, 분리과세되는 농지나 임야 이외의 모든 토지는 일단 종합합산 과세대상이 된다. 따라서 종합합산 과세대상 여부의 판정은 비과세, 감면, 별도합산, 분리과세 여부를 먼저 판단하고 이에 포함되지 않는 모든 토지는 종합합산 과세대상인 것으로 보면 된다.

별도합산 대상 토지는 전국의 모든 건축물의 부속토지 중 주거용, 공장용, 위법 시공 건축물, 별장용, 고급오락장용 건축물의 부속토지를 제외한 일반 영업용 건축물의 부속토지로서 다음의 용도지역별 적용배율을 적용하여 산출한 면적 이내의 토지를 의미한다. 기타 여객자동차터미널용 토지 등은 건축물의 부속토지가 아닌 상태로 이용되는 경우라 하더라도 건축물의 부속토지와 같이 별도합산 과세대상으로 보고 있다.

▶ 용도지역별 적용 배율

도시계획구역	도시계획 이외의 구역
• 주거전용지역 : 5배 • 상업지역, 준주거지역 : 3배 • 주거지역, 공업지역, 준공업지역 및 　전용공업지역 : 4배 • 녹지지역 : 7배 • 미계획지역 : 4배	7배

기타 지방세법에서는 농지나 목장용지 · 임야 · 공장 등 생산적 용도의 토지에 대해서는 낮은 세율로 과세하고, 별장 등 사치성 토지는 높은 세율로 과세하기 위하여 분리과세 대상 토지로 규정하고 있다(종합토지세에 대한 상세한 규정은 지방세법 제234조의 8 ~ 제234조의 25 및 동 법 시행령 · 시행규칙을 참조하기 바란다).

종합토지세의 과세표준은 종합합산과세표준과 별도합산 과세표준 및 분리과세표준으로 구분하며, 이때 과세표준계산은 지가공시및토지등의평가에관한법률에 의한 개별공시지가에 그 지방자치단체의 장이 결정 고시한 과세표준액 적용비율을 곱하여 산정한 가액으로 한다.

종합토지세의 세율은 다음과 같다.

▶ 종합합산과세 세율 (과세표준액 기준)

과세표준액	종합합산과세율
2,000만 원 이하	과세표준액의 1000분의 2
2,000만 원초과 5,000만 원 이하	4만 원+2,000만 원 초과금액의 1000분의 3
5,000만 원 초과 1억 원 이하	13만 원+5,000만 원 초과금액의 1000분의 5
1억 원 초과 3억 원 이하	38만 원+1억 원 초과금액의 1000분의 7
3억 원 초과 5억 원 이하	178만 원+3억 원 초과금액의 1000분의 10
5억 원 초과 10억 원 이하	378만 원+5억 원 초과금액의 1000분의 15
10억 원 초과 30억 원 이하	1,128만 원+10억 원 초과금액의 1000분의 20
30억 원 초과 50억 원 이하	5,128만 원+30억 원 초과금액의 1000분의 30
50억 원 초과	1억 1,128만 원+50억 원 초과금액의 1000분의 50

▶ 별도합산과세 세율

과세표준액	별도합산과세율
1억 원 이하	과세표준액의 1000분의 3
1억 원 초과 5억 원 이하	30만 원+1억 원 초과금액의 1000분의 4
5억 원 초과 10억 원 이하	190만 원+5억 원 초과금액의 1000분의 5
10억 원 초과 30억 원 이하	440만 원+10억 원 초과금액의 1000분의 6
30억 원 초과 50억 원 이하	1,640만 원+30억 원 초과금액의 1000분의 8
50억 원 초과 100억 원 이하	3,240만 원+50억 원 초과금액의 1000분의 10
100억 원 초과 300억 원 이하	8,240만 원+100억 원 초과금액의 1000분의 12
300억 원 초과 500억 원 이하	3억 2,240만 원+300억 원 초과금액의 1000분의 15
500억 원 초과	6억 2,240만 원+500억 원 초과금액의 1000분의 20

▶ 분리과세 세율

• 논·밭·과수원·목장용지·임야 : 과세표준액의 1000분의 1

• 골프장·별장·고급오락장용 토지 및 주택의 부속토지로서 기준면적을 초과하는 토지 : 과세표준액의 1000분의 50

• 기준면적 내의 공장용지 등 기타 분리과세 대상 토지 : 과세표준액의 1000분의 3

3. 재산세와 종합토지세에 대한 부가세

(1) 교육세

지방세법의 규정에 의한 재산세의 납세의무자와 지방세법의 규정에 의한 종합토지세의 납세의무자 및 지방세법의 규정에 의한 등록세의 납세의무자는 지방세법의 규정에 의한 재산세액의 100분의 20 또는 종합토지세액의 100분의 20, 등록세액의 100분의 20에 해당하는 교육세를 납부해야 한다 (교육세법 참조).

재산세액과 종합토지세액, 등록세액에 부과되는 교육세는 시장·군수 또는 그 위임을 받은 공무원이 지방세 부과·징수의 예에 의하여 이를 부과·징수하는 것으로, 통상 해당 세금을 납부할 때 함께 납부해야 한다.

(2) 농어촌특별세

지방세법에 의한 종합토지세의 납세의무자로서 납부세액이 500만 원을 초과하는 사람과 지방세법에 의한 취득세의 납세의무자 및 조세감면규제법 또는 지방세법에 의하여 양도소득세나 법인세특별부가세, 취득세 또는 등록세의 감면을 받는 사람의 경우에는 농어촌특별세를 납부해야 한다(농어촌특별세법 참조).

농어촌특별세는 다음 각호의 과세표준에 해당 세율을 곱하여 계산한다.

▶ 지방세법에 의하여 납부하여야 할 종합토지세액의 경우

• 세액이 500만 원 초과 1,000만 원 이하인 경우 : 500만 원을 초과하는 금액의 100분의 10

• 세액이 1,000만 원을 초과하는 경우 : 50만 원 + 1,000만 원을 초과하는 금액의 100분의 15

▶ 조세감면규제법 및 지방세법에 의하여 감면을 받는 양도소득세 · 법인세특별부가세 · 취득세 또는 등록세의 감면세액 : 100분의 20

▶ 지방세법에 의하여 납부하여야 할 취득세액 : 100분의 10

농어촌특별세의 납세지는 당해 본세의 납세지로 하며, 조세감면규제법 및 지방세법에 의하여 감면을 받는 소득세 · 법인세 · 취득세 또는 등록세의 감면세액에 의한 농어촌특

별세는 당해 세금을 신고·납부하는 때에 그에 대한 농어촌
특별세도 함께 신고·납부하여야 하며, 신고·납부할 본세
가 없는 경우에는 당해 본세의 신고·납부의 예에 따라 신
고·납부하여야 한다.

종합토지세액에 대한 농어촌특별세는 종합토지세의 부
과·징수시 함께 부과하며, 취득세에 대한 농어촌특별세는
당해 본세를 신고·납부하는 때에 그에 대한 농어촌특별세
도 함께 신고·납부해야 한다.

부동산을 매도할 때는 양도소득세를 내야 한다. 양도소득
세란 부동산의 매매계약이나 교환계약, 현물출자 등에 의해
부동산을 타인에게 유상으로 이전하는 경우 매도자에게 양
도소득이 발생된 때 자신이 거주하는 관할 세무서에 양도소
득세를 납부해야 한다(소득세법 참조).

양도소득이란 토지나 건물, 부동산에 관한 권리 등과 같이
자본적 성격을 가진 자산을 양도하는 경우 취득시점부터 양
도시점까지의 가치상승으로 인해 발생된 이익을 의미하는
것으로 양도소득에 대한 과세는 투기로 인한 불로소득이나
개발이익의 일부를 소득세로 환수한다는 의미가 있다.

양도소득에 대한 조세는 양도의 주체에 따라 달라지는데
양도자(매도자)가 개인일 경우에는 양도소득세가, 법인일 경
우에는 특별부과세가 과세된다.

양도소득세는 소득세법에서 규정하고 있고, 법인의 특별 부가세는 법인세법에서 규정하고 있다.

미성년자의 명의로 된 토지를 사는 경우 매매계약

법정 대리인의 동의만 있으면 미성년자인 본인과 계약할 수 있다. 미성년자는 만 20세에 달하지 않은 자를 말한다. 미성년자도 의사능력이 있으면 법률 행위를 할 수 있지만 법정 대리인의 동의를 얻지 아니한 행위는 미성년자인 본인이나 법정 대리인이 이를 취소할 수 있다.

가림출판사 · 가림M&B · 가림Let's에서 나온 책들

문 학

바늘구멍
켄 폴리트 지음 · 홍영의 옮김

미국 추리작가 협회의 최우수 장편상을 받은 초유의 베스트 셀러로 전쟁을 통한 두뇌싸움을 치밀하고 밀도 있게 그려낸 추리소설.　신국판 / 342쪽 / 5,300원

레베카의 열쇠
켄 폴리트 지음 · 손연숙 옮김

최고의 모험, 폭력, 음모 그리고 미국적인 열정 속에 담긴 두 남녀의 사랑이야기를 독자들의 상상을 뒤엎는 확실한 긴장감으로 마지막까지 흥미진진한 켄 폴리트의 장편 추리소설.
신국판 / 492쪽 / 6,800원

암병선
니시무라 쥬코 지음 · 홍영의 옮김

암병선을 무대로 인간생명의 존엄성을 지키기 위해 불의와 맞서는 시라도리 선장의 꿋꿋한 의지와 애절한 암환자들의 심리가 생생하게 묘사된 근래 보기드문 걸작.
신국판 / 300쪽 / 4,800원

첫키스한 얘기 말해도 될까
김정미 외 7명 지음

이 시대의 젊은 작가 8명이 가슴속 깊이 간직했던 나만의 소중한 이야기를 살짝 털어놓은 상큼한 비밀 이야기.
신국판 / 228쪽 / 4,000원

사미인곡 上 · 中 · 下
김충호 지음

파란만장한 일생을 보낸 정철의 생애를 통해 난세를 살아가는 우리에게 삶의 지혜와 기쁨을 선사하는 대하 역사 소설.
신국판 / 각 권 5,000원

이내의 끝자리
박수완 스님 지음

앞만 보고 살아가는 우리에게 자신을 뒤돌아볼 수 있는 여유를 갖게 해주는 승려시인의 가슴을 울리는 주옥 같은 시집.
국판변형 / 132쪽 / 3,000원

너는 왜 나에게 다가서야 했는지
김충호 지음

세상에 대한 사랑의 아픔, 그리움, 영혼에 대한 고뇌를 달래야 했던 시인이 살아 있는 영혼을 지닌 이들에게 전하는 사랑의 메시지.　국판변형 / 124쪽 / 3,000원

세계의 명언
편집부 엮음

위인이나 유명인들의 글, 연설문 혹은 각 나라에서 전해져 오는 속담을 통하여 지난날을 되새겨보는 백과전서로서, 오늘을 반성하는 교과서로서, 그리고 미래를 설계하는 참고서로서 역할을 해줄 것이다.　신국판 / 322쪽 / 5,000원

여자가 알아야 할 101가지 지혜
제인 아서 엮음 · 지창국 옮김

남녀가 함께 살면서 경험으로 터득한 의미심장하면서도 재미있는 조언들을 발췌한 내용으로 독신의 삶을 청산하려는 이들이 알아야 할 유용하고 상상력 풍부한 힌트로 가득찬 감동의 메시지이다.　4 · 6판 / 132쪽 / 5,000원

현명한 사람이 읽는 지혜로운 이야기
이정민 엮음

현대를 살아가는 우리들에게 삶의 가치를 부여해주고 자기 성찰의 기회를 갖게 해준다.　신국판 / 236쪽 / 6,500원

성공적인 표정이 당신을 바꾼다
마츠오 도오루 지음 · 홍영의 옮김

자신뿐만 아니라 주위 사람들의 마이너스 사고를 플러스 사고로 바꾸어서 사람의 마음을 움직이며, 그리고 사람의 마음에 남는 최고의 웃는 얼굴을 만드는 비법 총망라!
신국판 / 240쪽 / 7,500원

태양의 법
오오카와 류우호오 지음 · 민병수 옮김

불법 진리 사상의 윤곽과 그 목적 · 사명을 명백히 함으로써 한 사람 한사람의 인간이 깨달음을 추구하고 영적으로 깨우치기 위한 명확한 방향을 제시하였다.　신국판 / 246쪽 / 8,500원

영원의 법
오오카와 류우호오 지음 · 민병수 옮김

일찍이 설해졌던 적도 없고 앞으로도 설해지지 않을 구원의 진리를 한 권의 책에 이론적 형태로 응축한 기본 삼법의 완결편.
신국판 / 240쪽 / 8,000원

석가의 본심
오오카와 류우호오 지음 · 민병수 옮김
석가모니의 사고방식을 현대인들에 맞게 써 현대인들이 친근하게 석가모니에게 다가설 수 있게 한 불교 가이드서.

신국판 / 246쪽 / 10,000원

옛 사람들의 재치와 웃음
강형중 · 김경익 편저

옛 사람들의 재치와 해학을 통해 한문의 묘미를 터득하고 한자를 재미있게 배우며 유머감각까지 높일 수 있는 일석삼조의 효과 만점.　신국판 / 316쪽 / 8,000원

지혜의 쉼터
쇼펜하우어 지음 · 김충호 엮음

쇼펜하우어의 철학체계를 통하여 풍요로운 삶의 지혜를 얻고 기쁨을 얻을 수 있도록 꾸며 놓은 철학이야기.
4 · 6판 양장본 / 160쪽 / 4,300원

헤세가 너에게
헤르만 헤세 지음 · 홍영의 엮음

순수한 애정과 자유를 갈구하는 헤세의 아름다운 세상을 통한

깨끗한 정신세계를 공유할 수 있는 기회를 제공.
4 · 6판 양장본 / 144쪽 / 4,500원

사랑보다 소중한 삶의 의미
크리슈나무르티 지음 · 최윤영 엮음

금세기 최고의 사상가이자 철학자인 크리슈나무르티가 인간의
정신적 사고의 구조와 본질을 규명하여 인간의 삶에 대한 가장
완벽한 해답을 제시.　신국판 / 180쪽 / 4,000원

장자-어찌하여 알 속에 털이 있다 하는가
홍영의 엮음

동양 사상의 저변에 흐르고 있는 자연에의 경외감을 유감없이
표현한 장자를 통하여 인간 본연의 자세로 돌아가 나를 돌아보
는 계기를 만들어 주는 책.　4 · 6판 / 180쪽 / 4,000원

논어-배우고 때로 익히면 즐겁지 아니한가
신도희 엮음

인간에게 필요불가결한 윤리와 도덕생활의 교훈들을 평이한
문체로 광범위하게 집약한 논어의 모든 것!!
4 · 6판 / 180쪽 / 4,000원

맹자-가까이 있는데 어찌 먼 데서 구하려 하는가
홍영의 엮음

반성과 자책을 통해 잃어버린 양심을 수습하고 선으로 복귀할
것을 천명하는 맹자 사상의 집대성!!　4 · 6판 / 180쪽 / 4,000원

아름다운 세상을 만드는 사랑의 메시지 365
DuMont monte Verlag 엮음 / 정성호 옮김

독일에서 출간 이후 1백만 권 이상 판매된 베스트셀러. 특별히
소중한 사람을 행복하게 만드는 독창적인 사랑고백법 365가지
를 수록한 마음이 따뜻해지는 책.　4 · 6판 변형 / 240쪽 / 8,000원

건 강

식초건강요법
건강식품연구회 엮음 · 신재용(해성한의원 원장) 감수

가장 쉽게 구할 수 있고 경제적인 식품이면서 상상할 수 없을
정도로 뛰어난 약효를 지닌 식초의 모든 것을 담은 건강지침
서!　신국판 / 224쪽 / 6,000원

아름다운 피부미용법
이순희(한독피부미용학원 원장) 지음

피부조직에 대한 기초 이론과 우리 몸의 생리를 알려줌으로써
아름다운 피부, 젊은 피부를 오래 유지할 수 있는 비결 제시!
신국판 / 296쪽 / 6,000원

버섯건강요법
김병각 외 6명 지음

종양 억제율 100%에 가까운 96.7%를 나타내는 기적의 약용버
섯 등 신비의 버섯을 통하여 암을 치료하고 비만, 당뇨, 고혈
압, 동맥경화 등 각종 성인병 예방을 위한 생활 건강 지침서!
신국판 / 286쪽 / 8,000원

성인병과 암을 정복하는 유기게르마늄
이상현 편저 · 캬오 샤오이 감수

최근 들어 각광을 받고 있는 새로운 치료제인 유기게르마늄을
통한 성인병, 각종 암의 치료에 대해 상세히 소개.
신국판 / 312쪽 / 9,500원

난치성 피부병
생약효소연구원 지음

현대의학으로도 치유불가능했던 난치성 피부병인 건선 · 아토
피(태열)의 완치요법이 수록된 건강 지침서.
신국판 / 232쪽 / 7,500원

新 방약합편
정도명 편역

자신의 병을 알고 증세에 맞춰 스스로 처방을 할 수 있고 조제
할 수 있는 보약 506가지 수록.　신국판 / 416쪽 / 15,000원

자연치료의학
오홍근(신경정신과 의학박사 · 자연의학박사) 지음

대한민국 최초의 자연의학박사가 밝힌 신비의 자연치료의학으
로 자연산물을 이용하여 부작용 없이 치료하는 건강 생활 비법
공개!!　신국판 / 472쪽 / 15,000원

약초의 활용과 가정한방
이인성 지음

주변의 흔한 식물과 약초를 활용하여 각종 질병을 간편하게 예
방 · 치료할 수 있는 비법제시.　신국판 / 384쪽 / 8,500원

역전의학
이시하라 유미 지음 · 유태종 감수

일반상식으로 알고 있는 건강상식에 대해 전혀 새로운 관점에
서 비판하고 아울러 새로운 방법들을 제시한 건강 혁명 서적!!
신국판 / 286쪽 / 8,500원

이순희식 순수피부미용법
이순희(한독피부미용학원 원장) 지음

자신의 피부에 맞는 관리법으로 스스로 피부관리를 할 수 있는
방법을 제시하고 책 속 부록으로 천연팩 재료 사전과 피부 타
입별 팩 고르기.　신국판 / 304쪽 / 7,000원

21세기 당뇨병 예방과 치료법
이현철(연세대 의대 내과 교수) 지음

세계 최초 유전자 치료법을 개발한 저자가 당뇨병과 대항하여
가장 확실하게 이길 수 있는 당뇨병에 대한 올바른 이론과 발
병시 대처 방법을 상세히 수록!　신국판 / 360쪽 / 9,500원

신재용의 민의학 동의보감
신재용(해성한의원 원장) 지음

주변의 흔한 먹거리를 이용하여 신비의 명약이나 보약으로 활
용할 수 있는 건강 지침서로서 저자가 TV나 라디오에서 다 밝
히지 못한 한방 및 민간요법까지 상세히 수록!!
신국판 / 476쪽 / 10,000원

치매 알면 치매 이긴다
배오성(백상한방병원 원장) 지음

B.O.S.요법으로 뇌세포의 기능을 활성화시키고 엔돌핀의 분비
효과를 극대화시켜 증상에 맞는 한약 처방을 병행하여 치매를
치유하는 획기적인 치유법 제시.　신국판 / 312쪽 / 10,000원

21세기 건강혁명 밥상 위의 보약 생식
최경순 지음

항암식품으로, 다이어트식으로, 젊고 탄력적인 피부를 유지할
수 있게 해주는 자연식으로의 생식을 소개하여 현대인들의 건
강 길라잡이가 되도록 하였다.　신국판 / 348쪽 / 9,800원

기치유와 기공수련

윤한홍(기치유 연구회 회장) 지음

누구나 노력만 하면 개발할 수 있고 활용할 수 있는 기 수련 방법과 기치유 개발 방법 소개.　신국판 / 340쪽 / 12,000원

만병의 근원 스트레스 원인과 퇴치

김지혁(김지혁한의원 원장) 지음

만병의 근원인 스트레스를 속속들이 파헤치고 예방법까지 속 시원하게 제시!!　신국판 / 324쪽 / 9,500원

김종성 박사의 뇌졸중 119

김종성 지음

우리나라 사망원인 1위. 뇌졸중 분야의 최고 권위자인 저자가 일상생활에서의 건강관리부터 환자간호에 이르기까지 뇌졸중의 예방, 치료법 등 모든 것 수록.　신국판 / 356쪽 / 12,000원

탈모 예방과 모발 클리닉

장정훈 · 전재홍 지음

미용적인 측면과 우리가 일상적으로 고민하고 궁금해 하는 털에 관한 내용들을 다양하고 재미있게 예들을 들어가면서 흥미롭게 풀어간 것이 이 책의 특징.　신국판 / 252쪽 / 8,000원

구태규의 100% 성공 다이어트

구태규 지음

하이틴 영화배우의 다이어트 체험서.
저자만의 다이어트법을 제시하면서 바람직한 다이어트에 대해서도 알려준다. 건강하게 날씬해지고 싶은 사람들을 위한 필독서!　4 · 6배판 변형 / 240쪽 / 9,900원

암 예방과 치료법

이춘기 지음

암환자와 가족들을 위해서 암의 치료방법에서부터 합병증의 예방 및 암이 생기기 전에 알 수 있는 방법에 이르기까지 상세하게 해설해 놓은 책.　신국판 / 296쪽 / 11,000원

알기 쉬운 위장병 예방과 치료법

민영일 지음

소화기관인 위와 관련 기관들의 여러 질환을 발병 원인, 증상, 치료법을 중심으로 알기 쉽게 해설해 놓은 건강서.
신국판 / 328쪽 / 9,900원

이온 체내혁명

노보루 야마노이 지음 · 김병관 옮김

새로운 건강관리 이론으로 주목을 받고 있는 음이온을 통해 건강을 돌볼 수 있는 방법 제시.　신국판 / 272쪽 / 9,500원

어혈과 사혈요법

정지천 지음

침과 부항요법 등을 사용하여 모든 질병을 다스릴 수 방법과 우리 주변에서 흔하게 접할 수 있는 각 질병의 상황별 처치를 혈자리 그림과 함께 해설.　신국판 / 308쪽 / 12,000원

약손 경락마사지로 건강미인 만들기

고정환 지음

경락과 민족 고유의 정신 약손을 결합시킨 약손 성형경락 마사지로 수술하지 않고도 자신이 원하는 부위를 고치는 방법을 제시하는 건강 미용서.　4×6배판 변형 / 284쪽 / 15,000원

정유정의 LOVE DIET

정유정 지음

널리 알려진 온갖 다이어트 방법으로 살을 빼려고 노력했던 저자의 고통스러웠던 다이어트 체험담이 실려 있어 지금 살 때문

에 고민하는 사람들이 가슴에 와 닿는 나만의 다이어트 계획을 나름대로 세울 수 있을 것이다.　4×6배판 변형 / 196쪽 / 10,500원

머리에서 발끝까지 예뻐지는 부분다이어트

신상만 · 김선민 지음

한약을 먹거나 침을 맞아 살을 빼는 방법, 아로마요법을 이용한 다이어트법, 운동을 이용한 부분비만 해소법 등이 실려 있으므로 나에게 맞는 방법을 선택해 날씬하고 예쁜 몸매를 만들수 있을 것이다.　4×6배판 변형 / 196쪽 / 11,000원

알기 쉬운 심장병119

박승정 지음

서울아산병원 심장 내과에 있는 저자가 심장병에 관해 심장질환이 생기는 원인, 증상, 치료법을 중심으로 내용을 상세하게 해설해 놓은 건강서.　신국판 / 248쪽 / 9,000원

알기 쉬운 고혈압119

이정균 지음

생활 속의 고혈압에 관해 일반인들이 관심을 가지고 예방할 수 있도록 고혈압의 원인, 증상, 합병증 등을 상세하게 해설해 놓은 건강서.　신국판 / 304쪽 / 10,000원

교　육

우리 교육의 창조적 백색혁명

원상기 지음

자라나는 새싹들이 기본적인 지식과 사고를 종합적 · 창조적으로 발전시켜 창조적인 사고능력을 배양할 수 있도록 한 교육지침서.　신국판 / 206쪽 / 6,000원

육아아이디어 263

생활컨설턴트그룹 엮음 · 한양심 옮김

세상에서 가장 예쁘고 소중한 우리 아기에게 언제나 여유로우면서도 무슨 일이든 척척 처리하는 현명한 신세대 엄마가 되기위한 최신 육아 정보 수록!　신국판 / 318쪽 / 6,000원

현대생활과 체육

조창남 외 5명 공저

각종 현대병의 원인과 예방 및 운동요법에 대한 이론과 요즘 각광받는 골프 · 스키 · 볼링 등의 레저스포츠 총망라한 생활체육 총서.　신국판 / 340쪽 / 10,000원

퍼펙트 MBA

IAE유학네트 지음

기존의 관련 도서들과는 달리 Top MBA로 가는 길을 상세하고 완벽하게 수록. 가장 완벽하고 충실한 최신 정보 제공.
신국판 / 400쪽 / 12,000원

유학길라잡이 I - 미국편

IAE유학네트 지음

미국의 교육제도 및 유학을 가기 위해서 준비해야 할 절차, 미국 현지 생활 정보, 최신 비자정보 등을 한눈에 볼 수 있는 유학길잡이.　4 · 6배판 / 372쪽 / 13,900원

유학길라잡이 II - 4개국편

IAE유학네트 지음

영어권 국가인 영국 · 캐나다 · 호주 · 뉴질랜드의 현지 정보 ·

교육제도 및 각 국가별 학교의 특화된 교육내용 완전 수록!!
4 · 6배판 / 348쪽 / 13,900원

조기유학길라잡이.com
IAE유학네트 지음

영어권으로 나이 어린 자녀를 유학보내기 위해 준비중인 학부모 및 준비생들이 반드시 읽어야 할 필독서!!
영어권 나라의 교육제도 및 학교별 데이터를 완벽하게 수록하여 유학정보서의 질을 한 단계 상승시킨 결정판!!
4 · 6배판 / 428쪽 / 15,000원

현대인의 건강생활
박상호 외 5명 공저

현대인들의 건강한 삶을 위한 사회체육의 중요성을 강조. 건강과 체력 증진을 위한 기본상식, 노인과 건강 등 이론과 스쿼시 · 스키 · 윈드 서핑 등 레저스포츠 등의 실기편으로 이루어진 알찬 내용 수록. 4 · 6배판 / 268쪽 / 15,000원

천재아이로 키우는 두뇌훈련
나카마츠 요시로 지음 · 민병수 옮김

머리가 좋은 아이로 키우기 위한 환경 만들기, 식사, 운동 등 연령별 두뇌 훈련법 소개. 국판 / 288쪽 / 9,500원

취미 · 실용

김진국과 같이 배우는 와인의 세계
김진국 지음

포도주 역사에서 분류, 원료 포도의 종류와 재배, 양조 · 숙성 · 저장, 시음법, 어울리는 요리와 와인의 유통과 소비, 와인 시장의 현황과 전망, 와인 판매 요령, 와인의 보관과 재고의 회전, '와인 양조 비밀의 모든 것'을 동영상으로 제작한 CD까지, 와인의 모든 것이 담긴 종합학습서.
국배판 변형양장본(올 컬러판) / 208쪽 / 30,000원

경제 · 경영

CEO가 될 수 있는 성공법칙 101가지
김승룡 편역

또 한 번의 경제위기를 겪고 있는 우리의 현실을 극복하고 일어설 수 있는 리더로서의 역할과 책임에 대한 명확한 해답을 제시해줄 것이다. 신국판 / 320쪽 / 9,500원

정보소프트
김승룡 지음

홍수처럼 쏟아지는 정보를 수집 · 분석하여 효과적으로 활용하는 방법을 총망라한 정보 전략 완벽 가이드!!
신국판 / 324쪽 / 6,000원

기획대사전
다카하시 겐코 지음 · 홍영의 옮김

기획에 관련된 모든 사항을 실례와 도표를 통하여 초보자에서 프로기획맨에 이르기까지 효율적으로 활용할 수 있도록 체계적으로 총망라하였다. 신국판 / 552쪽 / 19,500원

맨손창업 · 맞춤창업 BEST 74
양혜숙 지음

창업대행 현장 전문가가 추천하는 유망업종을 7가지 주제별로 나누어 수록한 맞춤창업서로 창업예비자들에게 창업의 길을 밝혀줄 발로 뛰면서 만든 실무 지침서!! 신국판 / 416쪽 / 12,000원

무자본, 무점포 창업! FAX 한 대면 성공한다
다카시로 고시 지음 · 홍영의 옮김

완벽한 FAX 활용법을 제시하여 가장 적은 자본으로 창업하려는 예비자들에게 큰 투자를 필요로 하지 않으면서 성공을 이끌어주는 길라잡이가 되는 실무 지침서. 신국판 / 226쪽 / 7,500원

성공하는 기업의 인간경영
중소기업 노무 연구회 편저 · 홍영의 옮김

무한경쟁시대에서 각 기업들의 다양한 경영 실태 속에서 인사 · 노무 관리 개선에 있어서 기업의 효율을 높이고 발전을 이룰 수 있는 원칙을 제시. 신국판 / 368쪽 / 11,000원

21세기 IT가 세계를 지배한다
김광희 지음

21세기 화두로 떠오른 IT혁명의 경쟁력에 대해서 전문가의 논리적이고 철저한 해설과 더불어 매장 끝까지 실제 사례를 곁들여 설명. 신국판 / 380쪽 / 12,000원

경제기사로 부자아빠 만들기
김기태 · 신현태 · 박근수 공저

날마다 배달되는 경제기사를 꼼꼼히 챙겨보는 사람만이 현대생활에서 부자가 될 수 있다. 언론인의 현장감각과 학자의 전문성을 접목시킨 것이 이 책의 특성! 누구나 이 책을 읽고 경제원리를 체득, 경제예측을 할 수 있게 준비된 생활경제서적.
신국판 / 388쪽 / 12,000원

포스트 PC의 주역 정보가전과 무선인터넷
김광희 지음

포스트 PC의 주역으로 급부상하고 있는 정보가전과 무선인터넷 그리고 이를 구현하기 위한 관련 테크놀러지를 체계적으로 소개. 신국판 / 356쪽 / 12,000원

성공하는 사람들의 마케팅 바이블
채수명 지음

최근의 이론을 보완하여 내놓은 마케팅 관련 실무서. 마케팅의 정보전략, 핵심요소, 컨설팅실무까지 저자의 노하우와 창의적인 이론이 결합된 마케팅서. 신국판 / 328쪽 / 12,000원

느린 비즈니스로 돌아가라
사카모토 게이이치 지음 · 정성호 옮김

미국식 스피드 경영에 익숙해져 현실의 오류를 간과하고 있는 사람들을 위한 어떻게 팔 것인가보다 무엇을 팔 것인가를 차분히 설명하는 마케팅 컨설턴트의 대안 제시서!

신국판 / 276쪽 / 9,000원

적은 돈으로 큰돈 벌 수 있는 부동산 재테크
이원재 지음

700만 원으로 부동산 재테크에 뛰어들어 100배 불린 저자가 부동산 재테크를 계획하고 있는 사람들이 반드시 알아두어야 할 내용을 경험담을 담아 해설해 놓은 경제서.
신국판 / 340쪽 / 12,000원

바이오혁명
이주영 지음

21세기 국가간 경쟁부문으로 새로이 떠오르고 있는 바이오혁

명에 관한 기초지식을 언론사에 몸담고 있는 현직 기자가 아주 쉽게 해설해 놓은 바이오 가이드서. 바이오 관련 용어 해설 수록.   신국판 / 328쪽 / 12,000원

두뇌혁명
나카마츠 요시로 지음 · 민병수 옮김

『뇌내혁명』 하루야마 시게오의 추천작!!
어른들을 위한 두뇌 개발서로, 풍요로운 인생을 만들기 위한 '뇌' 와 '몸' 자극법 제시.   4 · 6판 양장본 / 288쪽 / 12,000원

성공하는 사람들의 자기혁신 경영기술
채수명 지음

자기 계발을 통한 신지식 자기경영마인드를 갖추어야 한다는 전제 아래 그 방법을 자세하게 알려주는 자기계발 지침서.
신국판 / 344쪽 / 12,000원

CFO
교텐 토요오 · 타하라 오키시 지음 / 민병수 옮김

일반인들에게 생소한 용어인 CFO. 세계화에 발맞추어 기업이 경쟁력을 갖추려면 CFO, 즉 최고 재무책임자의 역할이 지금까지와는 완전히 달라져야 한다. 이에 기업을 이끌어가는 새로운 키잡이로서의 CFO의 역할, 위상 등을 일본의 기업을 중심으로 하여 알아보고 바람직한 방향을 제시한다.
신국판 / 312쪽 / 12,000원

주 식

개미군단 대박맞이 주식투자
홍성걸 (한양증권 투자분석팀 팀장) 지음

초보에서 인터넷을 활용한 주식투자까지 필자의 현장에서의 경험을 바탕으로 한 주식 성공전략의 모든 정보 수록.
신국판 / 310쪽 / 9,500원

알고 하자! 돈 되는 주식투자
이길영 외 2명 공저

일본과 미국의 주식시장을 철저한 분석과 데이터화를 통해 한국 주식시장의 투자의 흐름을 파악함으로써 한국 주식시장에서의 확실한 성공전략 제시!!   신국판 / 388쪽 / 12,500원

항상 당하기만 하는 개미들의 매도 · 매수타이밍 999% 적중 노하우
강경무 지음

승부사를 꿈꾸며 와신상담하는 모든 이들에게 희망의 등불이 될 것을 확신하는 Jusicman이 주식시장에서 돈벌고 성공할 수 있는 비결 전격공개!!   신국판 / 336쪽 / 12,000원

부자 만들기 주식성공클리닉
이창희 지음

저자의 경험담을 섞어서 주식이란 무엇인가를 풀어서 써놓은 주식입문서. 초보자와 자신을 성찰해볼 기회를 가지려는 기존의 투자자를 위해 태어났다.   신국판 / 372쪽 / 11,500원

선물 · 옵션 이론과 실전매매
이창희 지음

선물과 옵션시장에서 일반인들이 실패하는 원인을 분석하고, 반드시 지켜야 할 투자원칙에 따라 유형별로 실전 매매 테크닉을 터득함으로써 투자를 성공적으로 할 수 있게 한 지침서!!
신국판 / 372쪽 / 12,000원

너무나 쉬워 재미있는 주가차트
홍성무 지음

주식시장에서는 차트 분석을 통해 주가를 예측하는 투자자만이 주식투자에서 성공하므로 차트에서 급소를 신속, 정확하게 뽑아내 매매타이밍을 잡는 방법을 알려주는 주식투자 지침서.
4 · 6배판 / 216쪽 / 15,000원

역 학

역리종합 만세력
정도명 편저

현존하는 만세력 중 최장 기간을 수록하였으며 누구나 이 책을 보고 자신의 사주를 쉽게 찾아보고 맞춰 볼 수 있게 하였다.
신국판 / 532쪽 / 10,500원

작명대전
정보국 지음

독자들 스스로 작명할 수 있도록 한글 소리 발음에 입각한 작명의 원리를 밝힌 길라잡이서.   신국판 / 460쪽 / 12,000원

하락이수 해설
이천교 편저

점서학인 하락이수를 직역으로 풀어 놓아 원작자의 깊은 뜻을 원형 그대로 전달하고 원문을 공부하려는 사람들에게 도움이 되는 해설서이다.   신국판 / 620쪽 / 27,000원

현대인의 창조적 관상과 수상
백운산 지음

관상학을 터득하여 적절히 운명에 대처해 나감으로써 어느 분야에서든지 성공적인 삶을 누릴 수 있는 비법을 전해줄 것이다.   신국판 / 344쪽 / 9,000원

대운용신영부적
정재원 지음

수많은 역사와 신비로운 영험을 지닌 1,000여 종의 부적과 저자가 수십 년간 연구 · 개발한 200여 종의 부적들을 집대성한 국내 최대의 영부적이다.   신국판 양장본 / 750쪽 / 39,000원

사주비결활용법
이세진 지음

컴퓨터와 역학의 만남!! 운명의 숨겨진 비밀을 꿰뚫어 보는 신 녹현사주 방정식의 모든 것을 수록.   신국판 / 392쪽 / 12,000원

컴퓨터세대를 위한 新 성명학대전
박용찬 지음

이름 속에 운명을 바꾸는 비결이 있다. 태어난 아기 이름은 물론 개명 · 상호 · 아호 짓는 법까지 사람이 살아가면서 필요한 모든 이름 짓기가 총망라되어 각자의 개성과 사주에 맞게 이름을 짓는 작명비법을 수록.   신국판 / 388쪽 / 11,000원

길흉화복 꿈풀이 비법
백운산 지음

길몽과 흉몽을 구분하여 그림과 함께 보기 쉽게 엮었으며, 특히 요즘 신세대 엄마들에게 관심이 많은 태몽이 여러 가지로 자세하게 풀이되어 있다.   신국판 / 410쪽 / 12,000원

새천년 작명컨설팅
정재원 지음

혼자 배워야 하는 독자들도 정말 이해하기 쉽도록 구성된 신세대 부모를 위한 쉽고 좋은 아기 이름만들기의 결정판.
신국판 / 470쪽 / 13,000원

백운산의 신세대 궁합
백운산 지음

남녀궁합 보는 법뿐만 아니라 인간관계, 출세, 재물, 자손문제, 건강문제, 성격, 길흉관계 등을 미리 규명할 수 있도록 쉽게 풀어놓았다.   신국판 / 304쪽 / 9,500원

동자삼 작명학
남시모 지음

최초의 한글 성명학으로 한글의 독창성 · 우수성 · 과학성을 운명철학 차원에서 검증한, 한국사람에게 알맞은 건물명 · 상호 · 물건명 등의 이름을 자신에게 맞는 한글이름으로 지을 수 있는 작명비법을 제시한다.   신국판 / 496쪽 / 15,000원

구성학의 기초
문길여 지음

방위학의 모든 것을 통하여 개인의 일생운 · 결혼운 · 사고운 · 가정운 · 부부운 · 자식운 · 출세운을 성공적으로 이끄는 비법 공개.   신국판 / 412쪽 / 12,000원

"술 한 잔 사겠다"는 말에서 찾아보는 채권 · 채무
변환철 지음

일반인들이 꼭 알아야 할 채권 · 채무에 관한 법률 사항을 빠짐없이 수록.   신국판 / 408쪽 / 13,000원

알기쉬운 부동산 세무 길라잡이
이건우 지음

부동산에 관련된 모든 세금을 알기 쉽게 단계별로 해설. 합리적이고 탈세가 아닌 적법한 절세법 제시.

신국판 / 400쪽 / 13,000원

알기쉬운 어음, 수표 길라잡이
변환철(변호사) 지음

어음, 수표의 발행에서부터 도난 또는 분실한 경우의 공시최고와 제권판결에 이르기까지 어음, 수표 관련 법률사항을 쉽고도 상세하게 압축해 놓은 생활법률서.   신국판 / 328쪽 / 11,000원

제조물책임법
강동근 · 윤종성 공저

제품의 설계, 제조, 표시상의 결함으로 소비자가 피해를 입었을 때 제조업자가 배상책임을 져야 하는 제조물책임 시대를 맞아 제조업자가 갖춰야 할 법률적 지식을 조목조목 설명해 놓은 법률서.   신국판 / 368쪽 / 13,000원

법률 일반

여성을 위한 성범죄 법률상식
조명원(변호사) 지음

성희롱에서 성폭력범죄까지 여성이었기 때문에 특히 말 못하고 당해야만 했던 이 땅의 여성들을 위한 성범죄 법률상식서. 사례별 법적 대응방법 제시.   신국판 / 248쪽 / 8,000원

아파트 난방비 75% 절감방법
고영근 지음

예비역 공군소장이 잘못 부과된 아파트 난방비를 최고 75%까지 줄일 수 있는 방법을 구체적인 법적 근거를 토대로 작성한 아파트 난방비 절감방법 제시.   신국판 / 238쪽 / 8,000원

일반인이 꼭 알아야 할 절세전략 173선
최성호(공인회계사) 지음

세법을 제대로 알면 돈이 보인다.
현직 공인중계사가 알려주는 합법적으로 세금을 덜 내고 돈을 버는 절세전략의 모든 것!   신국판 / 392쪽 / 12,000원

변호사와 함께하는 부동산 경매
최환주(변호사) 지음

새 상가건물임대차보호법에 따른 권리분석과 채무자나 세입자의 권리방어기법은 제시한다. 또한 새 민사집행법에 따른 각 사례별 해설도 수록.   신국판 / 404쪽 / 13,000원

혼자서 쉽고 빠르게 할 수 있는 소액재판
김재용 · 김종철 공저

나홀로 소액재판을 할 수 있도록 소장작성에서 판결까지의 실제 재판과정을 상세하게 수록하여 이 책 한 권이면 모든 것을 완벽하게 해결할 수 있다.   신국판 / 312쪽 / 9,500원

생활법률

부동산 생활법률의 기본지식
대한법률연구회 지음 · 김원중 감수

부동산관련 기초지식과 분쟁해결을 위한 노하우, 테크닉을 제시하고 권두 특집으로 주택건설종합계획과 부동산 관련 정부 주요 시책을 소개.   신국판 / 480쪽 / 12,000원

고소장 · 내용증명 생활법률의 기본지식
하태웅 지음

스스로 고소 · 고발장을 작성할 수 있도록 예문과 서식을 함께 소개. 또 민사소송에 대해서도 자세하게 설명.
신국판 / 440쪽 / 12,000원

노동 관련 생활법률의 기본지식
남동희 지음

4만 여 건 이상의 무료 상담을 계속하고 있는 저자의 상담 사례를 통해 문답식으로 풀어나가는 노동 관련 생활법률 해설의 최신 결정판.   신국판 / 528쪽 / 14,000원

외국인 근로자 생활법률의 기본지식
남동희 지음

외국인 연수협력단의 자문위원으로 오랜 시간 실무를 접했던 저자의 경험을 바탕으로 외국인 근로자의 체류자격 및 취업자격 등 법적 문제와 법률적 지위를 상세하게 다루었다.
신국판 / 400쪽 / 12,000원

계약작성 생활법률의 기본지식
이상도 지음

국민생활과 직결된 계약법의 기초를 이루는 핵심 기본지식을 간단명료한 해설 및 관련 계약서 작성 예문과 함께 제시.

신국판 / 560쪽 / 14,500원

지적재산 생활법률의 기본지식
이상도 · 조의제 공저

현대 산업사회에서 중요시되고 있는 특허, 실용신안, 의장, 상표, 저작권, 컴퓨터프로그램저작권 등 지적재산의 모든 것을 체계화하여 한 권으로 요약하였다.　신국판 / 496쪽 / 14,000원

부당노동행위와 부당해고 생활법률의 기본지식
박영수 지음

노사관계 핵심사항인 부당노동행위와 정리해고 · 징계해고를 중심으로 간단 명료한 해설과 더불어 대법원 판례, 노동위원회에 의한 구제절차, 소송절차 및 노동부 업무처리지침을 소개
신국판 / 432쪽 / 14,000원

주택 · 상가임대차 생활법률의 기본지식
김운용 지음

전세업자들이 보증금 반환소송이나 민사소송, 경매절차까지의 기본적인 흐름을 알 수 있도록 인터넷을 통한 실제 법률 상담을 전격 수록.　신국판 / 480쪽 / 14,000원

하도급거래 생활법률의 기본지식
김진홍 지음

경제적 약자인 하도급업자를 위하여 하도급거래 관련 필수적인 법률사안들을 쉽게 해설함과 동시에 실무에 필요한 12가지 하도급표준계약서를 소개.　신국판 / 440쪽 / 14,000원

이혼소송과 재산분할 생활법률의 기본지식
박동섭 지음

이혼과 관련하여 해결해야 할 법률문제들을 저자의 실무경험을 바탕으로 명쾌하게 해설하였다. 아울러 약혼이나 사실혼파기로 인한 위자료문제도 함께 다루어 가정문제로 고민하는 사람들에게 길잡이가 되도록 하였다.　신국판 / 460쪽 / 14,000원

부동산등기 생활법률의 기본지식
정상태 지음

등기를 하지 않으면 어떤 위험이 따르고, 등기를 하면 어떤 효력이 생기는가! 등기신청은 어떻게 하며, 필요한 서류는 무엇이고, 등기종류에는 어떤 것들이 있는가 등 부동산등기 전반에 걸쳐 일반인이 꼭 알아야 할 법률상식을 간추려 간단, 명료하게 해설하였다.　신국판 / 456쪽 / 14,000원

기업경영 생활법률의 기본지식
안동섭 지음

사업을 구상하고 있는 사람이나 현재 경영하고 있는 사람 및 관리실무자에게 필요한 법률을 체계적으로 알려주고 관련 법률서식과 서식작성 예문도 함께 소개.　신국판 / 466쪽 / 14,000원

교통사고 생활법률의 기본지식
박정무 · 전병찬 공저

교통사고 당사자가 쉽게 응용할 수 있도록 단계별 해결책을 제시함과 동시에 사고유형별 Q&A를 통하여 상세한 법률자문 역할을 하였다.　신국판 / 480쪽 / 14,000원

소송서식 생활법률의 기본지식
김대환 지음

일상생활과 밀접한 소송서식을 중심으로 소장작성부터 판결을 받을 때까지 그 서식작성요령을 서식마다 항목별로 자세하게 설명하였다.　신국판 / 480쪽 / 14,000원

호적 · 가사소송 생활법률의 기본지식
정주수 지음

개명, 성 · 본 창설, 취적절차 및 법원의 허가 및 판결에 의한

호적정정절차, 친권 · 후견절차, 실종선고 · 부재선고절차에 상세한 해설과 함께 신고서식 작성요령과 구비할 서류 및 재판절차에 대하여 자세히 설명.　신국판 / 516쪽 / 14,000원

상속과 세금 생활법률의 기본지식
박동섭 지음

상속재산분할, 상속회복청구, 유류분반환청구, 상속세부과처분취소 등 상속관련 사건들을 해결하는 데 도움이 되도록 상속법과 상속세법을 상세하게 함께 수록.　신국판 / 480쪽 / 14,000원

담보 · 보증 생활법률의 기본지식
류창호 지음

살아가다 보면 담보를 제공하거나 보증을 서는 일이 비일비재하다. 이렇게 담보를 제공하거나 보증을 섰는데 문제가 생겼을 때의 해결방법을 법조항 설명과 함께 실례를 실어 알아 본다.
신국판 / 436쪽 / 14,000원

처 세

성공적인 삶을 추구하는 여성들에게 우먼파워
조안 커너 · 모이라 레이너 공저, 지창영 옮김

사회의 여성을 향한 냉대와 편견의 벽을 깨뜨리고 성공적인 삶을 이루려는 여성들이 갖추어야 할 자세 및 삶의 이정표 제시!!
신국판 / 352쪽 / 8,800원

聽 이익이 되는 말 話 손해가 되는 말
우메시마 미요 지음 · 정성호 옮김

상호 교류감이 있는 대화가 인생과 비즈니스를 성공으로 이끈다. 직장이나 집안에서 언제나 주고받는 일상의 화제를 모아 실음으로써 대화의 참의미를 깨닫고 비즈니스를 성공적으로 이끌기 위한 대화술을 키우는 방법 제시!!
신국판 / 304쪽 / 9,000원

성공하는 사람들의 화술테크닉
민영욱 지음

개인간의 사적인 대화에서부터 대중을 위한 공적인 강연에 이르기까지 어떻게 말하고 어떻게 스피치를 할 것인가에 관한 지침서.　신국판 / 320쪽 / 9,500원

부자들의 생활습관 가난한 사람들의 생활습관
다케우치 야스오 지음 · 홍영의 옮김

경제학의 발상을 기본으로 하여 사람들이 살아가면서 생활에서 생각해 볼 수 있는 이익을 보는 생활습관과 손해를 보는 생활습관을 수록, 독자 자신에게 맞는 생활습관의 기본 전략을 설계할 수 있도록 제시.　신국판 / 320쪽 / 9,800원

코끼리 귀를 당긴 원숭이-히딩크식 창의력을 배우자
강충인 지음

코끼리와 원숭이의 우화를 히딩크의 창조적 경영기법과 리더십에 대비하여 자기혁신, 기업혁신을 꾀하는 창의력 개발법을 제시.　신국판 / 208쪽 / 8,500원

성공하려면 유머와 위트로 무장하라
민영욱 지음

21세기에 들어 새로운 추세를 형성하고 있는 말 잘하기. 이러한 추세에 맞추어 현재 스피치 강사로 활약하고 있는 저자가

말을 잘하는 방법과 유머와 위트를 만들고 즐기는 방법을 제시한다. 신국판 / 292쪽 / 9,500원

등소평의 오뚝이전략
조창남 편저

중국 역사상 정치 · 경제 · 학문 등의 분야에서 최고 위치에 오른 리더들의 인재활용, 상황 극복법 등 처세 전략 · 전술을 통해 이 시대의 성공인으로 자리매김하는 해법 제시.
신국판 / 304쪽 / 9,500원

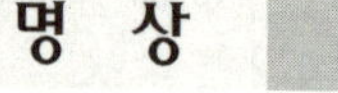

명 상

명상으로 얻는 깨달음
달라이 라마 지음 · 지창영 옮김

티베트의 정신적 지도자이자 실질적 지도자인 달라이 라마의 수많은 가르침 가운데 현대인에게 필요해지고 있는 인0에 대한 이야기. 국판 / 320쪽 / 9,000원

스포츠

2진법 영어
이상도 지음

영어학습의 대혁명!!
2진법 영어의 비결을 통해서 기존 영어학습 방법의 단점을 말끔히 해소시켜 주는 최초로 공개되는 고효율 영어학습 방법. 적은 시간을 투자하여 영어의 모든 것을 획기적으로 향상시킬 수 있는 비법을 제시한다. 4 · 6배판 변형 / 328쪽 / 13,000원

한 방으로 끝내는 영어
고제윤 지음

일상생활에서의 이야기를 바탕으로 하는 영어강의로 영어문법은 재미없고 지루하다고 생각하는 이 땅의 모든 사람들의 상식을 깨면서 학습 효과를 높이기 위한 공부방법을 제시하는 새로운 영어학습서.
이 책으로 영어문법을 마스터하여 영어의 벽을 뛰어넘도록 하자. 신국판 / 316쪽 / 9,800원

한 방으로 끝내는 영단어
김승엽 지음 / 김수경 · 카렌다 감수

일상생활에서 우리가 무심코 던지는 영어 한마디가 당신의 영어수준을 드러낸다는 사실을 깨닫게 하는 영어 실용서. 풍부한 예문을 통해 참영어를 배우겠다는 사람, 무역업이나 관광 안내업에 종사하는 사람, 영어권 나라로 이민을 가려는 사람들에게 많은 도움을 줄 것이다. 4 · 6배판 변형 / 236쪽 / 9,800원

테마별 고사성어로 익히는 한자
김경익 지음

세글자, 네글자로 이루어진 고사성어를 통해 실용한자를 익히고 성어 속에 담긴 의미도 오늘에 맞게 재해석 해보는 한자 학습서 4 · 6배판 변형 / 248쪽 / 9,800원

해도해도 안 되던 영어회화 하루에 30분씩 90일이면 끝낸다
Carrot Korea 편집부 지음

온라인과 오프라인을 넘나들면서 영어학습자들의 각광을 받고 있는 린다의 현지 생활 영어 수록. 교과서에서 배울 수 없었던 생생한 실생활 영어를 90일 학습으로 모두 끝낼 수 있다.
4 · 6배판 변형 / 260쪽 / 15,000원

바로 활용할 수 있는 기초생활영어
김수경 지음

다양한 상황에 대처할 수 있도록 인사나 감정 표현, 전화나 교통, 장소 및 기타 여러 사항에 관한 기초생활영어를 총망라.
신국판 / 240쪽 / 10,000원

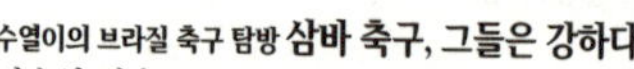

어 학

수열이의 브라질 축구 탐방 삼바 축구, 그들은 강하다
이수열 지음

축구에 대한 관심만으로 각 나라의 축구팀, 특히 브라질 축구팀에 애정을 가지고 브라질 축구팀의 전력 및 각 선수들의 장단점을 나름대로 분석하고 연구하여 자신의 의견을 피력하고 있는 축구 길라잡이서. 신국판 / 280쪽 / 8,500원

마라톤, 그 아름다운 도전을 향하여
빌 로저스 · 프리실라 웰치 · 조 헨더슨 공저 / 오인환 감수 / 지창영 옮김

마라톤에 입문하고자 하는 초보 주자들을 위한 마라톤 가이드서. 올바르게 달리는 법, 음식 조절법, 달리기 전 준비운동, 주자에게 맞는 프로그램 짜기, 부상 예방법을 상세하게 설명하고 있다. 4 · 6배판 / 320쪽 / 15,000원

퍼팅 메커닉
이근택 지음

감각에 의존하는 기존 방식의 퍼팅은 이제 그만!!
저자 특유의 과학적 이론을 신체근육 운동학에 접목시켜 몸의 무리를 최소한으로 덜고 최대한의 정확성과 거리감을 갖게 하는 새로운 퍼팅 메커닉 북.
4 · 6배판 변형 / 192쪽 / 18,000원

적은 돈으로 큰돈 벌 수 있는
부동산 재테크

2002년 4월 10일 제1판 1쇄 발행
2004년 1월 10일 제1판 5쇄 발행

지은이/이원재
펴낸이/강선희
펴낸곳/가림출판사

등록/1992. 10. 6. 제4-191호
주소/서울시 광진구 구의동 57-71 부원빌딩 4층
대표전화/458-6451   팩스/458-6450
홈페이지 http://www.galim.co.kr
e-mail galim@galim.co.kr

값 12,000원

ⓒ 이원재, 2002

ISBN 89-7895-106-6 13320